제2판

에센스 회계원리

ACCOUNTING PRINCIPLES

유 재 권 지음

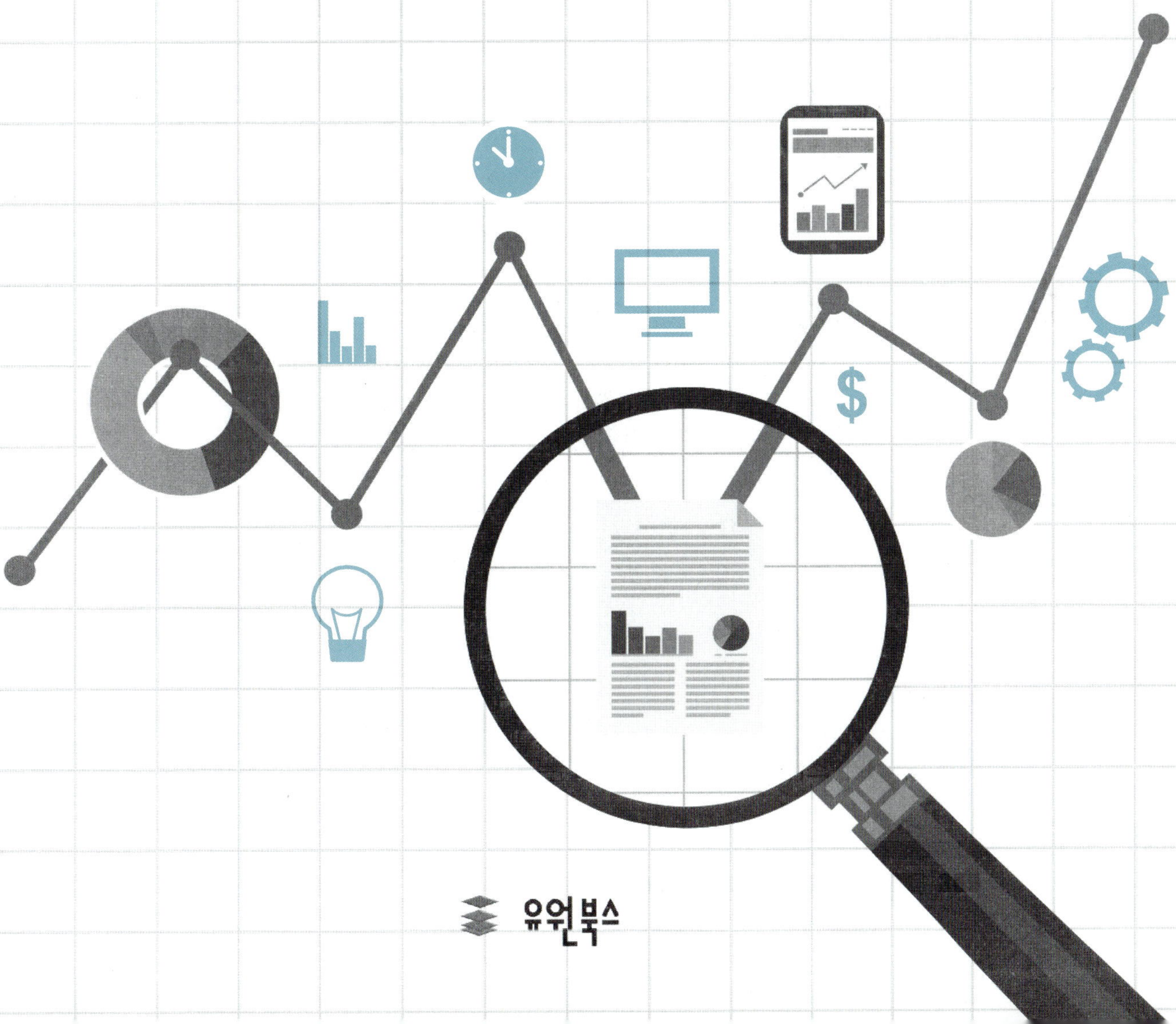

유원북스

머리말

회계는 기업의 언어이다. 기업의 실상은 재무상태와 경영성과로 요약할 수 있고, 이들 정보는 재무제표를 통해 외부로 드러난다. 금융감독원의 전자공시시스템을 이용하면 누구든지 관심 있는 기업들의 재무제표를 감사의견과 함께 볼 수 있다. 요금도 없이 마음껏 이용할 수 있는 정보 고속도로를 회계를 몰라 달릴 수 없다면 얼마나 안타까운 일인가? 기업의 참모습을 파악하려면 재무제표를 읽는 능력을 길러야 한다.

회계원리는 여러 과목의 선수과목이다. 중급회계, 고급회계, 회계감사, 세무회계, 재무관리 등 경영대학에서 가르치는 많은 과목이 회계원리와 깊은 연관성이 있다. 회계원리를 제대로 이해하지 못하면 이들 상위 과목을 배우는 데 어려움이 따른다. 이것이 대부분의 경영대학에서 신입생들에게 회계원리를 필수과목으로 가르치는 주된 이유이다.

이 책은 경영대학에 입학한 신입생들이 한 학기 동안 회계원리를 배우는 데 적합하도록 집필하였다. 입문용이라고 해서 너무 초보적인 내용만 담으면 다음 단계인 중급회계를 공부하는 데 차질이 있고, 교재가 지나치게 어려우면 회계등식의 의미도 깨닫지 못한 채 포기해 버리는 딜레마가 있다. 입문단계의 부담을 덜기 위해 연습문제는 모두 객관식으로 구성하였고, 본문의 예제를 통해 회계의 기본원리를 알기 쉽게 설명하는 데 중점을 두었다. 또한 본문의 주제를 이해하는 데 도움이 될 만한 내용을 'one point plus'로 보충하였다. 대학의 학사일정을 감안하여 총 12개 장으로 구성하였으니, 한 주에 한 장씩 공부하면 한 학기에 마칠 수 있을 것이다.

요즘에는 많은 기업이 임직원들에게 회계를 가르치는 교육프로그램을 운용한다. 공인회계사로 오랜 기간 회계법인에서 일한 필자는 대학에서 회계를 전혀 배우지 않은 비전공자들이 기업에 입사해서 회계공부 때문에 겪는 어려움을 잘 알고 있다. 이 책은 기업에서 일하는 임직원들이 회계원리를 배우는 기본교재로도 사용할 수 있도록 실무적인 내용을 포함하였다. 또한 대학에서 회계원리만 수강하고 더 이상의 상위 과목을 배울 기회가 없는 학습자들에게 이 책만으로도 어느 정도 재무제표에 대해서 자신감을 가질 수 있도록 하는 데 중점을 두었다.

회계는 결코 어려운 수학의 영역이 아니다. 기껏해야 사칙연산(덧셈, 뺄셈, 곱셈, 나눗셈)을 사용할 뿐이다. 그런데도 회계는 딱딱하고 배우기 어렵다는 인식이 널리 퍼져 있다. 회계공부는 무턱대고 외우기보다 기본원리를 터득하는 데 중점을 두어야 한다. 일단 회계원리의 문턱을 넘어서면, 특별히 외우는 노력을 하지 않아도 쉽게 잊혀지지 않는다. 마치 자전거 타는 법을 한 번 익혀두면 평생 자전거 타기를 즐길 수 있는 것과 같다.

누구나 이해하기 쉬운 교재를 쓰고 싶었으나, 갓 대학에 들어온 새내기들의 눈높이에서 여전히 어렵고 재미없는 책으로 비춰질까 염려스럽다. 또한 한 학기 동안 회계원리를 학습하기에 적합한 분량으로 가급적 군더더기 없이 핵심적인 내용을 설명하고자 노력하였지만, 아직 미흡한 부분이 있을 것이다. 독자 여러분의 비판과 조언을 기대하며, 부디 이 책을 통해 회계를 처음 만나는 독자들이 회계원리의 높은 장벽을 극복하고 재무제표를 이해하는 회계마인드를 갖추는 데 조금이나마 도움이 되기를 바란다.

끝으로 이 책의 출간을 위해 애써 주신 유원북스의 이구만 사장께 감사드린다.

2019. 1

저 자

차 례

제2장 회계등식과 거래의 기록

제3장 회계순환과정 Ⅰ (기중의 회계처리)

제4장 회계순환과정 Ⅱ (기말의 회계처리)

제5장 재무회계 기초 이론

제6장 재고자산과 매출원가

제9장 유형자산과 무형자산

제10장 부채계정 이해하기

제11장 주주의 몫, 자본

제12장 재무제표 읽는 법

CHAPTER 1

회계 첫걸음

1.1 회계의 의의

1.1.1 기업의 언어, 회계

직장생활을 잘하려면 적어도 세 가지 언어에 익숙해야 한다. 모국어와 외국어를 포함하는 자연어 구사능력은 기본이고, 눈부신 정보기술을 활용할 수 있는 능력, 그리고 재무제표를 이해하는 회계능력이 그것이다.

배울 것이 넘쳐나는 오늘날에도 회계를 그렇게 강조하는 까닭이 무엇일까? 이는 돈이 개재되는 모든 조직에서 회계가 필요하기 때문이다. 사람들이 말을 통해 대화하는 것처럼 기업은 미리 약속된 회계 룰에 따라 재무제표를 만들어 이해관계자들과 소통한다.

만약 기업의 수많은 거래들을 회계가 아닌 자연어만으로 기록하고 소통한다고 가정해 보자. 몇 달만 지나면 회사 안이 온통 서류들로 꽉 들어차고, 도대체 뭐가 뭔지 알 수 없는 혼란 상태에 빠질 것이다.

기업의 경영활동에는 다양한 이해관계자가 있고, 이들은 자신들의 목적에 적합한 다양한 정보를 원한다. 주주는 회사의 실적과 이익배당에 관심이 높고, 채권자는 회사에 빌려준 돈을 제때 받을 수 있을지 염려한다. 과세당국은 올해 세금을 얼마나 거둘 수 있을지 궁금해 하고, 종업원은 보다 높은 성과보너스를 받고 싶어한다.

기업은 시장경제라는 큰 틀에서 치열한 경쟁을 통해 생존의 길을 모색해야 하는 숙명을 안고 있다. 전공이나 직군에 관계 없이 적어도 직장인이라면 일정 수준의 재무능력을 갖춰야 하고, 그 출발점은 기업의 언어인 회계를 이해하는 일이다.

1.1.2 회계의 정의

회계는 '정보이용자가 합리적 판단이나 의사결정을 할 수 있도록 경제적 정보를 식별하고 측정해서 전달하는 과정으로 구성된 정보시스템'이라고 정의할 수 있다.

회계의 가장 큰 목표는 다양한 이해관계자들의 경제적 의사결정에 유용한 정보(useful information)를 제공하는 것이다. 정보의 식별(identification)은 경제적 사건인 거래를 판단하고 기록하는 시점을 결정하는 것을 말하며, 측정(measurement)이란 식별된 거래를 화폐액으로 환산하는 과정을 의미한다. 전달(communication)은 식별하고 측정한 회계정보를 정보이용자에게 제공하는 것을 의미하며, 이는 회계에서 보고(reporting)라는 용어로 사용되기도 한다.

회계는 기업뿐만 아니라 개인, 정부, 학교 등 경제활동을 하는 모든 경제주체에 필요하지만, 시장경제에서 가장 큰 역할을 담당하는 기업, 그 중에서도 주식회사에서 사용하는 회계가 중심이 된다.

1.2 회계의 사회적 기능

회계의 사회적 기능은 크게 다음의 두 가지로 나누어 설명할 수 있다.

첫째, 회계는 정보이용자들이 희소한 경제적자원을 합리적으로 배분하는 의사결정을 내리는 데 유용한 정보를 제공할 수 있다. 합리적인 의사결정을 하기 위해서는 많은 정보가 필요하다. 그 중에서도 경제적자원의 가치를 극대화시키려는 경제적 의사결정에서 회계정보의 역할은 매우 중요하다.

기업을 둘러싼 이해관계자들이 기업의 경제활동에 관한 정보를 직접 수집하기는 매우 어려운 일이다. 회계를 통해 기업의 재무상태와 경영성과에 관한 정보를 체계적으로 생산하여 정보이용자들에게 전달함으로써 경제주체들의 합리적 의사결정이 가능해지고 효율적인 자원배분이 이루어진다.

둘째, 회계는 경영자의 수탁책임(stewardship responsibility)에 대한 이행 정도를 평가하는 데 유용한 정보를 제공한다.

소유와 경영이 분리된 기업에서 경영자는 자신에게 맡겨진 책무를 얼마나 잘 수행했는지를 주주를 비롯한 기업의 이해관계자들에게 보여주어야 한다. 경영자가 수탁책임을 실행한 결과를 회계적으로 보고해야 하는 의무를 회계책임(accountability)이라고 부른다. 수탁책임에는 반드시 회계책임이 따르기 마련이므로 회계는 경영자의 수탁책임에 대한 이행 정도를 평가하는 데 유용한 정보를 제공한다. 오늘날 기업의 이해관계자는 주주와 채권자는 물론 정부, 노동조합, 잠재적 투자자 등으로 점차 확대되는 추세이며, 이에 따라 경영자의 수탁책임도 종전의 주주 중심에서 사회적 책임으로까지 확대되고 있다.

One point Plus+

레몬시장 이론

2001년에 노벨상을 받은 경제학자 애컬로프(George A. Akerlof)가 1970년 논문에서 제시한 '레몬시장 이론(market for lemons)'을 통해 정보의 중요성을 음미해 보자. 여기서 레몬(lemon)은 '속은 엉망인데 겉만 멀쩡해 보이는 물건'을 가리키는 말로 '빛 좋은 개살구' 정도로 생각하면 된다.

중고차 시장을 예로 들어보자. 중고차에 대한 정보가 부족한 상황에서는 중고차 가격이 시장에 나오는 평균 수준의 차 품질에 맞춰 형성될 것이다. 그런데 차를 팔려는 사람이 사려는 사람보다 해당 중고차에 대한 정보가 더 많을 것이다. 따라서 중고차를 팔려는 사람은 시장에서 형성된 중고차 가격이 자신의 차에 비해서 만족한 수준이라고 생각되면 기꺼이 시장에 차를 내놓을 것이다. 그러나 자신의 차를 그 가격에 팔기에는 아깝다는 생각이 들면, 중고차 시장에 참여하지 않고 다른 방법을 모색할 것이다.

이와 같이 중고차의 품질에 대해서 누군가가 믿을 만한 정보를 제공해 주지 못한다면, 중고차 시장에는 질 좋은 중고차가 점차 사라지고 평균 이하의 중고차만 넘쳐날 것이다. '악화가 양화를 구축한다'는 그레샴의 법칙처럼 시장에서 나쁜 차가 좋은 차를 몰아내는 셈이다.

이런 시장에서 누가 중고차를 구매하려 하겠는가? 결국 정보 비대칭(asymmetric information) 문제를 해결하지 못하면 역선택(adverse selection)이 초래되고, 종국적으로는 시장이 붕괴하게 된다.

자본시장에서 충분한 정보제공이 이루어지지 않으면 시장실패의 요인이 된다. 자본시장이 발전하기 위해서는 시장참여자들이 합리적인 의사결정을 내리는 데 필요한 정보가 제공되어야 하며, 회계정보는 그 중에서도 가장 핵심적인 정보라고 할 수 있다.

1.3 회계의 구분

1.3.1 재무회계와 관리회계

회계정보를 이용하는 주체는 매우 다양하며, 넓은 의미에서 회계는 모든 정보이용자를 대상으로 한다. 하지만 이해관계자에 따라 의사결정에 필요한 정보가 달라지므로 단일의 정보체계에서 생성된 정보가 이들 모든 이해관계자를 충족시키기는 어렵다. 따라서 정보이용자를 크게 기업 외부의 이해관계자와 내부의 이해관계자로 구분하여 이들 집단에 유용한 회계정보를 만들어 제공하게 되었고, 이와 같이 회계는 정보이용자가 누구냐에 따라 재무회계와 관리회계로 구분할 수 있다.

재무회계(financial accounting)는 외부 정보이용자의 의사결정에 필요한 정보를 제공하는 외부보고 목적의 회계이다. 기업 외부의 이해관계자는 주주, 채권자, 정부기관, 거래업체, 잠재적 투자자 등을 포함하며, 이들에게 제공되는 회계정보는 일정한 규칙에 따라 작성된다. 회계원리는 재무회계의 기초를 다루는 분야이며, 재무회계의 보다 어려운 내용은 중급회계와 고급회계에서 배울 수 있다. 또한 세무회계와 비교하여 기업회계라는 용어가 많

[재무회계와 관리회계의 비교]

구분	재무회계	관리회계
주요 정보이용자	기업 외부 이해관계자	기업 내부 이해관계자
정보작성 준거	회계기준 적용	강행기준 없음
정보제공 주기	정기(연간, 분기, 반기)	수시
정보보고 형식	재무제표	특정한 형식 없음

이 사용되며, 이는 재무회계를 의미한다. 본서는 회계원리 교재이므로 회계라는 용어를 재무회계의 약칭으로 사용한다.

관리회계(managerial accounting)는 기업의 내부 정보이용자가 경영의사결정을 내리는 데 필요한 정보를 제공하는 내부보고 목적의 회계이다. 기업 내부의 이해관계자는 경영자와 종업원을 들 수 있으며, 이들은 예산편성, 제품의 판매가격 결정, 제품의 수익성 분석, 성과평가 등 주로 내부관리 목적의 의사결정에 관심을 갖는다. 재무제표처럼 일정한 틀에 맞춰 정보를 제공해야 하는 재무회계와 달리, 관리회계는 정보이용자의 요구에 따라 다양한 유형의 정보제공이 가능하다.

한편, 원가회계(cost accounting)는 제품의 제조원가를 계산하고 원가를 관리하는 기법을 다루는 회계이다. 제품의 원가계산은 재고자산과 매출원가에 영향을 미치므로 재무회계의 한 영역으로 볼 수 있지만, 원가와 관련한 정보는 기업 내부 의사결정의 핵심적인 주제가 되기 때문에 원가회계에서 다루는 주제는 관리회계와 연관성이 매우 높다. 따라서 원가회계의 내용 중에서 원가정보의 활용을 다루는 주제는 관리회계의 영역에 속한다.

1.3.2 세무회계

세무회계(tax accounting)는 세금계산을 위한 회계이며, 세법에서 정한 각종 세목에 대하여 과세소득과 세액을 산출하는 것이 세무회계의 주된 영역이다.

세무회계는 기업회계(재무회계)와도 밀접한 관련이 있다. 기업회계의 주된 관심은 발생주의를 적용하여 보다 정확한 기간이익을 측정하는 데 있다. 세금 중에서 소득의 크기에 비례하는 세금은 이러한 기업회계의 산출물에 큰 영향을 받게 되며, 따라서 기업회계의 기본 개념에 대한 이해가 선행되어야 한다. 특히 법인세는 기업회계상의 이익에서 출발하여 기업회계와 세무회계의 차이를 조정해 가는 세무조정과정을 거쳐 세법상의 과세소득을 산출하기 때문에 기업회계와의 관련성이 매우 높은 분야이다.

1.3.3 회계감사

회계감사(auditing)는 재무제표가 회계기준에 따라 해당 기업의 경제적 실상을 적정하게 표시하였는지의 여부를 공인회계사(certified public accountant; CPA)가 확인하는 것으로서, 이는 넓은 의미에서 재무회계의 한 분야로 볼 수 있다. 외부감사인(external auditor)은 기업의 경영자가 작성한 재무제표에 감사의견(audit opinion)을 표명함으로써 회계정보의 신뢰성을 높여준다.

감사의견은 적정의견, 한정의견, 부적정의견, 의견거절로 구분된다.

우리나라는 주식회사 등의 외부감사에 관한 법률(외부감사법)에 따라 자산, 부채, 종업원 수 또는 매출액 등이 일정기준에 해당하는 회사는 외부감사인인 공인회계사로부터 회계감사를 받아야 한다. 따라서 회계정보를 활용하기 전에 반드시 해당 기업의 재무제표가 외부감사인으로부터 적정의견을 받았는지를 확인할 필요가 있다.

주권상장법인(코스닥등록법인 포함)과 외부감사법 적용 대상이 되는 회사는 외부감사인의 감사의견이 포함된 재무제표를 금융감독원의 전자공시시스템(http://dart.fss.or.kr)을 통해 공시하여야 한다. 감사보고서에 포함된 이들 기업의 회계정보는 누구든지 무료로 활용할 수 있다.

One point Plus+

자본시장과 외부감사인

자본시장(capital market)은 자본의 수요자(기업)와 공급자(투자자)로 구성된다. 투자자는 자신의 부(富)를 늘리기 위해 유휴자금을 빌려주고 기업은 경영활동에 필요한 자금을 조달한다. 투자자는 기업이 발행한 주식이나 회사채를 매수하는 직접투자를 하거나, 펀드에 가입하는 등의 방식으로 간접투자를 할 수도 있다.

자본시장에서는 수요자와 공급자 사이의 거래가 원활히 이루어지도록 돕기 위해 투자중개인(financial intermediary)과 정보중개인(information intermediary)이 활동한다. 기관투자자(은행, 증권회사 등)와 펀드매니저가 투자중개인에 속하며, 이들은 투자자로부터 자금을 모아 유망한 투자처를 찾아서 주식이나 채권의 형태로 투자한다. 정보중개인은 재무분석가와 신용평가기관 등을 의미하며, 이들은 투자중개인에게 기업의 재무제표와 사업기회를 분석하여 투자의사결정에 필요한 정보를 제공하는 역할을 수행한다. 정보중개인은 기업분석을 함에 있어 비재무적 정보를 포함하여 다양한 정보를 활용한다. 그 중에서도 재무제표에 담긴 회계정보는 기업분석의 가장 기본적인 자료로 사용되는 핵심적인 정보이다.

자본시장의 관점에서 보면 외부감사인도 정보중개인의 범주에서 이해할 수 있다. 외부감사인은 기업의 재무제표에 감사의견을 표명함으로써 회계정보의 신뢰성을 높여주기 때문에 자본시장의 발전에 중요한 역할을 담당한다. 분식회계가 횡행하는 사회에서 자본시장이 발전하기는 어렵다. 외부감사제도가 제대로 작동하지 않으면 경영자가 자의적으로 회계수치를 조작하더라도 이를 걸러낼 수 없게 된다. 거짓이 반복되면 신뢰가 떨어지고 시장의 거래는 위축되기 마련이다. 공인회계사는 시장경제의 근간인 신뢰를 지탱해 주는 버팀목이다. 공인회계사를 '자본주의의 파수꾼'으로 부르는 것도 이러한 기대 때문일 것이다.

1.3.4 정부회계

국가와 지방자치단체는 많은 자원을 사용함에도 불구하고, 오랫동안 현금주의 예산회계를 사용해 왔다. 이는 자산과 부채의 개념 없이 주로 세입

(자금수입)과 세출(자금지출)에 초점을 둔 것으로 우리나라도 정부개혁 차원에서 복식부기 회계제도의 필요성이 제기되었다. 이에 지방자치단체는 2007년, 국가는 2009년부터 발생주의에 기초한 복식부기 회계제도를 도입하였다.

정부회계(governmental accounting)는 중앙정부나 지방자치단체와 같은 정부조직의 재정활동에 대한 회계로서 비영리회계의 특징이 있다. 영리추구 목적의 기업에서는 기간이익의 측정이 회계의 주요 관심사이지만, 정부회계는 정부가 본래의 목적인 공공서비스 제공을 얼마나 잘 수행했는지에 대한 정보를 제공하는 것이 중요하다.

1.4 일반적으로 인정된 회계원칙

1.4.1 회계원칙

회계원칙(회계기준)은 특정 거래나 회계사건을 측정하고 인식하여 재무제표에 보고하는 방법을 의미한다. 회계는 의사결정자에게 유용한 정보를 제공하는 것을 목적으로 하며, 이러한 목적을 달성하기 위해서는 회계처리를 함에 있어 일정한 규칙에 따라야 한다.

그런데 사회과학인 회계에서도 자연과학에서의 만유인력과 같은 만고불변의 법칙이 존재할까? 그렇지 않다. 회계원칙과 회계실무는 시간의 경과나 경제적 환경의 변화에 따라 진보하고 변화하기 마련이다.

회계는 의사결정에 유용한 정보를 제공하기 위해 부단히 새로운 회계기법을 고안하여 시도해 보고, 그 결과 특정 회계기법이 논리적이라고 판단되고 권위 있는 기관의 지지를 받게 되면 이른바 '일반적으로 인정된 회계원칙(generally accepted accounting principles; GAAP)'으로 간주되어 재무보고를 위한 회계실무를 규율하는 기준이 된다.

1.4.2 세 가지 회계기준

현재 우리나라는 세 가지 회계기준을 운용하고 있다.

첫째, 국제회계기준위원회(international accounting standards board; IASB)가 제정한 국제회계기준(international financial reporting standards; IFRS)을 전면 도입하여 2011년부터 모든 상장기업과 금융회사가 의무적으로 적용하고 있다. 또한 의무적용 대상은 아니지만 비상장기업(중소기업 포함)도 국제회계기준을 적용할 수 있다. 이 책에서 사용하는 국제회계기준이란 용어는 한국회계기준원이 IFRS를 번역하여 제정한 한국채택국제회계기준(K-IFRS)을 의미한다.

둘째, 국제회계기준은 종전의 기업회계기준에 비해 회계처리가 어렵고 주석공시사항이 방대하여 기업의 부담이 과중하다는 이유에서 일반기업회계기준을 만들어 비상장기업이 적용할 수 있도록 하였다. 이 기준은 외부감사의 대상이 되는 기업 중에서 국제회계기준을 채택하지 않은 회사에 적용되는 회계기준이다.

셋째, 외부감사법의 적용을 받지 않는 중소기업에게는 일반기업회계기준도 너무 어렵다는 이유로 중소기업회계기준을 제정하였다. 상법에 의해 설립된 주식회사로서 국제회계기준이나 일반기업회계기준을 채택하지 않은 회사가 이 기준을 적용할 수 있다.

1.5 가계부(단식부기)와 복식부기

1.5.1 가계부의 한계

회계는 어렵고 딱딱하게 느껴진다. 적어도 학교에서 회계과목을 수강해 본 경험이 있는 사람이라면, 누구나 이런 선입견을 가질 만하다. 특히 거래의 8요소를 차변, 대변이라는 생소한 용어를 써가며 설명하는 회계원리를 단번에 알아듣고 터득하기는 쉽지 않은 일이다. 자산은 부채와 자본의 합과 같다는 회계등식의 의미를 이해하지 못한 상태에서 아무리 다음 단계의 고급이론을 수강해도 답답함만 더할 뿐이다.

돈의 입출내역을 기록하는 것이라면 누구나 쉽게 이해할 수 있는 가계부(단식부기)를 사용하면 될 일이지, 왜 그렇게 어려운 복식부기를 배워야 하는지 의문이 생길 법도 하다. 하지만 돈이 들어오고 사용된 내역만을 기록하는 가계부와 같은 단식부기로는 복잡다단한 기업의 거래들을 적절히 나타내기 힘들다.

가계부의 한계는 돈이 들어오고 나가는 수입과 지출만을 인식할 뿐, 자산과 부채의 개념이 없다는 점이다. 자산·부채의 인식 없이 단지 현금의 수입과 지출만을 표기하는 단식부기가 주는 정보는 극히 제한적이다.

회사의 재산에 영향을 주는 모든 거래를 파악해서 재산이 변화한 원인과 그 결과를 동시에 기록하는 복식부기제도는 기업 이외에도 대부분의 조직에서 채택하고 있다. 오랫동안 예산제도에 맞춰 현금주의 방식으로 운용해 온 공공부문에서조차 발생주의 복식부기제도에 근간한 정부회계제도를 도입하였다.

일반적으로 부기(簿記)라는 용어는 복식부기를 지칭하며, 회계와 부기는 비슷한 의미로 사용된다. 이 두 용어를 굳이 구분하자면, 부기는 거래를 정리하여 장부에 기록하는 절차이고 회계는 부기에 이론적인 체계를 더한 것이라고 볼 수 있다.

간단한 사례를 통해 자산과 부채 개념의 중요성을 생각해 보자.

1.5.2 자산을 모르면?

사 례

알뜰주부인 똘이엄마는 오랫동안 가계부를 써 왔다. 남편이 매월 300만원씩 주는 생활비를 꼼꼼하게 기록하는데, 대략 월 50만원 정도는 돈을 남겨 저축해 왔다. 남편은 매달 가계부의 지출합계가 수입합계보다 적다는 것을 확인할 때마다 아내에 대한 믿음이 커졌다. 그런데 우연히 지난 달 가계부를 본 남편은 깜짝 놀랐다. 전달에는 지출이 많아 저축은 고사하고 통장 잔액이 오히려 50만원 줄어들었기 때문이다. 아내의 씀씀이가 왜 갑자기 커진 것일까? 다른 달은 한 달 생활비가 250만원 정도였는데….

한참 만에야 남편의 의문이 풀렸다. 지출란을 자세히 들여다보니, 150만원의 컴퓨터 구입비가 적혀 있었다. 그렇지. 올해 대학에 들어간 똘이에게 노트북 컴퓨터를 사준 것이다. 아니, 그렇다면 지난 달 아내가 살림을 잘못한 것이 아니라 오히려 생활비를 50만원 더 아낀 것이 아닌가? 잠깐 동안이지만 아내를 의심했던 자신이 부끄러워졌다.

이 사례에서는 의문을 품었던 남편이 가계부의 모든 지출내역을 확인한 끝에 다행히 오해를 풀 수 있었다. 그러나 만약 기업에서 이런 일이 있었다면 어땠을까? 기업은 가계에 비할 수 없을 만큼 규모가 크기 때문에 수많은 거래내역을 수시로 확인하기가 쉽지 않다. 따라서 거래가 발생할 때마다 성격이 비슷한 항목끼리 잘 정리해 둠으로써 일일이 거래를 모두 확인하지 않더라도 숫자가 보여주는 의미를 파악할 수 있는 것이다. 이 사례에서 똘이엄마가 지출 350만원으로 기재하는 대신 이를 비용 200만원과 자산(컴퓨터) 150만원으로 구분하여 기록하였다면, 처음부터 남편의 오해는 없지 않았을까? 수많은 거래가 이루어지는 기업에서 자산 개념이 없이 어떻게 정확한 경영실적을 파악할 수 있겠는가?

1.5.3 부채를 모르면?

사 례

똘이아빠는 매월 100만원의 용돈을 쓴다. 그런데 이번 달엔 용돈이 남았다며, 아내에게 근사한 스카프를 선물했다. 내일은 해가 서쪽에서 뜨려나? 아내의 표정이 환해진다.

그러나 남편의 속은 까맣게 타 들어간다. 이 평화가 얼마나 지속될까?

사실은 며칠 전 친구들과 저녁을 먹고 2차, 3차까지 갔는데, 주머니 속에 100만원이 넘는 신용카드 영수증이 들어있는 것이 아닌가? 아마도 만취한 상태에서 카드를 긁은 것 같다. 다음 달 27일에는 통장에서 돈이 빠져 나갈텐데….

똘이엄마는 한 달 동안 남편에게 감쪽같이 속아 넘어간 셈이다. 왜? 아직 지출되지 않았지만 이미 마셔버린 술값, 즉 부채를 파악하지 못했기 때문이다. 숨어 있는 카드 빚을 아내가 알았다면, 스카프 한 개에 그렇게 감동하지 않았을 것이다. 부채 개념을 모르면, 기업의 실상을 정확히 파악할 수 없다.

회계의 핵심은 일정한 기간 동안 이익이 얼마나 발생했는지를 계산하는 것, 즉 기간이익의 측정에 있다. 자산과 부채의 개념 없이 이익을 측정하는 것은 불가능하다.

자산과 부채의 중요성을 인식하였다면, 이제 회계의 숲으로 한 발 더 들어갈 준비가 되었다.

회계는 주로 기업에서 쓰는 것이지만, 회계원리의 높은 문턱을 좀 더 쉽게 넘기 위해 먼저 직관적으로 이해하기 쉬운 '우리집 재무제표'부터 만들어보자.

1.5.4 우리집 재무제표 만들어보기

사 례

20×1년 12월 31일, 결혼 3년차인 김 대리는 한 해를 마감하면서 자신의 재산상태를 점검해 보았다.

얼마 전 1억원의 주택담보대출을 받아 2억원에 취득한 아파트, 급여이체통장 잔고 2천만원, 정기예금 4천만원, 주식투자액 4천만원이 김 대리의 주요 재산내역이다.

회계 개념을 사용해서 20×1년 12월 31일 현재 김 대리의 재무상태를 다음과 같이 정리할 수 있다.

재무상태표

우리집 20×1년 12월 31일 현재

〈자 산〉		〈부 채〉	
아 파 트	2억원	차 입 금	1억원
급여통장	2천만원		
정기예금	4천만원	〈자 본〉	
주 식	4천만원	자산－부채	2억원
자산합계	3억원	부채와 자본합계	3억원

20×1년말 현재 김 대리의 재산은 총 3억원인데 향후 갚아야 할 빚이 1억원 있으니, 김 대리의 순재산은 3억원에서 1억원을 뺀 2억원이 되는 것이다. 회계 용어로는 재산을 자산으로, 빚을 부채로, 순재산을 자본이라고 부른다. 재무상태란 일정시점에 있어서의 재산상태, 즉 보유 중인 자산과 이의 조달원천인 부채 및 자본이 얼마나 되는지를 의미한다. 재무상태표는 재무상태를 나타내는 재무보고서이다.

이제 20×2년에 있었던 김 대리의 살림 변화를 살펴보자.

사 례

김 대리의 20×2년 연봉은 총 4천만원이었고, 이 중에서 생활비로 2천2백만원을 지출했다. 이 외에도 작년에 집 살 때 대출받은 차입금의 이자로 6백만원을 지급했고, 정기예금에서 2백만원의 이자를 받았다. 20×2년말에 보유한 주식을 평가하면 5천만원이므로 1년 동안 주식투자로 1천만원을 남긴 셈이다. 인근 중개업소에 아파트 시세를 물어보니, 작년보다 좀 올라서 1천만원 정도는 더 받을 수 있다고 한다. 또한 올해 초에 2천만원을 주고 자동차를 샀는데, 적어도 5년간은 탈 수 있을 것으로 예상된다.

만약 복식부기가 아닌 단식부기(가계부)를 사용해서 김 대리의 20×2년 살림을 나타낸다면, 총수입 4천2백만원, 총지출 4천8백만원, 수지차액 (−)6백만원으로 표기될 것이다.

수지계산서

우리집 20×2년 1월 1일부터 20×2년 12월 31일까지

〈수 입〉	연 봉	4천만원
	정기예금이자	2백만원
	수 입 합 계	4천2백만원
〈지 출〉	생 활 비	2천2백만원
	차 입 금 이 자	6백만원
	자 동 차 구 입	2천만원
	지 출 합 계	4천8백만원
〈수지차액〉		(−)6백만원

가계부는 수입과 지출 중에서도 특히 생활비의 내역을 설명하는 데 중점을 둘 뿐, 김 대리의 종합적인 재산상태와 가계운용 현황을 보여주기는 어렵다. 20×2년의 수지차액이 (−)6백만원이라는 것은 무슨 의미인가? 숫자 앞에 (−)가 붙었으니, 살림이 적자라는 뜻인가? 아니다. 가계부의 수지차액은 단지 현금(예금) 잔액의 차이를 의미할 뿐, 1년 동안의 살림을 종합

적으로 설명해 주지 못한다.

이에 비해서 복식부기 회계 개념을 사용하여 20×2년 한 해 동안의 김 대리 살림을 표시하면, 다음과 같이 정리할 수 있다.

손익계산서

우리집 20×2년 1월 1일부터 20×2년 12월 31일까지

〈수 익〉	연 봉	4천만원
	정 기 예 금 이 자	2백만원
	주 식 평 가 이 익	1천만원
	아 파 트 평 가 이 익	1천만원
	수 익 합 계	6천2백만원
〈비 용〉	생 활 비	2천2백만원
	차 입 금 이 자	6백만원
	자동차 감가상각비	4백만원
	비 용 합 계	3천2백만원
〈이 익〉		3천만원

김 대리의 20×2년 총수익은 6천2백만원, 총비용은 3천2백만원이니 20×2년 한 해 동안 김 대리의 살림은 3천만원의 흑자를 기록한 셈이다.

여기서 자동차 감가상각비 4백만원에 대한 설명이 좀 필요할 듯하다. 김 대리는 올해 초 2천만원을 주고 자동차를 구입했다. 그런데 왜 올해에 2천만원이 아닌 4백만원만을 비용으로 인식하는 것일까? 이는 자동차를 5년간 탈 수 있으니, 차 값을 구입시점에 모두 비용처리하기보다는 5년 동안 나누어 비용으로 계산하는 것이 보다 합리적이라고 생각하기 때문이다.

이제 20×2년 12월 31일 현재 김 대리의 재무상태를 파악해 보자.

재무상태표

우리집 20×2년 12월 31일 현재

〈자 산〉		〈부 채〉	
아 파 트	2억1천만원	차 입 금	1억원
급여통장	1천4백만원*		
정기예금	4천만원		
주 식	5천만원	〈자 본〉	
자 동 차	1천6백만원	자산－부채	2억3천만원
자산합계	3억3천만원	부채와 자본합계	3억3천만원

* 급여통장 잔액: 기초잔액 2천만원＋연봉 4천만원＋정기예금이자 2백만원－생활비 2천2백만원－차입금이자 6백만원－자동차 구입 2천만원＝1천4백만원

20×2년말 현재 김 대리의 재산(자산)은 총 3억3천만원, 채무(부채)는 1억원이므로 순재산(자본)은 2억3천만원으로 나타난다. 여기서 우리는 흥미로운 사실을 발견할 수 있다. 김 대리의 재무상태를 나타내는 재무상태표를 비교해 보면 1년 전에 비해서 김 대리의 순재산(자본)은 3천만원이 늘었는데, 이는 20×2년의 손익계산서에 나타난 이익 3천만원과 동일한 금액이다.

김 대리의 20×2년 이익 3천만원을 해석하는데도 주의가 필요하다. 즉, 손익계산서에 나타난 이익 3천만원이 곧 현금(예금)의 증가를 의미하는 것은 아니라는 점이다. 이 예에서 김 대리의 예금(급여이체통장) 잔고는 1년 전의 2천만원에서 1천4백만원으로 오히려 6백만원 감소하였다. 그러나 아파트 값 상승분 1천만원, 주식평가이익 1천만원, 자동차 1천6백만원(＝취득원가 2천만원－감가상각비 4백만원)의 요소를 감안한다면, 김 대리의 순재산(자본)이 1년 동안 3천만원 늘었다는 점을 수긍할 수 있을 것이다.

이와 같이 발생주의를 적용해서 자산과 부채를 인식하는 회계에서는 이익과 현금(예금)이 일치하지 않는 것이 오히려 일반적이다. 발생주의란 거래나 사건이 발생한 시점에 수익과 비용을 인식하는 것으로서 현금의 유출입 시점에 이들을 인식하는 현금주의와 대비되는 회계의 가장 큰 특징이다. 재무제표 중 하나인 현금흐름표는 바로 이와 같은 양자의 차이를 설명해 주기 위한 것이라 할 수 있다.

가계부와 같이 현금의 유출입을 기준으로 만든 수지계산서는 어려운 회계이론을 배우지 않더라도 이해하기 쉽다. 그러나 발생주의를 적용해서 작성한 손익계산서에 비해서 일정기간 동안의 경영성과, 즉 이익의 크기를 의미 있게 그려낼 수 없는 단점이 훨씬 더 크기 때문에 모든 기업이 복식부기 회계를 사용하는 것이다.

1.6 재무제표 기초

1.6.1 재무제표의 기본 구성요소

이제 '우리집 재무제표'에서 터득한 회계의 기본 틀을 기억하며, 회계의 세계로 한 발 더 들어가 보자.

먼저 재무제표 중 가장 중심이 되는 재무상태표와 손익계산서를 구성하는 주요 요소를 살펴보자.

자 산 자산은 과거의 거래나 사건의 결과로서 현재 회사에 의해 지배되고 있고 미래에 경제적효익을 창출할 것으로 기대되는 자원을 의미한다. 쉽게 표현하자면, 회사가 보유하고 있는 경제적자원이다. 회사 소유이고 금전적인 가치가 있으며 향후 유용하게 쓸 수 있는 회사의 재산인 셈인데, 주인(주주) 입장에서는 자산이 많을수록 좋을 것이다.

부 채 부채는 과거의 거래나 사건의 결과로서 현재 회사가 부담하고 있고 미래에 자원의 유출 또는 사용이 예상되는 의무이다. 부채는 남에게 갚아야 하는 빚이니, 자산과는 반대로 부담스런 항목이라 할 수 있다.

자 본 자본은 회사의 자산총액에서 부채총액을 차감한 잔여액 또는 순자산액으로서 회사의 자산에 대한 소유주의 잔여청구권을 의미한다. 말하자면 주인의 몫이 자본인 셈인데, 주식회사의 소유주는 주주이니 자본은 곧

주주들의 몫이다. 부채는 채권자의 지분, 자본은 주주의 지분을 나타낸다. 채권자는 회사에 자금을 빌려준 대가로 빚에 대한 청구권을 가지며, 주주는 회사가 발행한 주식을 구입한 대가로 회사의 주인이 된다. 채권자의 청구권은 주주의 소유권보다 우선하며, 따라서 회사의 주주는 회사 자산 중에서 채권자의 지분을 차감한 잔여지분에 대한 권리를 갖는다. 부채를 타인자본, 자본을 자기자본이라고 부르기도 한다.

수 익 수익은 회사의 경영활동과 관련된 재화의 판매 또는 용역의 제공 등에 대한 대가로 발생하는 자산의 유입 또는 부채의 감소를 의미한다. 수익이 발생하면 이익이 늘어나므로 자본도 증가한다.

비 용 비용이란 회사의 경영활동과 관련된 재화의 판매 또는 용역의 제공 등에 따라 발생하는 자산의 유출이나 사용 또는 부채의 증가를 의미한다. 비용이 발생하면 이익이 감소하므로 자본도 줄어든다.

수익은 사업을 통해 번 돈이고 비용은 돈을 벌기 위해 들어간 자원을 의미한다. 따라서 수익에서 비용을 빼면 일정기간 동안 얻은 이익을 계산할 수 있다. 만약 수익보다 비용이 크다면 이익이 아닌 손실이 난 것이다.

1.6.2 재무제표

회계기간이 지난 후 기업이 당해 회계기간 동안의 경영성과와 동 기간 말의 재무상태 등에 관한 회계정보를 이해관계자들에게 보고하기 위해서 작성하는 각종 보고서를 재무제표(financial statements)라고 부른다.

재무상태표 재무상태표는 기업의 재무상태를 보고하기 위해서 회계기간 종료일 현재의 모든 자산, 부채, 자본에 대한 정보를 제공하는 재무보고서이다. 회사의 자본구조라는 관점에서 재무상태표를 살펴보면, 재무상태표는 일정시점의 재무상태를 보여주는 보고서로서 차변(왼쪽)의 자산은 기업이 조달한 자본을 어떻게 활용하고 있는가를 나타내며, 대변(오른쪽)에 기재된 부채와 자본은 기업이 어떻게 자본을 조달하였는지를 보여준다.

손익계산서 손익계산서는 회계기간 동안 얻은 기업의 경영성과를 보고하는 재무보고서이다. 재무상태표는 일정시점 현재의 재무상태(자산, 부채, 자본)를 보여주는 정태적(靜態的) 보고서이며, 손익계산서는 일정기간 동안의 경영성과를 보여주는 동태적(動態的) 보고서이다. '20×1년 12월 31일 현재의 재무상태표', '20×1년 1월 1일부터 20×1년 12월 31일까지의 손익계산서'라는 표기는 이와 같은 특성을 반영하는 것이다. 손익계산서는 기업이 일정기간 동안 얼마를 벌고(수익) 얼마를 써서(비용), 결과적으로 얼마의 이익(또는 손실)을 냈는지를 보여준다.

현금흐름표 현금흐름표는 회계기간 동안 기업의 현금유입과 현금유출에 대한 정보를 제공하는 재무보고서이다. 현금흐름표는 영업활동을 통한 현금창출에 대한 정보, 투자활동에 대한 정보, 자본조달을 위한 재무활동의 정보를 제공한다. 발생주의를 적용해서 산정된 회계이익은 현금흐름과 일치하지 않기 때문에 현금흐름표는 회계이익과 현금흐름 사이의 차이와 그 원인에 대한 정보를 제공한다.

자본변동표 자본변동표는 기업의 재무상태표에 표시되어 있는 자본의 변동내역을 자본 구성요소별로 보여주는 재무보고서이다. 우리나라의 상법 규정 때문에 종전의 이익잉여금처분계산서를 재무제표의 하나로 포함시키기도 하지만, 자본변동표에서 배당을 포함한 이익잉여금 변동내역을 표시하고 있기 때문에 큰 의미는 없다고 생각된다.

주석(footnote) 주석은 재무제표의 본문에 표시하기 어려운 숫자나 비계량적인 정보를 추가로 제공한다. 주석은 재무제표의 과목에 번호를 붙이고 별지의 동일한 번호에서 그 내용을 설명한다. 재무제표의 과목에 간단한 문자나 숫자를 괄호 안에 표시하여 설명하는 수단도 있는데, 이는 주석과 구별하여 주기(parenthetical note)라고 부른다. 주석은 재무제표의 작성 근거와 기업이 적용한 회계정책에 대한 정보, 회계기준에서 요구하는 정보이지만 다른 재무제표에 표시되지 않은 정보 등을 주로 설명 형식으로 제공한다. 주석은 재무제표를 구성하는 한 요소로서 재무제표 이용자에게 유용하고 의미 있는 회계정보 제공을 위해서 필수불가결한 정보이다. 현대 회계의 추세는 주석공시를 강화하는 방향으로 발전하고 있으며, 우리나라도 국제회계기준의 도입에 따라 주석공시사항이 더욱 많아졌다.

One point Plus+

명사들의 회계 사랑

문명발달사 분야의 세계적인 석학 재레드 다이아몬드(Jared Diamond)는 그의 저서 『총·균·쇠』에서 문자의 발명을 회계와 관련시켜 언급하였다. "역사상 가장 오래된 문자인 수메르인의 설형문자가 정착되기 수천 년 전부터 비옥한 초승달 지대의 일부 농경마을에서 양의 수나 곡물의 분량을 기록하는 등 회계 목적으로 여러 가지 단순한 모양의 점토 신표(信標)를 이용하였다. 기원전 3000년 직전의 몇 세기에 걸쳐 회계 기술, 배열 방식, 기호 등이 발달하면서 곧 최초의 문자체계가 형성되었다." 아마도 여기서 회계란 숫자를 헤아리는 정도의 단순한 셈법을 의미하는 것으로 보이지만, 회계의 필요성이 문자의 발명으로 이어졌다는 저자의 통찰력이 참으로 흥미롭다.

회계는 그 오랜 역사만큼이나 명사들의 관심을 끌었던 것 같다.

이탈리아의 루카 파치올리(Lucas Pacioli)는 1494년에 『대수, 기하, 비율 및 비례 총람』이라는 책을 통해서 현재의 회계시스템과 유사한 복식부기를 소개하여 오늘날까지 회계학의 아버지로 불린다. 그는 레오나르도 다 빈치의 스승으로도 알려져 있다. 그가 비록 복식부기를 직접 창안한 것은 아니었다 하더라도 당시 상업이 발달한 베네치아에서 사용되던 복식부기의 유용성을 높이 평가하였기 때문에 복식부기에 대한 내용을 자신의 책에 포함시켰을 것이다.

독일의 문호 괴테는 회계를 '인류가 발명한 가장 위대한 작품'이라고 극찬하였고, 막스 베버(Max Weber)는 회계를 '자본주의의 기초이자 근원적인 혁신'이라고 평가하였다.

'오마하의 현인(Oracle of Omaha)'으로 불리는 투자의 귀재, 워렌 버핏(Warren Buffett)의 한마디는 회계원리를 처음 접하는 입문자에게 꼭 들려주고 싶은 말이다.

"사랑하는 자녀가 있는데, 이 아이의 미래를 위해서 무엇을 가르쳐야 하나요? 당연히 회계지!"

연 ▪ 습 ▪ 문 ▪ 제

1. 회계에 대한 다음 설명 중 타당하지 않은 것은?

① 기업은 재무제표를 통해 이해관계자들과 소통한다.

② 회계의 목표는 다양한 이해관계자들의 경제적 의사결정에 유용한 정보를 제공하는 것이다.

③ 기업은 각자 처한 환경이 다르기 때문에 자신의 필요에 맞는 회계기준을 개발하여 사용할 수 있다.

④ 회계는 식별된 거래를 화폐액으로 환산하여 보고한다.

2. 다음 중 회계이론이 가장 폭넓게 적용되는 경제주체는 무엇인가?

① 합명회사 ② 주식회사

③ 정부 ④ 학교

3. 회계의 사회적 기능에 관한 다음 설명 중 타당하지 않은 것은?

① 소유와 경영이 분리되지 않은 기업일수록 경영자의 수탁책임 평가가 중요하다.

② 자본시장에서 충분한 정보제공이 이루어지지 않으면 시장실패가 초래된다.

③ 정보 비대칭 문제를 해결하지 못하면 역선택이 이루어진다.

④ 회계는 효율적인 자원배분에 기여한다.

4. 다음 중 재무회계의 특징이라고 보기 어려운 것은?

① 재무회계는 외부보고 목적의 회계이다.

② 재무제표라는 보고 형식을 사용한다.

③ 정보를 제공하는 주기가 정기적이다.

④ 주된 이용자는 기업 내부의 경영자이다.

5. 재무회계와 관리회계에 관한 다음 설명 중 타당하지 않은 것은?

① 재무회계는 일반적으로 인정된 회계원칙에 따라야 한다.
② 기업회계라는 용어는 관리회계를 의미한다.
③ 원가회계는 재무회계뿐만 아니라 관리회계와도 연관성이 높다.
④ 회계감사도 넓은 의미에서 재무회계의 한 분야로 볼 수 있다.

6. 기업회계와 세무회계에 관한 다음 설명 중 타당하지 않은 것은?

① 세무회계는 세금계산을 위한 회계이므로 기업회계와 무관하다.
② 기업회계의 주된 관심은 발생주의를 적용하여 정확한 기간이익을 측정하는 것이다.
③ 법인세는 기업회계의 산출물에 큰 영향을 받는다.
④ 세무회계는 세법에서 정한 각종 세목에 대하여 과세소득과 세액을 산출하는 것을 다룬다.

7. 다음 중 재무회계와 관련성이 가장 적은 분야는?

① 세무회계　　② 원가회계
③ 관리회계　　④ 회계감사

8. 정부회계와 관련한 다음 설명 중 타당하지 않은 것은?

① 정부회계도 복식부기 회계를 적용한다.
② 정부회계는 비영리회계에 속한다.
③ 중앙정부는 물론 지방자치단체도 정부회계를 적용한다.
④ 우리나라의 정부회계는 아직도 자산과 부채의 개념이 없다.

9. 회계원칙에 관한 다음 설명 중 타당하지 않은 것은?

① 회계원칙은 만고불변의 법칙이다.
② 회계원칙이란 특정 거래나 회계사건을 측정하고 인식하여 재무제표에 보고하는 방법을 의미한다.
③ 회계처리를 함에 있어서는 일정한 규칙에 따라야 한다.

④ 특정 회계기법이 논리적이라고 판단되고 권위 있는 기관의 지지를 받게 되면 회계원칙으로 인정된다.

10. 우리나라의 회계기준과 관련한 다음 설명 중 타당하지 않은 것은?

① 모든 상장기업과 금융회사는 국제회계기준을 적용하여야 한다.

② 비상장기업은 일반기업회계기준을 적용할 수 있다.

③ 외부감사법 적용을 받지 않는 중소기업은 국제회계기준을 적용할 수 없다.

④ 우리나라의 세 가지 회계기준 중 중소기업회계기준이 가장 간편하다.

11. 가계부에 관한 다음 설명 중 타당하지 않은 것은?

① 가계부는 수입과 지출을 인식한다.

② 가계부도 복식부기의 한 종류이다.

③ 가계부는 자산과 부채의 개념이 없다.

④ 가계부는 현금주의에 기초한 것이므로 이해하기 쉬운 장점이 있다.

12. 다음 중 일정기간의 경영성과를 보여주는 재무제표는?

① 재무상태표 ② 손익계산서

③ 현금흐름표 ④ 자본변동표

13. (　　)를 적용해서 자산과 부채를 인식하는 회계에서는 이익과 현금흐름이 일치하지 않는 것이 일반적이다.

① 발생주의 ② 현금주의

③ 권리의무확정주의 ④ 보수주의

14. 재무제표 중 하나인 (　　)는 발생주의와 현금주의의 차이를 어느 정도 설명해 준다.

① 재무상태표 ② 손익계산서

③ 현금흐름표 ④ 자본변동표

15. 과거의 거래나 사건의 결과로서 현재 회사에 의해 지배되고 있고 미래에 경제적효익을 창출할 것으로 기대되는 자원을 무엇이라 부르는가?

① 자산 ② 부채

③ 자본 ④ 이익

16. 자본에 관한 다음 설명 중 타당하지 않은 것은?

① 회사의 자산에 대한 소유주의 잔여청구권을 나타낸다.

② 자본은 곧 주주들의 몫이다.

③ 채권자의 청구권은 주주의 권리보다 우선한다.

④ 자산총액이 불변인데 부채총액이 증가하였다면 자본총액도 증가하였을 것이다.

17. 수익과 비용에 관한 다음 설명 중 타당하지 않은 것은?

① 수익이 발생하면 자본이 증가한다.

② 비용이 발생하면 자산이 감소하거나 부채가 증가한다.

③ 수익보다 비용이 더 많으면 자본이 증가한다.

④ 이들의 내역은 손익계산서에 나타난다.

18. 회계기간이 지난 후 기업이 당해 회계기간 동안의 경영성과와 동 기간말의 재무상태 등에 관한 회계정보를 이해관계자들에게 보고하기 위해서 작성하는 각종 보고서를 (　　)라고 부른다.

① 재무제표 ② 재무상태표

③ 손익계산서 ④ 현금흐름표

19. 재무상태표에 관한 다음 설명 중 타당하지 않은 것은?

① 회계기간 종료일 현재의 모든 자산, 부채, 자본에 대한 정보를 제공한다.

② 차변의 자산은 기업이 조달한 자본을 어떻게 활용하고 있는가를 나타낸다.

③ 일정기간 동안의 경영성과에 대한 내역을 보여준다.
④ 대변에 기재된 부분은 기업이 어떻게 자본을 조달하였는지를 나타낸다.

20. 재무제표에 관한 다음 설명 중 타당하지 않은 것은?

① 재무상태표는 일정시점의 재무상태를 나타낸다.
② 현금흐름표는 회계기간 동안 기업의 현금유입과 현금유출에 대한 정보를 제공한다.
③ 자본변동표는 자본의 변화내역을 각 구성요소별로 보여준다.
④ 주석은 재무제표의 구성요소에 해당하지 않는다.

CHAPTER 2

회계등식과 거래의 기록

2.1 회계의 주춧돌, 회계등식

회계는 재무상태를 구성하는 요소를 크게 세 가지(자산, 부채, 자본)로 구분한다. 자본은 자산에서 부채를 차감한 잔여액이라고 정의했기 때문에 자산은 부채와 자본의 합이라는 등식이 성립한다.

> 자산=부채+자본

회계등식(accounting equation)은 회계원리가 시작되는 출발점이며, 회계를 이해하는 데 가장 기초가 되는 중요한 개념이다.

이 등식은 그 정의상 어떤 경우에도 성립한다. 앞에서 예시한 김 대리의 20×1년말 재무상태를 회계등식으로 나타내면 다음과 같다.

> 자산(3억원)=부채(1억원)+자본(2억원)

1년 후인 20×2년말 시점에도 자산(3억3천만원)은 부채(1억원)와 자본(2억3천만원)의 합계와 일치하는 것을 확인할 수 있다.

회계등식은 그 자체로 재무상태표를 의미하므로 재무상태표등식이라는 용어를 사용하기도 한다.

2.2 재무상태표와 손익계산서의 상호 연관성

회계를 좀 아는 사람이라면 재무제표라는 말을 듣고 곧 재무상태표와 손익계산서를 떠올릴 것이다.

재무상태표등식(자산=부채+자본)과 손익계산서등식(수익−비용=이익 또는 손실)은 복식부기의 근간을 이루는 기본원리이며, 재무제표를 둘러싼 대부분의 회계 이야기가 여기서 시작된다.

재무상태표의 구성요소인 자산, 부채, 자본은 일정시점(예를 들어, 20×2년 12월 31일 현재)의 잔액을 나타낸다. 이에 비해서 손익계산서의 구성요소인 수익과 비용은 일정기간(예를 들어, 20×2년 1월 1일부터 20×2년 12월 31일까지) 동안의 누적된 금액을 나타낸다.

이와 같이 재무상태표와 손익계산서는 그 구성요소의 성격이 상이함에도 불구하고, 이익을 연결고리로 상호 밀접한 연관성을 갖는다.

재무상태표에서 기말시점의 자본은 기초시점의 자본에 당기에 발생한 이익을 합한 금액과 동일하다. 김 대리의 20×2년말 재무상태표에서도 자

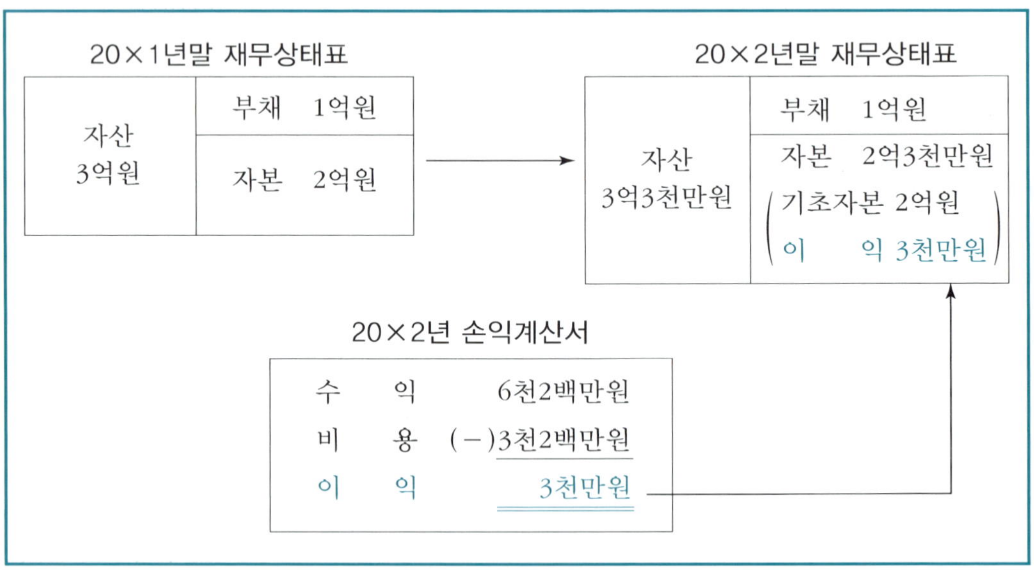

본은 2억3천만원으로 1년 전에 비해 순재산(자본)이 3천만원 늘었는데, 이는 20×2년의 손익계산서에 나타난 이익 3천만원과 동일한 금액이다.

이제 재무상태표등식과 손익계산서등식을 통합하여 (기말자산＋당기비용)＝(기말부채＋기초자본＋당기수익)으로 표시할 수 있다.

> 자산＝부채＋자본
> 기말자산＝기말부채＋기말자본
> 기말자산＝기말부채＋(기초자본＋당기순이익)
> 기말자산＝기말부채＋기초자본＋(당기수익－당기비용)
> 기말자산＋당기비용＝기말부채＋기초자본＋당기수익

기중에 주주로부터의 납입자본이 없었다면, 기말시점의 자본은 기초시점의 자본에 당기의 이익을 합한 금액과 같다. 그런데 당기의 이익은 당기수익에서 당기비용을 차감한 것이므로 결국 재무상태표의 자본에는 손익계산서의 이익이 포함되어 나타나는 셈이다.

재무상태표에도 이익을 표시할 수 있는데, 굳이 손익계산서라는 재무제표를 별도로 만드는 이유는 무엇일까? 이는 일정기간 동안 어떤 경위로 얼마만큼의 이익(또는 손실)이 나왔는지를 보여주기 위함이다.

재무상태표에도 당기순이익이 포함되어 나타나지만, 재무상태표에는 이익의 결과만을 표시할 뿐 그 내역을 보여주지 못하는 한계가 있다. 따라서 일정기간 동안의 이익이 어떻게 나왔는지, 즉 일정기간 동안의 경영성과가 어떠했는지를 제대로 파악하기 위해서는 손익계산서에서 수익과 비용을 살펴보아야 한다.

2.3 이익배당과 자본

자본은 회사의 자산총액에서 부채총액을 차감한 잔여액으로서, 이는 납입자본과 이익잉여금 등으로 분류된다. 납입자본은 주주가 회사에 실제로 납입한 금액이며, 이는 발행주식의 액면금액에 해당하는 자본금과 액면금액을 초과하여 납입한 금액 등을 포함하는 자본잉여금으로 구분할 수 있다.

이익잉여금(retained earnings)은 회사 설립 후 영업활동으로부터 발생한 순이익에서 배당금을 지급한 후 기업 내부에 누적된 이익을 의미하며, 이는 자본의 일부를 구성하는 항목이다. 따라서 이익이 발생하면 기말시점의 자본이 기초시점의 자본보다 이익만큼 늘어나고, 손실이 발생하면 그만큼 자본이 감소한다. 즉, 이익의 발생으로 이익잉여금이 증가하고 이익잉여금은 자본의 일부를 구성하므로 이익의 발생은 곧 자본의 증가로 연결되는 것이다.

그런데 기중에 배당금을 지급하면 어떻게 될까? 배당금이란 이익의 일부를 주주에게 나누어주는 것으로, 이는 손익계산서에 비용으로 처리하지 않고 이익잉여금(자본)이 감소하는 것으로 나타낸다. 결국 배당금을 고려할 경우 회계등식은 (기말자산 + 당기비용 + 배당금) = (기말부채 + 기초자본 + 당기수익)으로 나타낼 수 있다.

> 기초이익잉여금 + 당기순이익 − 배당금 = 기말이익잉여금
> 기초자본 + 당기순이익 − 배당금 = 기말자본
> 기말자산 + 당기비용 + 배당금 = 기말부채 + 기초자본 + 당기수익

One point Plus+

경제학적 이익과 자본유지개념

경제학자 힉스(John Richard Hicks)는 이익을 '기초와 동일한 만족상태(well-offness)를 유지하면서 일정기간 동안 소비할 수 있는 최대금액'이라고 정의하였다. 참으로 간단명료하고 멋진 표현이다. 실제로 이와 같은 경제학적 이익을 계산할 수 있다면 매우 이상적일 것이다.

만족상태(well-offness)란 표현도 절묘하다. 부(wealth)와 같은 것이라고 이해해도 큰 문제는 없겠지만, 엄밀한 의미에서는 우리가 보통 생각하는 재산보다 더 넓게 보아야 할 것이다.

여기서 만족상태(well-offness)를 자산에서 부채를 뺀 자본으로 바꾸면, 이는 기초자본과 기말자본을 비교하여 기간이익을 측정하는 회계학의 자본유지개념이 된다.

회계학의 자본유지개념은 자본을 무엇으로 보느냐에 따라 기간이익이 달라진다. 일반적으로는 최초의 명목화폐투자액을 자본개념으로 사용하지만(명목화폐유지개념), 물가변동에 따른 실질구매력에 초점을 둘 경우 일반구매력자본유지개념이나 실물자본유지개념을 생각할 수 있다.

경제학에서 효용(utility)을 실제로 측정할 수 없는 것처럼 만족상태(well-offness)도 화폐금액으로 나타내기는 어려운 일이다. 따라서 경제학적 이익은 개념상 매우 이상적인 것이지만, 실제로 이를 정확하게 측정하기가 어렵다.

회계는 경제학과 달리 매 회계기간마다 '눈으로 확인할 수 있는' 이익을 계산해야 한다. 그래서 화폐금액으로 나타낼 수 없는 항목들은 포기하고 현실적으로 화폐단위로 측정가능한 요소에 기초하여 기간이익을 계산한다.

재무제표상 이익과 경제학적 이익 사이에 어느 정도의 괴리가 생기는 것은 불가피하며, 회계정보의 이러한 한계를 이해하는 것도 매우 중요한 일이다. 복잡하고 어려운 회계이론을 배우는 것은 '진정한 이익(true income)'인 경제학적 이익을 조금이라도 더 가깝게 그려내기 위한 노력인 셈이다.

2.4 복식부기의 기본원리

복식부기는 기업의 경영활동으로 인한 자산·부채·자본의 변화와 수익·비용의 발생내역을 그 원인과 결과에 따라 차변(왼쪽)과 대변(오른쪽)으로 나누어 이중으로 기록하는 방식이다.

구체적인 기재 원리를 이해하기 위해서는 재무상태표와 손익계산서의 기본 구조를 알아야 한다.

여기서 단 한 가지만 기억하면 된다. 즉, 자산이 왼쪽에 자리잡고 있다는 것이다. 이는 관습적으로 자산을 왼쪽에 표기하였기 때문에 그렇게 굳어진 것이지, 무슨 특별한 논리가 있는 것은 아니다.

자산의 자리가 왼쪽이라는 의미는 자산을 증가시키는 거래를 자산계정의 차변(왼쪽)에 기재하고 자산을 감소시키는 거래는 자산계정의 대변(오른쪽)에 기록한다는 뜻이다.

회계등식에서 자산＝부채＋자본이라고 했으니, 자산의 자리가 왼쪽이라면 부채와 자본의 자리는 그 반대편인 오른쪽이라고 생각하자. 따라서 부채와 자본이 증가하는 거래는 해당 계정의 대변(오른쪽)에 기재하고, 부채와 자본이 감소하는 거래는 차변(왼쪽)에 기록해야 한다.

손익계산서 계정과목의 경우 수익은 자본의 증가를 가져오고, 비용은 자본의 감소를 초래한다. 따라서 수익을 발생시키는 거래는 자본과 마찬가지로 대변(오른쪽)에 기록하고, 비용을 발생시키는 거래는 차변(왼쪽)에 기

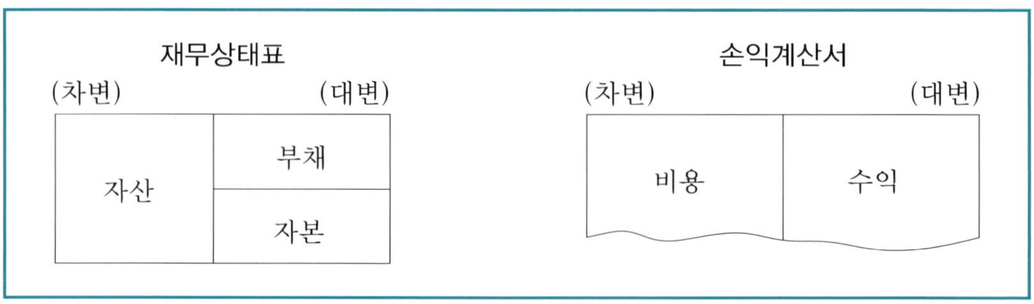

록하는 것이다.

One point Plus+

차변과 대변

회계를 쉽게 가르치고 싶은 마음에서 회계용어 중 꼭 고치고 싶은 것이 있다. 바로 차변(借邊)과 대변(貸邊)이다.

빌릴 차(借)와 빌려줄 대(貸)를 썼으니 차변과 대변이라는 용어는 마치 그에 어울리는 깊은 뜻이 있는 것처럼 느껴진다. 그런데 막상 알고 보면, 왜 그런 용어가 생겼는지 의아해진다.

차변과 대변은 영어의 Debit과 Credit에 상응하는 용어이다. 일본이 이를 借方과 貸方이라는 용어로 번역해서 도입했고, 우리나라는 方 대신 邊으로 바꿔 차변과 대변으로 부르고 있다.

그렇다면 영어의 Debit과 Credit은 어디서 왔을까? 로마시대에 주인이 노예에게 금전을 대여하고 이를 오른쪽에 기입하였는데, 대여해 준 것을 기록하는 곳이라는 의미에서 Credit이라고 불렀다고 한다. 반대로 차입하는 사람은 이를 왼쪽에 기입하였고, 빌려온 것을 기록하는 곳이라 하여 Debit이라고 불렀다는 것이다. Debit과 Credit의 약식 표기인 Dr과 Cr도 Debtor(借主)와 Creditor(貸主)를 나타낸다.

그러나 오늘날의 회계개념으로는 금전을 대여할 경우 오른쪽이 아닌 왼쪽(차변)에 기입한다. 차입거래는 오른쪽(대변)에 기입하는 것이니, 어원을 생각하다 보면 오히려 혼란만 더할 뿐이다.

차라리 차변은 계정의 왼쪽, 대변은 계정의 오른쪽을 나타내는 것이라고 단순하게 생각하자.

용어도 그에 맞게 고치는 것이 좋겠다. 차변과 대변보다는 왼쪽과 오른쪽, 또는 좌변과 우변이 훨씬 더 이해하기 쉽지 않을까?

2.5 회계의 기록 대상, 거래

회계는 기업의 재무상태에 변화를 일으키고 그 영향을 금액으로 측정할 수 있는 경제적 사건을 인식해서 기록하는데, 이러한 요건을 충족시키는 경제적 사건을 회계용어로 거래(transaction)라고 부른다.

회계상 거래는 기업의 경영활동 중 재무제표를 구성하는 자산, 부채, 자본, 수익, 비용 항목에 영향을 미치고, 화폐단위로 측정이 가능한 사건을 말한다. 따라서 법적인 거래라 하더라도 재무제표의 구성요소에 영향을 미치지 않으면, 회계거래로 인식되지 않는다. 예를 들어 상품을 주문하더라도 그 시점에서는 회사의 재무상태에 아무런 영향을 미치지 않는다고 보아 회계처리를 하지 않으며, 상품이 입고되는 시점에 자산(상품)과 부채(외상매입금)를 인식하는 회계처리가 이루어진다.

현금이 분실되거나 화재로 재산 피해를 입었다면 어떻게 될까? 이는 일반적인 교환거래(매입, 매출 등)와는 느낌이 좀 다르지만, 자산이 감소하였으므로 회계상 거래로 인식하여야 한다. 여기서 회계상 거래로 인식한다는 말은 이들 거래를 장부에 반영함으로써 재무상태표와 손익계산서에 그 영향이 나타나도록 한다는 의미이다.

어떤 사건을 회계거래로 인식하는 문제는 그 사건을 장부에 기록할 것인지의 여부를 결정하는 중요한 회계적 판단이다. 회계처리의 출발점은 회계상 거래를 식별하고 이를 화폐단위로 측정하는 일이다.

2.6 거래의 이중성

모든 거래는 재산 변화의 원인과 결과라는 두 가지 측면, 즉 거래의 이중성(duality of transactions)을 갖고 있다.

회계거래는 자산, 부채, 자본, 수익, 비용 항목 중 반드시 두 개 이상의 항목에 영향을 미친다. 예를 들어 외상으로 상품을 구입하면, 상품이라는 자산이 증가하고 외상매입금이라는 부채가 증가한다. 종업원에게 급여를 지급하면, 급여라는 비용이 발생하고 현금이라는 자산이 감소한다. 여기서 두 개 이상의 항목이란 동일한 재무제표 요소에 두 번 영향을 미치는 것을 포함한다. 예를 들어 상품을 현금으로 구입하면, 상품이라는 자산이 증가하고 현금이라는 자산이 감소한다.

단식부기는 재산의 변화라는 거래의 결과만을 기록하는 데 비해서, 복식부기는 거래의 발생 원인과 거래의 결과를 동시에 기록하는 것에 큰 차이가 있다. 복식부기는 모든 회계거래에 대하여 원인과 결과를 분석하여 해당 계정과목의 차변(왼쪽)과 대변(오른쪽)에 구분하여 기재한다.

복식부기의 원리상 차변(왼쪽) 합계는 대변(오른쪽) 합계와 항상 일치하게 되는데, 이를 대차평형(貸借平衡)의 원리(principle of equilibrium)라고 부른다. 대차평형의 원리에 따라 복식부기는 회계기록의 정확성을 어느 정도 자기검증할 수 있는 장점이 있다.

회계거래를 인식하여 회계처리가 이루어지면 기업의 재무상태는 수시로 변동하지만, 거래의 이중성으로 인해 회계등식은 언제나 성립하게 된다. 손익계산서 구성항목인 수익과 비용의 경우 재무상태표에 직접 표시되는 항목은 아니지만, 자본의 구성요소인 이익에 영향을 미쳐 궁극적으로는 자본의 증감요인으로 반영된다.

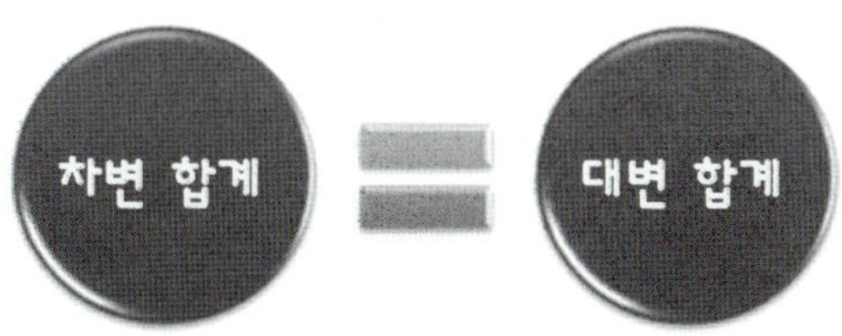

2.7 숫자를 담아두는 그릇, 계정

회계상 거래를 성격별로 분류하여 기록하는 장소를 계정(account)이라고 한다. 기업의 경영활동은 수많은 거래를 수반하는데, 이를 체계적으로 분류하고 기록하여 재무상태표와 손익계산서 등의 요약된 회계보고서를 만든다.

계정에 구체적인 이름을 붙인 것이 계정과목이며, 주요 계정과목을 예시하면 다음과 같다.

재무상태표 계정	자산계정	현금예금, 매출채권, 재고자산, 토지, 건물, 기계장치, 비품, 영업권
	부채계정	매입채무, 선수금, 퇴직급여부채, 차입금
	자본계정	자본금, 자본잉여금, 이익잉여금
손익계산서 계정	수익계정	매출, 이자수익, 임대료수익, 유형자산처분이익
	비용계정	매출원가, 급여, 임차료, 감가상각비, 이자비용

회계에서 계정과목은 마치 주소와 같은 역할을 담당한다. 주소가 있기 때문에 우편물이 정확한 장소에 배달되는 것처럼, 계정과목이 있기 때문에 수많은 회계거래가 체계적으로 분류되어 저장될 수 있다. 정부가 주소 체계를 미리 정해 두는 것과 마찬가지로 대부분의 기업에서는 자사의 특성을 고려한 계정과목표(chart of accounts)를 만들어 사용하고 있다.

2.8 계정기입의 규칙, 분개와 전기

복식부기의 기본원리에 따라 회계거래를 계정에 기입하는 규칙에 대하여 좀 더 살펴보자.

계정의 왼쪽을 차변(借邊, debit), 오른쪽을 대변(貸邊, credit)이라고 부른다. 모든 계정에는 차변과 대변이 있는데, 이를 명확히 구분하기 위해 중앙에 경계선을 그어서 계정을 나타내는 것을 T계정 형식이라고 부른다.

차변(왼쪽)	대변(오른쪽)

회계거래가 발생하면 분개라는 절차를 통해 장부에 기록하게 되는데, 마음먹고 회계공부를 시작해도 대부분 이 단계에서 좌절감을 맛보게 된다. 하지만 처음부터 너무 절망하거나 포기할 필요는 없다. '재무제표 만드는 법'을 습득하기까지 많은 시간과 노력이 소요되지만, 한 번 그 원리를 터득하고 나면 마치 '자전거 타기'처럼 쉽게 잊혀지지 않는다.

분개(分介, journalizing)는 회계거래가 어느 계정과목에 해당하는 거래인지, 그 계정과목의 차변 또는 대변의 어느 쪽인지, 얼마의 금액을 기록할 것인지를 결정하는 절차이다. 모든 회계거래는 분개를 통해 그 거래에 내재된 원인과 결과가 파악되어 계정과목으로 전달된다.

재무제표에서 자산, 부채, 자본, 수익, 비용이 어느 쪽에 자리잡고 있는지를 살펴보면, 차변과 대변의 기입 원리를 짐작할 수 있다. 자산은 원래 재무상태표의 차변(왼쪽)에 위치시키기로 약속했으니, 자산이 증가하는 거래는 차변에 기입하고 반대로 자산이 감소하는 거래는 대변에 기입한다. 부채와 자본은 자산과 반대로 생각하면 된다. 손익계산서 과목인 수익과 비용도 마찬가지다.

이와 같이 회계상의 거래는 자산의 증가와 감소, 부채의 증가와 감소, 자본의 증가와 감소, 수익의 발생과 비용의 발생이라는 8개의 요소로 구성되어 있으며, 이를 거래의 8요소라고 부른다.

차변(왼쪽)	대변(오른쪽)
자산 (+)	자산 (−)
부채 (−)	부채 (+)
자본 (−)	자본 (+)
비용 (+)	수익 (+)

차변(왼쪽)에는 자산의 증가, 부채의 감소, 자본의 감소, 비용의 발생(증가)을 기재하고, 대변(오른쪽)에는 자산의 감소, 부채의 증가, 자본의 증가, 수익의 발생(증가)을 기입한다. 만약 비용이 감소하는 거래가 발생하면 대변(오른쪽)에 기입하고, 수익이 감소하는 거래는 차변(왼쪽)에 기입하면 된다.

모든 거래는 반드시 차변과 대변에 동일한 금액을 기입해야 하며, 아무리 많은 거래를 기입하더라도 전체 차변금액과 대변금액은 반드시 일치하게 된다(대차평형의 원리).

회계거래가 발생하면 분개를 하고, 이를 총계정원장에 옮겨 적는 전기(轉記, posting) 과정을 거친다.

총계정원장(general ledger)은 자산, 부채, 자본, 수익, 비용의 모든 계정을 모아 놓은 장부를 의미하며, 원장(ledger)이라고 부르기도 한다.

분개가 이루어지면 차변과 대변에 기재된 계정에 그 금액이 기입된다. 차변에 분개된 내용은 해당 계정의 차변에 옮겨 적고, 대변에 분개된 내용은 해당 계정의 대변에 옮겨 기재한다. 또한 계정에 전기된 내용만 보고도 그 거래내역을 짐작할 수 있도록 금액 앞에 상대(차변 또는 대변) 계정과목을 함께 기입한다.

(거래 1) 3월 2일에 매출채권 ₩1,000,000을 현금으로 회수하다.
(분개) (차) 현금예금 ₩1,000,000 (대) 매출채권 ₩1,000,000

(거래 2) 3월 4일에 매입채무 ₩600,000을 현금으로 지급하다.
(분개) (차) 매입채무 ₩600,000 (대) 현금예금 ₩600,000

이들이 계정에 전기된 것을 나타내면 다음과 같다.

현금예금

		⋮			⋮
3/2	매출채권	1,000,000	3/4	매입채무	600,000

매출채권

		⋮			⋮
			3/2	현금예금	1,000,000

매입채무

		⋮			⋮
3/4	현금예금	600,000			

One point Plus+

사개송도치부법

회계의 기원은 문자만큼이나 오랜 역사를 가지고 있다. 고대문명이 태동한 수메르와 이집트에서 조세징수나 간단한 거래에 관한 기록이 발굴되었고, 중국에서도 왕실을 중심으로 재정관리기법이 일찍부터 사용되었다고 전해진다. 그리스와 로마시대를 거쳐 중세 봉건사회에 이르기까지 회계는 다양한 형태로 발전하였다.

서양에서 복식부기가 처음 출현한 곳은 르네상스시대 세계무역의 중심지였던

이탈리아의 상업도시로 알려져 있다. 루카 파치올리는 1494년에 발간한 『대수, 기하, 비율 및 비례 총람』이란 책에서 당시의 수학지식과 함께 베네치아 상인들이 사용하던 복식부기 내용을 소개하였다. 이후 영국 등 유럽 전역에 복식부기가 보급되었고, 19세기 산업혁명을 계기로 발전을 거듭하여 현대식 장부기록법과 회계로 발전하였다는 것이 지금까지 학계의 정설이었다.

그런데 우리나라에서는 그보다 훨씬 앞선 12세기경에 이미 개성상인들이 사개송도치부법(四介松都治簿法)이라는 회계방식을 사용하였다고 한다. 오늘날 journal entry를 의미하는 분개(分介)라는 용어도 회계거래가 발생하면 사개(四介)의 어느 하나로 나눈다는 뜻에서 유래하였다고 한다. 아직 충분한 연구가 이루어지지 않은 상태이지만, 사개송도치부법은 서양의 복식부기와 근본 원리가 같은 것으로 알려져 있다.

사개송도치부법(四介松都治簿法)

그렇다면 복식부기도 금속활자처럼 우리 선조들이 세계 최초로 창안한 위대한 문화유산이 아닐까? 고려의 수도였던 송도는 지리적으로 한반도의 중간에 위치하고 예성강 입구의 벽란도가 중국과 가까워 당시 국제 무역항으로 번성하였다니, 개성상인들이 사용하던 복식부기법이 서양으로 흘러 들어갔는지도 모를 일이다.

연 ▪ 습 ▪ 문 ▪ 제

1. 다음 중 회계등식으로 타당하지 않은 것은?

① 자산＝부채＋자본

② 기말자산＝기말부채＋기초자본＋당기순이익

③ 기말자산＋비용＝기말부채＋기초자본＋수익

④ 기말자산－배당금＝기말부채＋기초자본＋당기순이익

2. 다음 중 회계등식에 관한 설명으로 타당하지 않은 것은?

① 회계등식은 회계원리가 시작되는 출발점이다.

② 자산은 부채와 자본의 합과 같다.

③ 회계기말에는 회계등식이 반드시 성립하지만, 기중에는 성립하지 않는 것이 일반적이다.

④ 회계등식은 재무상태표등식이라고도 부른다.

3. 재무상태표에 관한 다음 설명 중 타당하지 않은 것은?

① 재무상태표는 일정시점의 재무상태를 나타내는 재무제표이다.

② '20×1. 1. 1부터 20×1. 12. 31까지'라는 표기가 포함된다.

③ 기말시점의 자본은 기초시점의 자본에 당기의 이익을 합한 금액과 동일하다.

④ 재무상태표와 손익계산서는 이익을 연결고리로 상호 밀접한 연관성을 갖는다.

4. 자본에 관한 다음 설명 중 타당하지 않은 것은?

① 자산총액에서 부채총액을 차감한 잔여액이다.

② 납입자본은 주주가 회사에 실제로 납입한 금액을 의미한다.

③ 이익잉여금은 회사 설립 후 영업활동으로부터 발생한 순이익에서 배당금을 지급한 후 기업 내부에 누적된 이익을 의미한다.

④ 배당금을 지급하면 손익계산서에 비용으로 처리한다.

5. 복식부기의 원리에 관한 다음 설명 중 타당하지 않은 것은?

① 복식부기는 거래의 원인과 결과를 차변과 대변으로 나누어 기록한다.

② 자산이 증가하는 거래는 차변에 기록한다.

③ 비용이 발생하는 거래는 대변에 기록한다.

④ 부채가 감소하는 거래는 차변에 기록한다.

6. 회계상 거래에 관한 다음 설명 중 타당하지 않은 것은?

① 법적인 거래는 재무제표의 구성요소에 영향을 미치는지의 여부에 관계없이 회계거래로 인식해야 한다.

② 현금을 분실하였다면 회계거래로 인식해야 한다.

③ 회계상 거래로 인식하기 위해서는 화폐단위로 측정할 수 있어야 한다.

④ 화재로 재고자산이 소실되었다면 회계거래로 인식해야 한다.

7. 거래의 이중성에 관한 다음 설명 중 타당하지 않은 것은?

① 모든 거래는 재산 변화의 원인과 결과라는 두 가지 측면을 갖는다.

② 회계거래는 자산, 부채, 자본, 수익, 비용 항목 중 반드시 두 개 이상의 항목에 영향을 미친다.

③ 단식부기도 거래의 이중성을 장부에 기록한다는 점에서 복식부기와 차이가 없다.

④ 거래의 이중성으로 인하여 회계등식이 성립한다.

8. 복식부기의 원리상 차변합계는 대변합계와 항상 일치하며, 이를 (　　)(이)라고 부른다.

① 발생주의　　② 현금주의

③ 계정　　④ 대차평형의 원리

9. 다음 계정과목 중 그 성격이 가장 상이한 것은?

① 현금 ② 매출채권
③ 재고자산 ④ 매입채무

10. 계정기입의 규칙에 관한 다음 설명 중 타당하지 않은 것은?

① 계정의 왼쪽을 차변, 오른쪽을 대변이라고 부른다.
② 모든 회계거래는 분개를 통해 거래에 내재된 원인과 결과가 파악되어 계정과목으로 전달된다.
③ 차변에는 자산의 증가, 부채의 감소, 자본의 감소, 수익의 증가를 기입한다.
④ 대변에는 자산의 감소, 부채의 증가, 자본의 증가, 비용의 감소를 기입한다.

11. 분개와 전기에 관한 다음 설명 중 타당하지 않은 것은?

① 모든 거래는 반드시 차변과 대변에 동일한 금액을 기입해야 한다.
② 회계거래가 발생하면 분개를 하고 이를 총계정원장에 옮겨 기록한다.
③ 차변에 분개된 내용은 해당 계정의 대변에 옮겨 적고, 대변에 분개된 내용은 해당 계정의 차변에 옮겨 기재한다.
④ 전기를 할 때는 거래내역을 짐작할 수 있도록 금액 앞에 상대 계정과목을 함께 기입한다.

12. 회사의 자산과 부채가 다음과 같을 때 자본은 얼마인가?

현 금 100	매출채권 200	재고자산 250	건 물 500
매입채무 150	선 수 금 100	차 입 금 300	

① 500 ② 400
③ 350 ④ 300

13. 다음 (1)~(5)에 알맞은 금액은?

(기말) 자산	(기말) 부채	기초 자본	기말 자본	수익	비용	이익
1,000	400	(1)		2,000	1,800	
(2)	500	200		1,000	900	
1,200	600	500		(3)	600	
1,100	500	400				(4)
		600	(5)	1,000	800	

① 400, 700, 800, 200, 800

② 300, 700, 800, 400, 200

③ 300, 800, 700, 400, 200

④ 400, 800, 700, 200, 800

14. 다음 (1)~(5)에 알맞은 금액은?

현금	매출채권	재고자산	매입채무	차입금	자본
(1)	200	300	150	200	300
300	(2)	400	200	350	400
250	300	350	(3)	400	300
400	300	300	200	(4)	500
300	200	300	250	200	(5)

① 150, 200, 200, 300, 350　　② 200, 150, 300, 250, 350

③ 150, 250, 200, 300, 350　　④ 200, 250, 300, 150, 200

15. 다음 중 자산으로 계상할 수 없는 것은?

① 상품을 판매하고 아직 받지 못한 외상대금

② 거래처에 상품을 주문하고 지급한 계약금

③ 구입을 추진 중인 기계장치

④ 금고 속의 현금

16. 다음 중 부채로 계상할 수 없는 것은?

① 상품을 구입하고 아직 지급하지 못한 외상대금

② 은행으로부터 차입한 금액

③ 종업원에게 빌려준 돈

④ 상품 주문과 함께 거래처로부터 수령한 선수금

17. 회계상 거래로 인식하기 위한 조건으로 가장 타당한 것은?

① 재무상태의 변화, 금액의 측정가능성

② 재무상태의 변화, 거래상대방의 존재

③ 금액의 측정가능성, 거래상대방의 존재

④ 과거사건의 결과, 재무상태의 변화

18. 계정기입의 규칙에 부합하지 않는 것은?

① 급여계정: 증가시 차변에 기록

② 건물계정: 감소시 대변에 기록

③ 매입채무: 증가시 대변에 기록

④ 매출계정: 증가시 차변에 기록

19. 다음 (1)과 (2)에 부합하는 재무제표로 타당한 것은?

회계정보	재무제표
일정시점의 재무상태	(1)
일정기간의 경영성과	(2)

① 재무상태표, 자본변동표 ② 현금흐름표, 손익계산서

③ 재무상태표, 손익계산서 ④ 손익계산서, 재무상태표

20. 다음 중 하나의 거래에서 동시에 나타날 수 없는 것은?

① 자산의 감소, 부채의 감소 ② 자산의 증가, 자본의 증가

③ 자산의 증가, 수익의 발생 ④ 부채의 증가, 수익의 발생

CHAPTER 3

회계순환과정 I(기중의 회계처리)

3.1 계속기업의 가정과 회계기간

기업도 사람처럼 수명이 있을까? 현실적으로는 기업이 파산하여 청산되는 사례가 많지만, 회계에서는 기업이 예상가능한 기간 동안 영업을 계속할 것이라는 계속기업(going concern)의 가정을 두고 있다.

기업을 설립하여 단기간에 걸쳐 일회성 사업만을 수행하고 바로 청산한다면, 구태여 어려운 회계이론을 만들지 않더라도 손쉽게 경영성과를 계산할 수 있을 것이다. 하지만 오늘날의 기업은 설립 시점에 미리 존속기간을 정하지 않는 것이 대부분이며, 재무적 어려움에 처해서 더 이상 영업활동을 할 수 없을 때까지 오랫동안 존속한다.

만약 기업이 설립되어 청산될 때까지 이해관계자들에게 회계정보를 제공하지 않는다면, 합리적인 의사결정이 어렵고 신뢰가 떨어져 기업이 발전하기 어려울 것이다. 이에 인위적으로 회계정보를 측정하여 보고하는 기간을 정하여 재무상태와 경영성과를 보고하는데, 이를 회계기간(accounting period) 또는 재무보고기간이라고 한다.

일반적으로 기업은 1년을 한 회계기간으로 하여 재무상태와 경영성과를 측정하여 보고한다. 1월 1일부터 12월 31일까지를 한 회계기간으로 할 때, 1월 1일을 기초(期初)라고 하고 12월 31일을 기말(期末)이라고 한다. 기초와 기말 사이의 기간을 기중(期中)이라고 부른다. 또한 전년도 회계기간을 전기(前期), 당년도 회계기간을 당기(當期), 차년도 회계기간을 차기(次期)라고 한다.

회계기간이 1년을 초과할 수는 없지만 반드시 1년일 필요는 없으며, 1년보다 짧은 기간(6개월, 3개월 등)을 회계기간으로 하여 재무제표를 작성할 수도 있다. 우리나라 상장기업의 경우 1년 단위의 연차재무제표뿐만 아니라 6개월 단위의 반기재무제표, 3개월 단위의 분기재무제표를 작성하여 공시한다.

3.2 회계순환과정

회계에서는 거래를 식별하고 측정하는 것부터 재무제표를 작성하기까지 일련의 과정이 회계기간을 주기로 반복되는데, 이를 회계순환과정(accounting cycle)이라고 한다.

회계순환과정은 크게 기중 거래를 기록하는 과정(기중의 회계처리)과 기말에 결산작업을 수행하는 과정(기말의 회계처리)으로 구분할 수 있다.

기중의 회계처리	거래의 식별과 측정
	분개
	전기
기말의 회계처리	수정전시산표 작성
	결산수정분개
	수정후시산표(정산표) 작성
	재무제표 작성
	장부 마감

회계기간의 기중에는 회계상 거래를 식별하여 화폐단위로 측정하고, 이를 분개하여 총계정원장의 해당 계정에 전기한다. 회계기간의 기말이 되면, 재무제표를 작성하기 위한 결산작업을 수행한다. 그 첫 단계로 기중의 회계처리가 오류 없이 이루어졌는지를 점검하기 위해 시산표를 작성해 본다. 그 다음에는 결산시점에서 각 계정의 잔액을 수정해야 할 사항을 파악하여 결산수정분개를 하고, 수정전시산표에 이를 반영하여 수정후시산표(정산표)를 만든다. 이를 토대로 재무제표를 작성하고 총계정원장의 각 계정을 마감하여 회계순환과정이 종료되며, 회계기간마다 이 같은 과정을 반복한다.

3.3 회계처리의 출발점, 분개(分介)

3.3.1 분개의 중요성

회계거래가 발생하면 분개를 통해 장부에 기입하기 때문에 올바른 분개는 정확한 회계정보를 만드는 데 가장 기본이 되는 중요한 요소이다. 회계실력이란 곧 정확한 분개를 할 수 있는 능력이라고 말해도 과언이 아니다.

분개를 하기 위해서는 해당 거래가 재무제표의 구성요소(자산, 부채, 자본, 수익, 비용) 중 어느 것에 영향을 주는지를 판단해야 한다. 회사가 미리 정해 둔 계정과목표를 보고 가장 적합한 계정과목을 찾아 해당 거래가 그 계정과목을 증가시키는 것인지, 아니면 감소시키는 것인지를 판단하여 차변(왼쪽)과 대변(오른쪽)에 계정과목명과 금액을 기입한다.

아무리 복잡한 거래라 하더라도 일단 분개가 정확하게 이루어지면, 그 다음 단계는 기계적으로 진행되는 절차에 불과하므로 회계처리의 정확성이 보장된다. 그러나 분개 단계에서 발생한 실수는 수많은 거래 속에 파묻혀 그 이후에 오류를 찾아 바로잡기가 매우 어렵다.

앞에서 배운 분개의 원리를 상기해 보자(2.8 참조).

자산의 자리는 재무상태표의 왼쪽(차변)이라고 약속했으니, 자산이 증가하는 거래는 차변에 기입하고, 반대로 자산이 감소하는 거래는 대변에 기입한다. 부채와 자본은 자산과 반대쪽인 오른쪽(대변)에 위치하므로 이들이 증가하는 거래는 대변에 기입하고, 감소하는 거래는 차변에 기입한다. 수익은 자본을 늘리는 것이니 자본과 같은 방향이고, 비용은 그 반대라고 생각하면 된다. 즉, 수익이 증가하는 거래는 대변에, 비용이 증가하는 거래는 차변에 기입한다. 만약 수익을 감소시키는 거래가 발생하였다면 차변에 기입하고, 비용을 감소시키는 거래는 대변에 기입한다.

3.3.2 종합사례

사 례

(주)원승은 20×1년 6월에 설립한 여행사이다. 20×1년 6월 1일부터 6월 30일까지 발생한 (주)원승의 거래는 다음과 같다. 20×1년 6월 30일 현재의 재무상태표와 20×1년 6월 한 달 동안의 손익계산서를 작성하기 위한 일련의 회계처리과정을 살펴보자.

(1) 6월 1일: 액면 ₩5,000의 주식 6,000주를 발행하여 ₩30,000,000원의 자본금을 납입받다.
(2) 6월 2일: 사무실 임차보증금으로 ₩10,000,000을 지급하고, 월 ₩1,200,000의 임차료는 다음 달 2일에 지급하기로 계약하였다.
(3) 6월 5일: 신문에 개업 광고를 게재하고, 광고비 ₩1,000,000을 지급하였다.
(4) 6월 7일: ₩2,000,000의 소모품을 구입하고, 이를 자산으로 회계처리하였다.
(5) 6월 13일: 여행상품을 제공하고 대금 ₩3,000,000을 입금받았다.
(6) 6월 16일: 은행에서 ₩20,000,000을 차입하고, 이자는 다음 달 16일에 ₩100,000씩 지급하기로 하였다.
(7) 6월 20일: 여행상품을 판매하고 대금 ₩8,000,000은 추후 받기로 하였다.
(8) 6월 25일: 6월분 종업원급여 ₩4,800,000을 지급하였다.
(9) 6월 27일: 6월 20일의 판매대금(매출채권) 중 ₩4,000,000을 입금받았다.
(10) 6월 28일: 7월에 여행상품을 제공하기로 약정하고, 계약금 ₩2,000,000을 미리 받았다.
(11) 6월 29일: 6월분 직원 출장경비 ₩800,000을 지급하였다.
(12) 6월 30일: 사무실에 대하여 화재보험에 가입하고, 12개월분(20×1.

7. 1~20×2. 6. 30) 보험료 ₩1,200,000을 지급하였다. 지급된 보험료는 전액을 보험료(비용)로 회계처리하였다.

3.3.3 거래의 분석과 분개

(1) 6월 1일 거래

[거래의 분석] 회사의 현금이 증가하였으므로 자산(현금예금)의 증가로 차변(왼쪽)에 기입하고, 이는 주식발행으로 주주로부터 입금받은 것이니 자본(자본금)의 증가로 대변(오른쪽)에 기입한다.

[분 개]

(차) 현 금 예 금 ₩30,000,000 (대) 자 본 금 ₩30,000,000

(2) 6월 2일 거래

[거래의 분석] 회사의 현금이 감소하였으니 자산(현금예금)의 감소로 대변(오른쪽)에 기입한다. 임차보증금은 임대차계약 종료 시 임대인으로부터 돌려받을 수 있는 자산이므로 자산(임차보증금)의 증가로 차변(왼쪽)에 기입한다. 결국 현금이라는 자산이 임차보증금이라는 다른 형태의 자산으로 바뀐 셈이다.

[분 개]

(차) 임차보증금 ₩10,000,000 (대) 현 금 예 금 ₩10,000,000

(3) 6월 5일 거래

[거래의 분석] 회사의 현금이 감소하였으므로 자산(현금예금)의 감소로 대변(오른쪽)에 기입하고, 이는 광고비로 지급된 것이니 비용(광고선전비)의 증가로 차변(왼쪽)에 기입한다.

[분 개]

(차) 광고선전비 ₩1,000,000 (대) 현 금 예 금 ₩1,000,000

(4) 6월 7일 거래

[거래의 분석] 회사의 현금이 감소하였으므로 자산(현금예금)의 감소로 대변(오른쪽)에 기입하고, 소모품이라는 자산이 증가하였으니 자산(소모품)의 증가로 차변(왼쪽)에 기입한다.

[분 개]

(차) 소 모 품 ₩2,000,000 (대) 현 금 예 금 ₩2,000,000

(5) 6월 13일 거래

[거래의 분석] 회사의 현금이 증가하였으니 자산(현금예금)의 증가로 차변(왼쪽)에 기입하고, 이는 여행상품의 판매로 받은 것이니 수익(매출)의 증가로 대변(오른쪽)에 기입한다.

[분 개]

(차) 현 금 예 금 ₩3,000,000 (대) 매 출 ₩3,000,000

(6) 6월 16일 거래

[거래의 분석] 회사의 현금이 증가하였으므로 자산(현금예금)의 증가로 차변(왼쪽)에 기입하고, 이는 은행으로부터 차입한 것이니 부채(차입금)의 증가로 대변(오른쪽)에 기입한다.

[분 개]

(차) 현 금 예 금 ₩20,000,000 (대) 차 입 금 ₩20,000,000

(7) 6월 20일 거래

[거래의 분석] 추후 거래처로부터 받을 수 있는 외상값이 생겼으므로 자산(매출채권)의 증가로 차변(왼쪽)에 기입하고, 이는 여행상품의 판매로 받은 것이니 수익(매출)의 증가로 대변(오른쪽)에 기입한다.

[분 개]

(차) 매 출 채 권 ₩8,000,000 (대) 매 출 ₩8,000,000

(8) 6월 25일 거래

[거래의 분석] 회사의 현금이 감소하였으므로 자산(현금예금)의 감소로 대

연 ■ 습 ■ 문 ■ 제

1. 현실적으로는 기업이 파산하여 청산되는 사례가 많지만, 회계에서는 기업이 예상가능한 기간 동안 영업을 계속할 것이라는 (　　)의 기본가정을 두고 있다.

① 발생주의　　② 계속기업

③ 보수주의　　④ 현금주의

2. 회계기간에 관한 다음 설명 중 타당하지 않은 것은?

① 계속기업의 가정과 관련이 깊다.

② 인위적으로 회계정보를 측정하여 보고하는 기간을 정하여 재무상태와 경영성과를 보고한다.

③ 일반적으로 1년을 한 회계기간으로 하지만, 3개월 단위의 분기재무제표를 작성하기도 한다.

④ 회계기간이 1년을 초과해도 무방하다.

3. 회계순환과정에 관한 다음 설명 중 타당하지 않은 것은?

① 거래를 식별하고 측정하는 것부터 재무제표를 작성하기까지 일련의 과정이 반복된다.

② 기중 거래를 기록하는 과정과 기말에 결산작업을 수행하는 과정으로 구분할 수 있다.

③ 기말의 회계처리는 수정전시산표를 작성하는 것으로 마감된다.

④ 회계기간을 주기로 반복된다.

4. 다음 중 기중의 회계처리라고 보기 어려운 것은?

① 결산수정분개　　② 거래의 식별과 측정

③ 분개　　④ 전기

5. 다음 분개에 대한 설명으로 타당하지 않은 것은?

(차) 매입채무	₩50,000	(대) 현금예금	₩50,000

① 자산이 감소하는 거래이다.

② 부채가 감소하는 거래이다.

③ 자본에는 영향이 없다.

④ 비용이 증가하는 거래이다.

6. 다음 분개 중 자산과 부채가 함께 증가하는 거래는?

	차변	금액	대변	금액
①	(차) 현 금	₩50,000	(대) 차 입 금	₩50,000
②	(차) 현 금	₩10,000	(대) 이자수익	₩10,000
③	(차) 급 여	₩20,000	(대) 현 금	₩20,000
④	(차) 매출채권	₩30,000	(대) 매 출	₩30,000

7. 분개에 관한 다음 설명 중 타당하지 않은 것은?

① 분개는 회계처리의 출발점이다.

② 분개를 하기 위해서는 해당 거래가 재무제표의 구성요소 중 어느 것에 영향을 주는지를 판단해야 한다.

③ 회사가 미리 정해 둔 계정과목표를 보고 가장 적합한 계정과목을 선택한다.

④ 분개 단계에서 오류가 발생하더라도 이후의 결산과정에서 쉽게 찾아내어 바로잡을 수 있다.

8. 분개의 원리에 관한 다음 설명 중 타당하지 않은 것은?

① 자산이 증가하는 거래는 차변에 기입한다.

② 부채가 증가하는 거래는 대변에 기입한다.

③ 수익을 감소시키는 거래는 대변에 기입한다.

④ 비용을 증가시키는 거래는 차변에 기입한다.

9. 분개와 전기에 관한 다음 설명 중 타당하지 않은 것은?

① 분개는 분개장이란 회계장부에 기록하거나 전표를 사용한다.

② 전표는 입금전표, 출금전표, 대체전표로 구분할 수 있다.

③ 입금전표는 현금이 입금된다는 정보가 이미 차변에 기록된 것으로 보아 상대편 계정과목과 금액만 기재한다.

④ 차변에 분개된 내용은 해당 계정의 대변에 전기된다.

10. 주식을 발행하고 주식대금을 현금으로 납입받았다. 이 거래로 인한 영향을 잘못 설명한 것은?

① 자산이 증가하였다.

② 자본이 증가하였다.

③ 이익이 증가하였다.

④ 회사의 자금사정이 좋아졌다.

11. 다음 중 자산이 감소하고 비용이 증가하는 거래에 해당하는 것은?

① 차입금에 대한 이자를 현금으로 지급하였다.

② 상품을 외상으로 매입하였다.

③ 매출채권을 현금으로 회수하였다.

④ 임대료를 입금받았다.

12. 현금계정의 차변에 '1월 10일 매출채권 ₩1,000,000'이라고 전기된 거래를 추정한 것으로 타당한 것은?

① 1월 10일에 외상매출이 이루어졌다.

② 1월 10일에 매출채권이 현금으로 회수되었다.

③ 1월 10일에 상품을 외상으로 매입하였다.

④ 1월 10일에 매입채무를 현금으로 지급하였다.

13. 차입금계정의 차변에 '2월 5일 현금 ₩2,000,000'이라고 전기된 거래를 추정한 것으로 타당한 것은?

① 2월 5일에 은행차입이 이루어졌다.
② 2월 5일에 차입금이자를 지급하였다.
③ 2월 5일에 차입금을 현금으로 상환하였다.
④ 2월 5일에 예금이자를 받았다.

14. 상품을 외상으로 판매한 거래는 거래의 요소에 어떤 영향을 주는가?

① 자산의 증가와 수익의 증가 ② 자산의 증가와 부채의 증가
③ 부채의 감소와 수익의 증가 ④ 부채의 감소와 비용의 감소

15. 비용이 발생하였으나 아직 지급하지 않은 거래는 거래의 요소에 어떤 영향을 주는가?

① 자산의 감소와 비용의 증가 ② 부채의 증가와 비용의 증가
③ 부채의 감소와 비용의 증가 ④ 자산의 증가와 비용의 증가

16. 다음 중 거래의 요소로 결합할 수 없는 것은?

① 자산의 증가와 자산의 감소 ② 부채의 증가와 비용의 발생
③ 자산의 감소와 수익의 발생 ④ 부채의 감소와 자산의 감소

17. 다음 중 차변에 기록할 수 없는 거래는?

① 임차보증금의 증가 ② 매출채권의 증가
③ 임차료의 발생 ④ 차입금의 증가

18. 다음 중 대변에 기록할 수 없는 거래는?

① 매출액의 발생 ② 미지급금의 감소
③ 자본금의 증가 ④ 매출채권의 감소

19. 다음 분개에 대한 설명으로 타당하지 않은 것은?

(차) 현 금	₩20,000		(대) 매 출	₩50,000
매출채권	30,000			

① ₩50,000의 매출이 이루어졌다.

② ₩20,000은 현금을 받았다.

③ ₩30,000은 외상판매이다.

④ 자산이 증가하고 비용이 발생하였다.

20. 다음 중 회계순환과정의 순서를 가장 바르게 나타낸 것은?

① 분개 – 전기 – 수정전시산표 – 결산수정분개 – 정산표 – 재무제표 – 장부 마감

② 전기 – 분개 – 수정전시산표 – 결산수정분개 – 정산표 – 재무제표 – 장부 마감

③ 분개 – 전기 – 정산표 – 결산수정분개 – 수정전시산표 – 재무제표 – 장부 마감

④ 분개 – 전기 – 수정전시산표 – 정산표 – 결산수정분개 – 장부 마감 – 재무제표

CHAPTER 4

회계순환과정 Ⅱ(기말의 회계처리)

4.1 수정전시산표

4.2 결산수정분개

4.3 정산표와 수정후시산표

4.4 재무제표 작성

4.5 장부 마감

4.6 자산·부채의 측정과 기간이익

4.1 수정전시산표

시산표(試算表, trial balance)는 기중 회계처리의 정확성을 확인하고 결산을 준비하기 위해서 총계정원장에 기록된 모든 계정과목의 금액을 한데 모은 표이다. 결산수정분개가 반영되기 이전 단계의 시산표를 수정전시산표라고 하며, 이에 결산수정분개를 반영하여 수정후시산표를 작성한다.

복식부기에서는 모든 거래를 차변과 대변으로 나누어 동일한 금액을 기입하기 때문에 총계정원장의 차변에 기입된 금액의 합계는 대변에 기입된 금액의 합계와 일치하게 된다(대차평형의 원리).

시산표는 총계정원장에 설정된 모든 계정의 차변과 대변의 합계와 잔액을 함께 표시하는 형식으로 만들거나(합계잔액시산표), 차변 또는 대변의 잔액만을 옮겨 적는 형식으로 작성할 수 있다(잔액시산표).

종합사례의 수정전 합계잔액시산표와 잔액시산표를 작성하면 다음과 같다.

합계잔액시산표

(주)원승 20×1년 6월 30일 현재 (단위: 천원)

차변		계정과목	대변	
잔액	합계		합계	잔액
39,200	59,000	현금예금	19,800	
4,000	8,000	매출채권	4,000	
2,000	2,000	소모품		
10,000	10,000	임차보증금		
		차입금	20,000	20,000
		선수금	2,000	2,000
		자본금	30,000	30,000
		매출	11,000	11,000
1,000	1,000	광고선전비		
4,800	4,800	급여		
800	800	여비교통비		
1,200	1,200	보험료		
63,000	86,800	합계	86,800	63,000

잔액시산표

(주)원승 20×1년 6월 30일 현재 (단위: 천원)

계정과목	차변	대변
현 금 예 금	39,200	
매 출 채 권	4,000	
소 모 품	2,000	
임차보증금	10,000	
차 입 금		20,000
선 수 금		2,000
자 본 금		30,000
매 출		11,000
광고선전비	1,000	
급 여	4,800	
여비교통비	800	
보 험 료	1,200	
합 계	63,000	63,000

시산표의 차변합계와 대변합계가 동일함을 확인할 수 있다. 이는 분개시 차변과 대변에 동일한 금액을 기입하였고, 전기가 제대로 이루어졌음을 나타낸다. 시산표를 통해 모든 계정들의 잔액을 한눈에 볼 수 있어 재무제표의 대략적인 윤곽을 파악하는데도 도움이 된다.

만약 시산표의 차변합계와 대변합계가 일치하지 않는다면, 이는 분개와 전기를 하는 과정에서 적어도 하나 이상의 오류가 있었음을 의미한다. 이와 같이 대차평형의 원리 덕분에 복식부기는 어느 정도 자기검증기능(self-verification function)을 가지고 있지만, 시산표가 회계처리 오류를 모두 알려주지는 못한다는 점에 유의해야 한다.

시산표의 차변합계와 대변합계가 일치하지 않을 경우 이는 어딘가에 오류가 있다는 것을 시사하지만, 그 오류가 구체적으로 어느 계정에서 발생한 것인지는 알려주지 못한다. 따라서 오류가 어디서 발생하였는지를 찾기 위한 추가적인 노력이 필요하다.

또한 시산표의 차변합계와 대변합계가 일치하더라도 계정기록에 오류가 없다고 확신할 수는 없다. 예를 들어 비용계정의 차변에 기록해야 하는 거래를 자산계정의 차변에 잘못 기입하더라도 시산표의 차변과 대변합계는 일치하게 되므로 오류를 알려줄 수 없는 것이다.

4.2 결산수정분개

4.2.1 결산수정분개의 필요성

기중의 회계처리는 주로 현금을 지급하거나 수취하는 거래, 발생한 사실을 비교적 손쉽게 파악할 수 있는 거래 위주로 이루어진다. 그러나 재무상태와 경영성과를 정확하게 보고하기 위해서는 기중의 회계처리과정에서 적정하게 측정하지 못한 재무제표의 구성요소(자산, 부채, 자본, 수익, 비용)를 현금주의가 아닌 발생주의를 적용하여 정확한 금액으로 측정할 필요가 있다.

결산수정분개(adjusting entry)는 기말 결산시점에 자산, 부채, 자본, 수익, 비용을 발생주의를 반영하여 정확한 금액으로 조정하는 분개이다. 결산수정분개는 수익과 비용계정을 조정하는 형태로 나타나며, 이는 관련 자산이나 부채계정의 조정을 수반하는 특징이 있다. 결산수정분개도 분개장에 기록하고 각 계정에 전기해야 한다.

4.2.2 결산수정분개의 유형

결산수정분개는 기업의 영업성격에 따라 다양하게 나타날 수 있지만, 대표적인 유형으로 발생분개와 이연분개를 들 수 있다.

발생분개(accrual adjusting entry)는 당해 회계기간에 수익이 실현되거나 비용이 발생하였지만 현금수취나 현금지급이 미래에 이루어지기 때문에 아직 기록되지 않은 수익 또는 비용을 당해 회계기간에 인식하기 위한 결산

수정분개를 의미한다. 즉, 발생분개는 미수수익(당기에 실현되었으나 아직 현금이 입금되지 않은 수익)과 미지급비용(당기에 발생하였으나 아직 현금을 지급하지 않은 비용)을 인식하는 결산수정분개이다.

이연분개(deferrel adjusting entry)는 당해 회계기간 또는 그 이전에 이미 현금수취나 현금지급이 이루어져 수익 또는 비용으로 기록되었지만 기말 현재 아직 실현되지 않은 수익이나 발생되지 않은 비용을 당기의 수익이나 비용으로 인식하지 않고 다음 회계기간으로 이연시키는 결산수정분개를 말한다. 즉, 이연분개는 선수수익(당기 또는 그 이전에 현금이 입금되었지만 기말 현재 아직 실현되지 않은 수익)과 선급비용(당기 또는 그 이전에 현금이 지급되었지만 기말 현재 아직 발생되지 않은 비용)을 인식하는 결산수정분개이다.

이외에도 결산수정분개가 필요한 항목으로 소모품, 감가상각비, 대손상각비, 퇴직급여 등을 들 수 있다.

4.2.3 발생분개

발생분개는 미수수익(자산)과 미지급비용(부채)을 인식하는 결산수정분개이다.

먼저 미수수익의 예를 생각해 보자.

사 례

20×1년 7월 1일에 1억원을 1년 만기의 정기예금(금리 4%)으로 예치하였다면, 20×1년 12월 31일 결산일에 어떤 회계처리가 필요할까?

회사가 실제 이자를 수취하는 시점은 만기인 20×2년 7월 1일이므로 현금주의 사고방식으로는 20×1년에 아무런 수익도 없다고 여길 것이다. 그러나 발생주의를 적용하면 1년(12개월)에 ₩4,000,000의 이자가 붙는 것이니, 예치 후 6개월이 경과한 20×1년말 시점에 그 절반인 ₩2,000,000의 이자가 발생하였다고 생각한다. 따라서 다음의 결산수정분개가 필요하다.

(차) 미수수익	₩2,000,000	(대) 이자수익	₩2,000,000

미지급비용은 종합사례를 통해서 살펴보자.

사 례

(1) (주)원승은 6월 2일에 매달 ₩1,200,000의 임차료를 지급하기로 하는 사무실 임차계약을 체결하였으나, 임차료의 지급기일이 7월 2일이므로 6월말 현재 아직 6월분 임차료(₩1,200,000)를 지급하지 않은 상태이다. 만약 현금주의에 따른다면 6월의 임차료는 없다고 생각하겠지만, 발생주의를 적용하면 6월분 임차료(₩1,200,000)가 이미 발생한 것이므로 이를 비용(임차료)으로 인식하는 결산수정분개가 필요하다.

(차) 임 차 료	₩1,200,000	(대) 미지급비용	₩1,200,000

(2) (주)원승은 6월 16일의 차입금 ₩20,000,000에 대한 이자를 매월 ₩100,000씩 지급하여야 한다. 6월말 현재 아직 지급기일(7월 16일)이 도래하지 않아 이자를 지급하지 않았지만, 발생주의를 적용하면 약 반 달치 이자 ₩50,000을 이자비용으로 인식하는 결산수정분개가 필요하다.

(차) 이 자 비 용	₩50,000	(대) 미지급비용	₩50,000

4.2.3 이연분개

이연분개는 선수수익(부채)과 선급비용(자산)을 인식하는 결산수정분개이다.

먼저 선수수익의 예를 생각해 보자.

사 례

20×1년 10월 1일에 사무실을 임대하고 미리 받은 1년분 임대료 ₩2,400,000을 전액 임대료수익으로 회계처리하였다면, 20×1년 12월 31일 결산일에 어떤 결산수정분개가 필요할까?

현금주의 사고방식으로는 20×1년에 수취한 임대료를 수익으로 회계처리하였으므로 아무런 수정도 필요 없다고 여길 것이다. 그러나 발생주의를 적용하면 3개월만 경과하였으니 ₩600,000을 20×1년의 임대료수익으로 인식하고, 나머지 ₩1,800,000은 선수수익으로 회계처리해야 한다. 따라서 20×1년 12월 31일 시점에 다음의 결산수정분개가 필요하다.

(차) 임대료수익	₩1,800,000	(대) 선 수 수 익	₩1,800,000

20×1년 10월 1일에 임대료수익 ₩2,400,000을 대변에 기록하였는데, 상기 결산수정분개에서 차변에 임대료수익 ₩1,800,000을 기재함으로써 결국 20×1년의 최종적인 임대료수익은 ₩600,000으로 수정되는 것이다(₩2,400,000−₩1,800,000=₩600,000).

종합사례에서 6월 28일의 거래는 대변에 수익(매출)이 아닌 부채(선수금)로 회계처리하였기 때문에 6월 30일 시점에 결산수정분개는 필요하지 않다. 만약 6월 28일에 이를 부채(선수금)가 아닌 수익(매출)으로 회계처리하였다면, 6월 30일 시점에 결산수정분개를 하여야 한다.

선급비용은 종합사례를 통해서 살펴보자.

사 례

(주)원승은 20×1년 6월 30일에 1년분(20×1. 7. 1~20×2. 6. 30) 보험료 ₩1,200,000을 지급하고, 전액을 20×1년 6월의 비용(보험료)으로 인식하였다. 그러나 회사가 보험에 가입하여 얻는 효익은 기간의 경과에 비례하여 발생한다고 보는 것이 합리적이다. 20×1년 6월 30일 현재 보험기간이 전혀 경과하지 않았기 때문에 1년분 보험료를 비용이 아닌 자산으로 회계처리하여야 한다. 따라서 다음의 결산수정분개가 필요하다.

(차) 선급비용(선급보험료)	₩1,200,000	(대) 보험료	₩1,200,000

20×1년 6월 30일에 보험료 ₩1,200,000을 차변에 기록하였는데, 상기 결산수정분개에서 대변에 보험료 ₩1,200,000을 기재함으로써 결국 20×1년 6월의 최종적인 보험료(비용)는 0이 된다(₩1,200,000−₩1,200,000=0).

One point Plus+

발생주의

발생주의(accrual basis)는 경제적 사건이나 거래를 인식할 때 현금의 수취나 지급시점이 아니라 해당 사건이나 거래가 발생한 시점에 인식하는 것을 의미하며, 이는 현금주의(cash basis)에 대비되는 개념이다.

회계상 이익은 수익에서 비용을 차감하여 계산하는데, 만약 수익과 비용을 현금의 수취나 지급시점을 기준으로 인식한다면 어떻게 될까? 상품을 팔더라도 현금 판매분만 매출로 계상할 수 있고, 외상으로 판 상품은 외상값이 입금되기 전까지 매출로 인정되지 않을 것이다. 재화나 용역을 제공하기 전에 미리 받은 계약금도 일단 현금이 들어온 것이니 매출로 인정될 것이다. 수익을 이런 기준으로 측정한다면 그 결과를 누가 신뢰하겠는가? 비용도 수익과 마찬가지로 현금주의를 적용하여 측정하면 불합리한 결과가 초래된다.

현금의 수취나 지급은 누구나 쉽게 확인할 수 있기 때문에 현금주의를 적용하면 회계보고서의 작성이 용이할 것이다. 그러나 산출된 정보가 해당 회계기간의 경영성과를 제대로 반영하지 못하는 단점이 더 크다. 이에 회계에서는 현금주의가 아닌 발생주의를 적용하여 경영성과를 측정하는 것이다.

매출채권과 매입채무를 비롯하여 많은 자산과 부채계정은 발생주의 회계의 산물이다. 결산 시 미수수익(자산)과 미지급비용(부채)을 인식하는 결산수정분개(발생분개)를 하는 것도 발생주의를 적용하여 정확한 기간이익을 계산하기 위한 것이다. 선수수익(부채)과 선급비용(자산)을 인식하는 결산수정분개(이연분개)도 같은 맥락에서 이해할 수 있다.

발생주의는 현금주의에 비해서 발생의 시점에 대한 객관적인 확인이 어렵고 발생(accrual)과 이연(deferral)의 적용 시 불가피하게 경영자의 주관적 판단이 개입하는 단점이 있다. 그러나 현금주의에 비해서 회계기간별 이익의 크기를 보다 정확하게 측정할 수 있는 장점이 단점을 압도하기 때문에 재무제표를 구성하는 모든 요소는 발생주의를 적용하여 측정한다. 발생주의는 발생기준, 현금주의는 현금기준이라고 부르기도 한다.

4.2.4 선행분개와 결산수정분개의 관계

결산수정분개를 할 때는 기중에 해당 거래를 어떻게 회계처리하였는지, 즉 선행분개가 어떻게 이루어졌는지를 면밀하게 관찰하는 것이 중요하다.

예를 들어 종합사례에서 6월 30일 거래의 경우 차변에 비용(보험료)이 아닌 자산(선급보험료)으로 회계처리하였다면, 결산 시 어떻게 해야 할까? 이 경우에는 이미 관련 자산(선급보험료)의 금액이 ₩1,200,000으로 정확하게 회계장부에 계상되어 있으므로 결산수정분개가 불필요하다.

이와 같이 선행분개에 따라 결산수정분개가 달라지게 마련이다. 선행분개와 결산수정분개가 결합되어 최종적인 계정금액이 산출된다. 따라서 발생주의를 적용할 때 해당 계정의 수정 후 금액이 얼마가 되어야 하는지를 먼저 결정한 후 선행분개의 내용을 반영하여 결산수정분개를 하여야 한다.

"모로 가도 서울만 가면 된다"는 속담처럼 선행분개가 어떤 방법으로 이루어지더라도(설사, 잘못 회계처리되었다 하더라도) 결산수정분개를 통해 정확한 계정금액을 만들어 내면 되는 것이다.

4.2.5 소모품

기업은 문구류, 복사지 등 소액의 소모품(supplies)을 빈번하게 구입하고 사용한다. 소모품의 구입 시 회계처리방법은 두 가지 방법을 생각할 수 있다.

첫째는 종합사례와 같이 소모품의 구입 시 차변에 자산으로 계상하는 방법이다. 이 경우에는 기말시점에 남아 있는 소모품을 파악하여 당기에 사용된 부분을 계산하고, 이를 비용인 소모품비로 인식해야 한다. 종합사례의 경우 6월 30일 시점에 남아 있는 소모품이 ₩500,000이라고 가정한다면, 다음의 결산수정분개를 하여야 한다.

(차) 소모품비 ₩1,500,000 (대) 소 모 품 ₩1,500,000

소모품의 구입 시 차변에 자산(소모품)이 아닌 비용(소모품비)으로 회계처리하는 방법도 실무상 많이 사용된다. 이 방법을 사용할 경우 기말시점에 남은 소모품을 비용(소모품비)에서 차감하고 자산으로 인식하는 결산수정분개를 하면 된다. 1년 단위의 회계기간을 상정한다면, 1년 동안 구매한 소모품 중 기말시점에 남는 금액은 사용된 금액에 비해서 그다지 많지 않을 것이다. 만약 기말시점에 남은 소모품 금액이 미미하다면 결산수정분개를 생략해도 무방할 것이므로 회계처리가 간편해지는 장점이 있다.

One point Plus+

결산수정분개와 기간이익

재무회계의 가장 중요한 과제는 정확한 기간이익을 측정하는 것이다. 결산수정분개도 이를 위해 필요한 절차이다. 그런데 결산수정분개가 누락되거나 잘못 회계처리되면, 당기의 이익은 물론 차기의 이익에도 영향을 미치게 된다.

예를 들어 종합사례에서 (주)원승이 6월 2일에 매달 ₩1,200,000의 임차료를 지급하기로 하는 사무실 임차계약을 체결하고, 아직 임차료의 지급기일이 되지 않았다는 이유로 6월말에 비용(임차료)을 인식하는 결산수정분개를 하지 않았다고 가정해 보자.

6월 한 달 동안 사무실을 사용하였음에도 불구하고 비용(임차료)을 인식하지 않았으니 6월의 비용이 ₩1,200,000만큼 과소계상되는 셈이고, 따라서 6월의 이익은 그만큼 과대계상되는 결과가 초래된다.

그런데 이는 7월의 이익계산에도 영향을 미치게 된다. 임차료 지급기일인 7월

2일에 (주)원승은 어떻게 회계처리할까? 만약 6월말에 비용(임차료)을 인식하는 결산수정분개를 제대로 하였다면(즉, 대변에 미지급비용을 계상하였다면), 7월 2일에 임차료를 지급하면서 다음과 같이 회계처리할 것이다.

(차) 미지급비용 ₩1,200,000 (대) 현 금 예 금 ₩1,200,000

비록 현금은 7월에 지급되었지만, 이는 7월의 비용(임차료)이 아니라 6월의 비용(임차료)으로 인식되었기 때문에 7월의 이익에는 영향을 주지 않는다.

그러나 (주)원승이 6월말에 비용(임차료)을 인식하는 결산수정분개를 하지 않았다면(즉, 발생주의가 아닌 현금주의로 임차료를 인식한다면), 7월 2일에 임차료를 지급하면서 다음과 같이 회계처리할 것이다.

(차) 임 차 료 ₩1,200,000 (대) 현 금 예 금 ₩1,200,000

발생주의에 따라 비용(임차료)을 인식할 경우 6월의 비용으로 처리해야 할 ₩1,200,000을 7월의 비용으로 인식한 셈이니, 결과적으로 6월의 이익은 ₩1,200,000만큼 과대표시되고 7월의 이익은 그만큼 과소표시되는 것이다.

4.3 정산표와 수정후시산표

수정후시산표는 수정전시산표에 결산수정분개를 반영한 시산표이다.

종합사례에서 (주)원승이 해야 하는 결산수정분개를 요약하면 다음과 같다.

(1) 6월 2일 거래: 미지급임차료 인식

(차) 임 차 료 ₩1,200,000 (대) 미지급비용 ₩1,200,000

(2) 6월 7일 거래: 소모품비 인식

(차) 소 모 품 비 ₩1,500,000 (대) 소 모 품 ₩1,500,000

(3) 6월 16일 거래: 미지급이자 인식

(차) 이 자 비 용 ₩50,000 (대) 미지급비용 ₩50,000

(4) 6월 30일 거래: 선급보험료 인식

(차) 선 급 비 용 ₩1,200,000 (대) 보 험 료 ₩1,200,000

정산표를 사용하면 수정전시산표에 결산수정분개가 반영되어 수정후시산표가 나오는 과정을 쉽게 이해할 수 있다.

정 산 표

(주)원승 20×1년 6월 30일 현재 (단위: 천원)

계정과목	수정전시산표		결산수정분개		수정후시산표	
	차변	대변	차변	대변	차변	대변
현 금 예 금	39,200				39,200	
매 출 채 권	4,000				4,000	
소 모 품	2,000			(2) 1,500	500	
선 급 비 용			(4) 1,200		1,200	
임차보증금	10,000				10,000	
차 입 금		20,000				20,000
선 수 금		2,000				2,000
미지급비용				(1) 1,200 (3) 50		1,250
자 본 금		30,000				30,000
매 출		11,000				11,000
광고선전비	1,000				1,000	
급 여	4,800				4,800	
여비교통비	800				800	
보 험 료	1,200			(4) 1,200		
임 차 료			(1) 1,200		1,200	
소 모 품 비			(2) 1,500		1,500	
이 자 비 용			(3) 50		50	
합 계	63,000	63,000	3,950	3,950	64,250	64,250

상기 정산표의 오른쪽에 재무상태표와 손익계산서를 포함시키면 수정

전시산표로부터 재무제표 작성에 이르기까지의 결산과정을 일목요연하게 확인할 수 있으며, 이는 금액을 기록할 수 있는 열의 수가 10개이므로 10위식 정산표라고 부른다.

4.4 재무제표 작성

수정후시산표가 완성되면, 이를 바탕으로 재무제표를 만들 수 있다. 수정후시산표에서 자산, 부채, 자본에 속하는 계정과목을 추출하여 재무상태표를 만들고, 수익과 비용에 속하는 계정과목으로 손익계산서를 만든다.

(주)원승의 20×1년 6월 30일 현재의 재무상태표와 20×1년 6월 1일부터 6월 30일까지의 손익계산서는 다음과 같다.

재무상태표

(주)원승 20×1년 6월 30일 현재 (단위: 천원)

자 산:	
현금예금	39,200
매출채권	4,000
소모품	500
선급비용	1,200
임차보증금	10,000
자산총계	54,900
부 채:	
차입금	20,000
선수금	2,000
미지급비용	1,250
부채총계	23,250
자 본:	
자본금	30,000
이익잉여금	1,650
자본총계	31,650
부채와 자본총계	54,900

손익계산서

(주)원승 20×1년 6월 1일부터 6월 30일까지 (단위: 천원)

매 출		11,000
판 매 비		(1,000)
광고선전비	1,000	
관 리 비		(8,300)
급 여	4,800	
여비교통비	800	
임 차 료	1,200	
소 모 품 비	1,500	
금 융 원 가		(50)
이 자 비 용	50	
당기순이익		1,650

20×1년 6월 30일 현재의 (기말)이익잉여금(1,650천원)은 회계등식을 이용해서 역산하여 계산할 수 있고, 이는 손익계산서의 당기순이익과 기초이익잉여금의 합계금액을 비교하여 정확성 여부를 검증할 수 있다. 본 사례에서는 신설법인이므로 기초이익잉여금이 없고, 따라서 기말이익잉여금은 당기순이익과 동일한 금액이다.

> 자본총계 = 자산총계(54,900천원) − 부채총계(23,250천원)
> = 31,650천원
> 기말이익잉여금 = 자본총계(31,650천원) − 자본금(30,000천원)
> = 1,650천원

4.5 장부 마감

한 회계기간의 모든 회계처리가 종료되면 다음 회계기간의 거래들을 새 장부에 기록하기 위하여 장부를 마감하는 절차가 이루어진다. 손익계산서계정(수익, 비용)과 재무상태표계정(자산, 부채, 자본)은 그 성격이 상이하므로 장부의 마감절차도 다르다.

4.5.1 손익계산서계정의 마감

손익계산서계정은 어느 일정기간의 경영성과를 측정하기 위한 계정이다. 예를 들어 매출계정은 당기에 이루어진 판매액을 누적해서 기록하는 계정이다. 차기에는 차기의 경영성과를 측정하기 위해서 0에서부터 다시 출발하여 새롭게 기록해야 한다.

이와 같이 손익계산서계정의 잔액은 해당 회계기간에만 의미가 있고, 다음 회계기간으로 이월되지 않는다. 손익계산서계정은 장부 마감이 이루어지면 잔액이 남지 않기 때문에 임시계정 또는 명목계정이라고 부른다.

모든 손익계산서계정의 잔액은 결산 시 임시적으로 설정되는 집합손익계정에 대체되면서 마감된다. 이 때 계정 간 대체를 위해 하는 분개를 마감분개(closing entry)라고 하며, 이는 장부 마감을 위해 이루어지는 형식적 절차에 불과하므로 재무제표의 수치에 영향을 미치지는 않는다.

마감분개를 하고 각 계정에 전기하면 모든 수익과 비용계정의 잔액은 0이 되고, 그 상태에서 차변합계와 대변합계를 기록하고 선을 그어 계정을 마감한다.

종합사례에서 매출계정의 마감을 나타내면 다음과 같다.

매　출

6/30	집합손익	11,000,000	6/13	현금예금	3,000,000
			6/20	매출채권	8,000,000
		11,000,000			11,000,000

손익계산서계정을 마감하기 위하여 설정된 집합손익계정도 역시 임시계정이므로 잔액을 남기지 않고 마감하여야 한다.

집합손익계정의 차변합계와 대변합계의 차액은 당기순이익 또는 당기순손실을 의미하며, 이를 이익잉여금계정에 대체한다. 이 분개를 통해 재무상태표에 당기순이익만큼 이익잉여금이 증가되거나 당기순손실만큼 이익잉여금이 감소되어 나타난다.

종합사례에서 집합손익계정을 나타내면 다음과 같다.

집합손익

6/30	광고선전비	1,000,000	6/30	매 출	11,000,000
6/30	급 여	4,800,000			
6/30	여비교통비	800,000			
6/30	임 차 료	1,200,000			
6/30	소 모 품 비	1,500,000			
6/30	이 자 비 용	50,000			
6/30	이익잉여금	1,650,000			
		11,000,000			11,000,000

6월의 총수익(매출)이 ₩11,000,000으로 총비용 ₩9,350,000보다 ₩1,650,000이 더 많으며, 이는 6월의 순이익을 의미한다. 당기순이익(₩1,650,000)을 재무상태표계정인 이익잉여금계정에 대체함으로써 집합손익계정도 마감되는 것이다.

손익계산서계정의 마감절차를 요약하면 다음과 같다.

(1) 집합손익계정의 설정

(2) 수익계정의 마감

(차) 수 익	×××	(대) 집 합 손 익	×××

(3) 비용계정의 마감

(차) 집 합 손 익	×××	(대) 비 용	×××

(4) 집합손익계정의 마감

① 당기순이익이 발생한 경우

(차) 집 합 손 익	×××	(대) 이익잉여금	×××

② 당기순손실이 발생한 경우

(차) 이익잉여금 ××× (대) 집 합 손 익 ×××

4.5.2 재무상태표계정의 마감

재무상태표계정은 어느 일정시점의 재무상태를 측정하기 위한 계정이다. 손익계산서계정과 달리 재무상태표계정은 한 회계기간이 종료하더라도 잔액이 없어지지 않고 차기로 이월되어 계속 유지된다. 자산, 부채, 자본은 다음 회계기간에도 권리나 의무가 계속 존속하기 때문이다. 예를 들어 당기말의 예금잔액이 1억원이라면 차기가 시작되는 시점의 예금계정도 0이 아닌 1억원이라는 의미이다.

이와 같이 재무상태표계정은 장부 마감이 이루어지더라도 그 잔액이 없어지지 않고 차기로 이월되기 때문에 영구계정 또는 실질계정이라고 부른다. 재무상태표계정의 마감은 분개 없이 각 계정 내에서 이월기입하는 형태로 이루어진다.

종합사례에서 현금예금계정의 마감을 나타내면 다음과 같다.

현금예금

6/ 1	자 본 금	30,000,000	6/ 2	임차보증금	10,000,000
6/13	매 출	3,000,000	6/ 5	광고선전비	1,000,000
6/16	차 입 금	20,000,000	6/17	소 모 품	2,000,000
6/27	매 출 채 권	4,000,000	6/25	급 여	4,800,000
6/28	선 수 금	2,000,000	6/29	여비교통비	800,000
			6/30	보 험 료	1,200,000
			6/30	차 기 이 월	39,200,000
		59,000,000			59,000,000
7/ 1	전 기 이 월	39,200,000			

6월 중 현금예금이 ₩59,000,000 증가하였고, 감소한 금액은

₩19,800,000이다. 그 결과 6월말 현재 현금예금의 잔액은 ₩39,200,000이고, 이는 곧 7월초의 현금예금 잔액이 되는 것이다.

4.6 자산·부채의 측정과 기간이익

당기순이익은 손익계산서 구성요소인 수익에서 비용을 차감한 금액이다. 그렇다면 당기순이익은 재무상태표 구성요소인 자산·부채와 무관하게 결정되는 것일까? 그렇지 않다. 당기순이익은 자산과 부채를 얼마로 측정하느냐에 따라 그 금액이 좌우된다.

결론부터 말하자면 자산을 실제보다 더 크게, 그리고 부채를 실제보다 더 작게 측정할수록 기간이익은 커진다. 반대로 자산을 실제보다 더 작게, 그리고 부채를 실제보다 더 크게 측정할수록 기간이익은 작아진다. 그 이유는 회계등식(기말자산+비용=기말부채+기초자본+수익)에서 찾을 수 있다.

종합사례를 통해 이들 사이의 관계를 살펴보자.

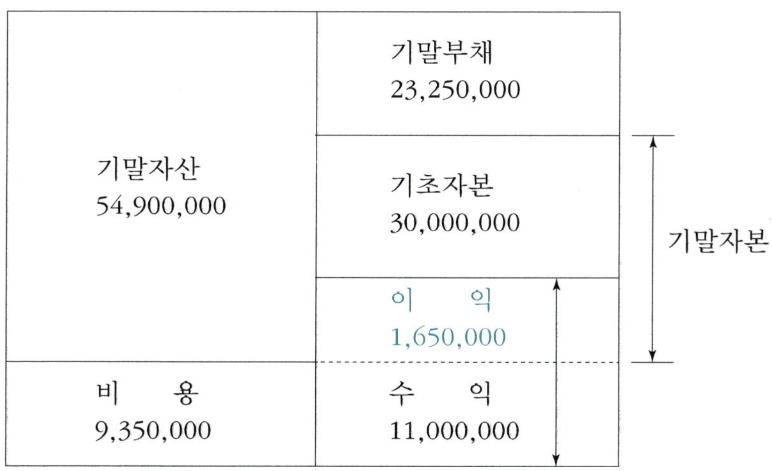

이 그림은 종합사례의 재무상태표와 손익계산서를 함께 표시한 것이다. 6월의 이익(₩1,650,000)은 수익(₩11,000,000)에서 비용(₩9,350,000)을 차감한 금액과 동일한 것이지만, 이는 기말자산과 기말부채를 얼마로 측정하느냐에 따라 영향을 받는다.

예를 들어 선급보험료(₩1,200,000)를 인식하는 결산수정분개를 빠뜨리면 기말자산은 그만큼 과소계상되고 보험료라는 비용이 그만큼 과대계상되기 때문에 결과적으로 이익이 같은 금액만큼 작게 표시된다. 반대로 미지급이자(₩50,000)를 인식하는 결산수정분개를 하지 않으면 기말부채가 그만큼 과소계상되고 이자비용(비용)도 그만큼 과소계상되기 때문에 이익은 같은 금액만큼 크게 나타난다.

이와 같이 자산과 부채를 얼마로 측정하느냐에 따라 기간이익의 크기가 달라진다. 수익이나 비용만을 조작해서 기간이익의 크기를 바꾸는 것은 불가능하며, 필연적으로 관련되는 자산이나 부채를 실제와 다르게 표시해야 가능한 일이다.

만약 기간이익을 늘리는 방향으로 분식회계가 이루어졌다면, 다음의 어느 한 방법을 사용했을 것이다.

첫째, 자산을 과대계상하고 비용을 과소계상하는 방법이다. 유형자산의 감가상각비를 과소계상하는 것이 그 예이다.

둘째, 자산과 수익을 모두 과대계상하는 방법이다. 가공의 매출과 매출채권을 계상하는 것이 그 예이다.

셋째, 부채와 비용을 모두 과소계상하는 방법이다. 퇴직급여부채를 과소계상하는 것을 그 예로 들 수 있다.

넷째, 부채를 과소계상하고 수익을 과대계상하는 방법이다. 공사 전에 미리 받은 공사계약금(부채)을 수익으로 처리하는 것이 그 예이다.

연 · 습 · 문 · 제

1. (　　)는 기중 회계처리의 정확성을 확인하고 결산을 준비하기 위해서 총계정원장에 기록된 모든 계정과목의 금액을 한데 모은 표이다.

① 재무상태표　　② 손익계산서
③ 정산표　　④ 시산표

2. 시산표에 관한 다음 설명 중 타당하지 않은 것은?

① 차변합계와 대변합계가 동일하다.
② 대차평형의 원리가 반영된 결과이다.
③ 자기검증기능을 가진다.
④ 시산표의 차변합계와 대변합계가 일치한다면, 이는 계정기록에 오류가 없음을 의미한다.

3. 결산수정분개에 관한 설명으로 타당하지 않은 것은?

① 결산수정분개는 주로 기말 결산시점에 이루어진다.
② 기중의 회계처리과정에서 적정하게 측정하지 못한 재무제표의 구성요소를 발생주의를 반영하여 정확한 금액으로 조정하는 분개이다.
③ 결산수정분개는 수익과 비용계정을 조정하는 형태로 나타나며, 자산 · 부채와는 무관하다.
④ 결산수정분개는 기간이익의 크기에 영향을 미친다.

4. 다음 중 결산수정분개와 가장 관련성이 적은 항목은?

① 미수수익　　② 선수수익
③ 감가상각비　　④ 매출

5. (　　)는 당해 회계기간에 수익이 실현되거나 비용이 발생하였지만 현금수취나 현금지급이 미래에 이루어지기 때문에 아직 기록되지 않은 수익 또는 비용을 당해 회계기간에 인식하기 위한 결산수정분개를 의

미한다.

① 발생분개　　② 이연분개
③ 마감분개　　④ 개시분개

6. 다음 결산수정분개 중 이연분개와 관련이 있는 것은?

① 선수수익　　② 미지급비용
③ 미수수익　　④ 대손상각비

7. 기말의 회계처리에 관한 다음 설명 중 타당하지 않은 것은?

① 결산작업의 첫 단계는 수정전시산표를 작성하는 일이다.
② 수정전시산표에 결산수정분개를 반영하여 수정후시산표를 만든다.
③ 재무제표를 작성하고 총계정원장의 각 계정을 마감한다.
④ 결산수정분개는 총계정원장에 전기할 필요가 없다.

8. 다음의 결산수정분개에 대한 설명으로 타당하지 않은 것은?

(차) 미수수익	₩20,000	(대) 이자수익	₩20,000

① 발생분개에 속하는 결산수정분개의 예이다.
② 아직 만기가 도래하지 않은 정기예금이 있을 것이다.
③ 이 결산수정분개가 누락되면 당기의 이익이 과소표시된다.
④ 이는 기중에 발생주의로 회계처리한 것을 기말에 현금주의로 수정하는 분개이다.

9. 다음의 결산수정분개에 대한 설명으로 타당하지 않은 것은?

(차) 임 차 료	₩30,000	(대) 미지급비용	₩30,000

① 발생분개에 속하는 결산수정분개의 예이다.
② 임차료를 선급하는 조건의 임대차계약일 것이다.
③ 이 결산수정분개가 누락되면 당기의 이익이 과대표시되는 결과가 초래된다.

④ 이 결산수정분개가 누락되면 차기의 이익이 과소표시되는 결과가 초래된다.

10. 다음의 결산수정분개에 대한 설명으로 타당하지 않은 것은?

(차) 이 자 비 용	₩10,000	(대) 미지급비용	₩10,000

① 발생분개에 속하는 결산수정분개의 예이다.
② 이자를 후급하는 조건의 차입약정일 것이다.
③ 회사는 차입금을 안고 있다.
④ 이 결산수정분개를 빠뜨리면 회사의 당기순이익이 실제보다 더 적게 표시된다.

11. 다음의 이연분개에 대한 설명으로 타당하지 않은 것은?

(차) 임대료수익	₩15,000	(대) 선 수 수 익	₩15,000

① 임대자산을 보유하고 있다.
② 임대료를 후취하는 조건의 임대차계약일 것이다.
③ 이 결산수정분개가 누락되면 당기말 부채가 과소계상된다.
④ 이 결산수정분개를 빠뜨리면 회사의 이익이 실제보다 더 많게 표시된다.

12. 다음의 결산수정분개에 대한 설명으로 타당하지 않은 것은?

(차) 선 급 비 용	₩25,000	(대) 보 험 료	₩25,000

① 이연분개에 속하는 결산수정분개의 예이다.
② 기중에 보험료를 지급할 때 자산이 아닌 비용으로 회계처리했을 것이다.
③ 이 결산수정분개가 누락되면 당기말 자산이 과소계상된다.
④ 이 결산수정분개를 빠뜨리면 회사의 당기순이익이 실제보다 더 많게 표시된다.

13. 선행분개와 결산수정분개에 관한 설명으로 타당하지 않은 것은?

① 결산수정분개는 선행분개에 따라 달라지지 않는다.

② 결산수정분개를 할 때는 기중에 해당 거래를 어떻게 회계처리하였는지 잘 살펴보아야 한다.

③ 선행분개와 결산수정분개가 결합되어 최종적인 계정금액이 산출된다.

④ 기중에 1년분 보험료를 지급하면서 자산이 아닌 비용으로 회계처리하였다면, 기말에 보험료 미경과분을 자산으로 인식하는 결산수정분개를 해야 한다.

14. 소모품의 회계처리에 관한 설명으로 타당하지 않은 것은?

① 소모품 구입 시 자산으로 회계처리할 수 있다.

② 소모품 구입 시 비용으로 회계처리해도 무방하다.

③ 소모품 구입 시 자산으로 회계처리하고 기말에 결산수정분개를 하지 않으면, 당기의 이익이 과대표시될 가능성이 크다.

④ 소모품 구입 시의 회계처리방법에 관계없이 기말의 결산수정분개는 동일하게 이루어진다.

15. 기말의 회계처리에 관한 다음 설명 중 타당하지 않은 것은?

① 정산표를 사용하면 수정전시산표에 결산수정분개가 반영되어 수정후시산표가 나오는 과정을 쉽게 이해할 수 있다.

② 수정후시산표는 수정전시산표에 결산수정분개가 반영된 시산표이다.

③ 수정후시산표에서 자산, 부채, 자본에 속하는 계정과목을 추출하여 재무상태표를 만든다.

④ 장부의 마감절차는 재무상태표계정과 손익계산서계정이 모두 동일하다.

16. 손익계산서계정의 마감에 관한 다음 설명 중 타당하지 않은 것은?

① 손익계산서계정은 장부 마감이 이루어지면 잔액이 남지 않는다.

② 손익계산서계정은 임시계정 또는 명목계정이라고 부른다.

③ 손익계산서계정의 마감은 분개 없이 각 계정 내에서 이월기입하는 형태로 이루어진다.

④ 손익계산서계정의 잔액은 집합손익계정으로 대체된다.

17. 재무상태표계정의 마감에 관한 다음 설명 중 타당하지 않은 것은?

① 재무상태표계정은 어느 일정시점의 재무상태를 측정하기 위한 계정이다.

② 재무상태표계정은 영구계정 또는 실질계정이라고 부른다.

③ 재무상태표계정의 잔액은 차기로 이월된다.

④ 재무상태표계정도 마감분개가 필요하다.

18. 20×1년 4월 1일에 화재보험에 가입하면서 1년분의 보험료 ₩100,000을 현금으로 지급하였다. 지급 시 전액을 보험료로 회계처리하였다면, 20×1년말 결산 시 어떤 수정분개가 필요한가?

① (차) 보 험 료 ₩25,000 (대) 선급보험료 ₩25,000

② (차) 보 험 료 ₩75,000 (대) 선급보험료 ₩75,000

③ (차) 선급보험료 ₩25,000 (대) 보 험 료 ₩25,000

④ (차) 선급보험료 ₩75,000 (대) 보 험 료 ₩75,000

19. 기초와 기말의 재무상태표에 계상되어 있는 선급보험료(자산)는 각각 ₩10,000과 ₩15,000이고, 손익계산서상의 보험료는 ₩60,000이다. 회사가 당기에 지급한 보험료는 얼마인가?

① ₩65,000 ② ₩60,000

③ ₩55,000 ④ ₩50,000

20. 기초와 기말의 재무상태표에 계상되어 있는 선수임대료(부채)는 각각 ₩20,000과 ₩15,000이고, 손익계산서상의 임대료는 ₩50,000이다. 회사가 당기에 수령한 임대료는 얼마인가?

① ₩65,000　　② ₩55,000

③ ₩45,000　　④ ₩40,000

CHAPTER 5

재무회계 기초 이론

5.1 재무제표의 기본 가정

재무제표는 계속기업의 가정하에 작성된다. 계속기업(going concern)의 가정이란 기업이 예상가능한 기간 동안 영업을 계속할 것이며, 따라서 경영활동을 청산하거나 중요하게 축소할 의도나 필요성을 갖고 있지 않다는 가정이다.

계속기업의 가정은 회계에서 재무제표 항목들을 역사적 취득원가로 기록하는 것에 대한 정당성을 제공한다. 건물이나 기계장치를 시가가 아닌 취득원가로 기록하고 그에 기초하여 예상 사용기간 동안 비용으로 배분하는 감가상각회계도 이 가정 위에서 성립한다. 만약 어떤 사유로 기업이 더 이상 존립할 수 없는 상태에 빠진다면, 이들 자산은 취득원가가 아닌 청산가치로 측정하는 것이 더 타당할 것이다. 이와 같이 기업이 예상가능한 기간 동안 영업을 계속할 것이라는 계속기업의 가정하에서는 취득원가가 의미를 갖지만, 기업이 경영활동을 청산하거나 중요한 사업을 중단할 의도 또는 필요성이 있다면 이와 다른 기준을 고려해야 할 것이다.

회계기간을 설정하여 기간별로 재무제표를 작성해서 보고하는 것도 계속기업의 가정과 관련이 있다. 만약 기업의 설립부터 청산에 이르는 전체 존속기간을 대상으로 총수익과 총비용을 비교한다면, 가장 정확한 이익을 계산할 수 있을 것이다. 모든 자산을 현금화해서 부채를 상환하고 남은 돈을 설립시점의 자본금과 비교하면, 경영자의 주관적 판단이 개입할 여지 없이 객관적인 이익이 산출되기 때문이다. 그러나 실제로 그런 방법을 사용한다면 기업의 청산시점까지 회계정보의 산출을 미뤄야 하기 때문에 기업의 이해관계자들이 합리적인 의사결정을 하기가 어려울 것이다. 이에 인위적으로 회계기간을 설정하여 기간별로 재무상태와 경영성과를 측정하고, 이를 주기적으로 정보이용자에게 제공하는 것이다.

5.2 재무제표의 질적 특성

재무제표의 질적 특성(qualitative characteristics)은 재무제표를 통해 제공되는 회계정보가 정보이용자에게 유용하기 위해 갖춰야 하는 속성을 말한다. 회계정보는 화폐라는 척도로 계량화되어 나타나는데, 이들 정보가 정보이용자에게 유용한 것이 되기 위해서는 몇 가지 비계량적인 속성을 갖춰야 한다.

외부 이용자를 위한 재무보고의 기초가 되는 개념을 정립하기 위해 한국회계기준원이 제정한 '재무보고를 위한 개념체계'에 따르면, 유용한 재무정보의 근본적 질적 특성으로 목적적합성과 충실한 표현을 들고 있다. 또한 목적적합하고 충실하게 표현된 정보의 유용성을 보강시키는 질적 특성으로 비교가능성, 검증가능성, 적시성, 이해가능성을 제시하고 있다.

회계정보의 질적 특성은 서로 상충될 수도 있다. 예를 들어 유형자산을 역사적원가로 측정하면 검증가능성이 높아지지만 목적적합성은 떨어질 수 있다.

회계정보의 제공에는 비용이 수반되므로 회계정보가 모든 질적 특성을 충족시키기는 어렵다. 회계정보의 유용성을 높이기 위해 가급적 많은 질적 특성을 충족시키려고 노력해야 하겠지만, 회계정보를 제공하는 데 드는 비용(cost)이 그 효익(benefit)을 넘지 않도록 비용과 효익 사이의 균형을 고려해야 한다.

5.2.1 목적적합성

목적적합성(relevance)이란 회계정보가 정보이용자의 의사결정 목적에 적합한 성질을 가져야 한다는 의미이며, 이는 곧 의사결정 시 고려되는 대안들을 비교함에 있어 회계정보가 도움을 줄 수 있어야 한다는 뜻이다. 목적적합한 정보는 이용자가 과거와 현재, 그리고 미래의 사건을 평가하거나 과거의 평가를 확인하고 수정하는 데 영향을 미쳐 경제적 의사결정에 도움을 준다.

목적적합한 재무정보는 정보이용자의 의사결정에 차이가 나도록 할 수 있다. 예를 들어 어느 주식투자자가 주식시장에 떠도는 풍문에 휩쓸려 특정 주식을 사려고 마음 먹었지만 해당 기업의 재무제표를 확인하고 부실한 재무상태와 경영성과에 실망하여 투자를 단념하였다면, 그 투자자에게 해당 기업의 재무제표는 대단히 목적적합한 정보가 된 셈이다.

재무정보가 목적적합성을 갖기 위해서는 정보이용자의 의사결정에 영향을 미칠 수 있을 정도의 중요성(materiality)이 있고, 정보이용자의 직접적 이해관계가 있는 사안에 대해 예측가치(predictive value)와 확인가치(confirmatory value)를 가져야 한다.

정보가 누락되거나 잘못 기재될 경우 그 정보에 기초한 정보이용자의 의사결정에 차이를 가져온다면 그 정보는 중요한 것이다. 회계정보의 예측가치는 미래의 성과를 예측하려는 정보이용자에게 투입요소로 사용될 수 있음을 의미한다. 예를 들어 분기재무제표에 발표된 분기이익은 해당 회계연도의 연간이익을 예측하는 데 도움이 될 것이다. 정보이용자가 이미 내린 의사결정이 잘된 것인지의 여부를 판단하는 데 회계정보가 도움이 된다면, 그 정보는 확인가치를 갖는다.

5.2.2 충실한 표현

충실한 표현(faithful representation)이란 재무정보에 중대한 오류나 편의(bias)가 없고 나타내고자 하는 현상을 충실하게 표현하고 있다고 정보이용자가 믿을 수 있어야 한다는 뜻이다. 충실한 표현을 위해서는 정보가 누락되지 않도록 하고(완전성), 이해관계자의 어느 한 편에 치우치지 않으며(중립성), 나타내고자 하는 현상을 기술하는 데 오류가 없어야 한다.

5.2.3 비교가능성

비교가능성(comparability)은 정보이용자가 항목 간의 유사점과 차이점을 식별하고 이해할 수 있게 하는 질적 특성이다. 정보이용자가 어느 기업의 재무상태와 경영성과 추세를 분석하기 위해서는 그 기업의 재무제표를 기간별로 비교할 수 있어야 한다(기간별 비교가능성). 연속한 두 회계기간의 재무제표를 비교형식으로 표시하여 작성하는 비교재무제표는 기간별 비교가능성을 높이기 위한 것이다.

또한 다른 기업과의 상대적인 비교도 필요하다(기업 간 비교가능성). 이를 위해서 유사한 거래나 사건의 재무적 영향을 측정하여 보고할 때 가급적 기간별로 일관성(consistency)을 유지해야 하며, 기업 간에도 동일한 기준을 적용해야 한다.

5.2.4 검증가능성

검증가능성(verifiability)은 합리적인 판단력이 있고 독립적인 서로 다른 관찰자가 어떤 서술이 충실한 표현이라고 대체로 의견이 일치할 수 있어야 함을 의미한다. 예를 들어 어떤 자산의 공정가치 측정치에 대하여 두 관찰자가 거의 일치하는 의견을 제시하였다면, 그 자산의 공정가치 정보는 검증가능하다.

5.2.5 적시성

적시성(timeliness)이란 정보이용자가 의사결정에 이용할 수 있도록 정보를 제때에 제공해 주어야 한다는 의미이다. 적시성이 결여된 정보는 그 유용성이 떨어진다.

5.2.6 이해가능성

이해가능성(understandability)이란 정보이용자가 재무정보를 쉽게 이해할 수 있도록 해야 한다는 의미이다. 가급적 정보를 명확하고 간결하게 분류하는 것도 이해가능성을 높이기 위함이다.

5.3 재무제표 표시의 일반원칙

재무제표를 작성하고 표시함에 있어서는 해당 기업의 과거 재무제표나 다른 기업의 재무제표와 비교할 수 있도록 해야 한다. 한국회계기준원이 제정한 '재무제표 표시' 기준서는 다음과 같은 원칙을 제시하고 있다.

5.3.1 재무제표의 공정한 표시

재무제표는 기업의 재무상태, 재무성과(경영성과) 및 현금흐름을 공정하게 표시해야 한다. 공정한 표시를 위해서는 개념체계에서 정한 자산, 부채, 수익 및 비용에 대한 정의와 인식요건에 따라 거래, 그 밖의 사건과 상황의 효과를 충실하게 표현해야 한다. 국제회계기준에 따라 작성된 재무제표는 공정하게 표시된 재무제표로 본다.

5.3.2 계속기업

경영진은 재무제표를 작성할 때 계속기업으로서의 존속가능성을 평가해야 한다. 경영진이 기업을 청산하거나 경영활동을 중단할 의도를 가지고 있지 않거나, 청산 또는 경영활동의 중단 외에 다른 현실적 대안이 없는 경우가 아니면 계속기업을 전제로 재무제표를 작성한다. 계속기업으로서의 존속능력에 유의적인 의문이 제기될 수 있는 사건이나 상황을 알게 된 경우, 경영진은 그러한 불확실성을 공시하여야 한다. 재무제표가 계속기업의 가정하에 작성되지 않는 경우에는 그 사실과 함께 재무제표가 작성된 기준, 그 기업을 계속기업으로 보지 않는 이유를 공시하여야 한다.

5.3.3 발생주의

기업은 현금흐름 정보를 제외하고는 발생주의 회계를 사용하여 재무제표를 작성하여야 한다.

5.3.4 중요성과 통합표시

유사한 항목은 중요성 분류에 따라 재무제표에 구분하여 표시한다. 상이한 성격이나 기능을 가진 항목은 구분하여 표시한다. 다만 중요하지 않은 항목은 성격이나 기능이 유사한 항목과 통합하여 표시할 수 있다. 여기서 중요성이란 정보이용자의 의사결정에 영향을 미치는 정도를 의미한다. 만약 어떤 항목의 누락이나 왜곡표시가 정보이용자의 경제적 의사결정을 바꿀 정도로 큰 영향을 미칠 만한 것이라면, 그 재무정보의 누락이나 왜곡표시는 '중요하다(material)'고 말할 수 있다.

5.3.5 상계

국제회계기준에서 요구하거나 허용하지 않는 한 자산과 부채, 그리고 수익과 비용은 상계하지 않는다.

5.3.6 보고 빈도

전체 재무정보(비교정보 포함)는 적어도 1년마다 작성한다.

5.3.7 비교정보

국제회계기준이 달리 허용하거나 요구하는 경우를 제외하고는 당기 재무제표에 보고되는 모든 금액에 대해 전기 비교정보를 공시한다(비교재무제표). 당기 재무제표를 이해하는 데 목적적합하다면 서술형 정보의 경우에도 비교정보를 포함한다.

5.3.8 표시의 계속성

재무제표 항목의 표시와 분류는 매기 동일하여야 한다.

5.4 재무제표 요소의 인식과 측정

5.4.1 재무제표 기본요소의 인식

재무제표의 요소는 재무상태표를 구성하는 자산, 부채, 자본과 손익계산서를 구성하는 수익, 비용이 있다. 자본변동표와 현금흐름표는 재무상태표 요소의 변동(증감)과 손익계산서 요소로 구성된다. 회계거래를 식별하고 화폐금액으로 측정하여 재무제표의 기본요소인 자산, 부채, 자본, 수익, 비용의 형태로 재무상태표나 손익계산서에 반영하는 것을 인식(recognition)이라고 한다.

회계거래를 재무제표 요소로 인식하기 위해서는 해당 항목과 관련한 미래 경제적효익(future economic benefit)이 기업에 유입되거나 유출될 가능성이 높고(probable), 해당 항목의 원가나 가치를 신뢰성 있게 측정할 수 있어야 한다(measurable).

미래의 경제적효익이란 미래의 잠재적인 현금흐름을 의미한다. 미래의 현금유입에 대한 잠재력은 자산, 현금유출에 대한 잠재력은 부채의 기본적인 특성을 나타낸다. 회계에서는 미래의 현금유출입 가능성이 50%를 넘으면 첫째 기준을 충족하는 것으로 보아 이를 자산과 부채로 인식한다.

재무제표 요소를 인식하기 위해서는 금액을 신뢰성 있게 측정할 수 있어야 하며, 이는 확정된 금액뿐만 아니라 합리적으로 추정된 금액을 포함한다.

5.4.2 자산의 인식

자산은 과거 사건의 결과로 기업이 통제하고 있고 미래의 경제적효익(미래의 현금유입 잠재력)이 기업에 유입될 것으로 기대되는 자원이라고 정의할 수 있다. 자산은 미래의 경제적효익이 기업에 유입될 가능성이 높고 해당 항목의 원가 또는 가치를 신뢰성 있게 측정할 수 있을 때 재무상태표에 인식한다.

만약 어떤 거래로 지출(expenditure)이 이루어졌으나 그로 인해 미래의 경제적효익이 기업에 유입될 가능성이 낮다면, 이는 자산(asset)으로 인식하지 않고 비용(expense)으로 인식해야 한다.

가계부와 같은 단식부기에서는 현금의 수입과 지출에만 관심을 둘 뿐 자산과 부채 개념이 없다는 것이 복식부기(회계)와의 가장 큰 차이점이다. 가계부에서는 현금을 사용하면 지출이라고 처리할 뿐이지만, 회계에서는 이를 그 성격에 따라 자산과 비용으로 구분하여 기록해야 한다.

5.4.3 부채의 인식

부채는 과거 사건에 의해 발생하였고 경제적효익을 갖는 자원이 기업으로부터 유출됨으로써 이행될 것으로 기대되는 현재의 의무라고 정의할 수 있다. 부채는 기업이 현재 부담하는 의무를 이행함에 따라 경제적효익을 갖는 자원의 유출가능성이 높고 결제될 금액을 신뢰성 있게 측정할 수 있을 때 재무상태표에 인식한다.

5.4.4 자본의 인식

자본은 기업의 자산에서 부채를 차감한 잔여액이다. 따라서 자본은 자산과 부채를 어떻게 측정하느냐에 따라 그 금액이 결정되는 속성을 가지고 있다. 자본은 주주와의 자본거래(신주발행, 감자, 배당금 지급 등)에 따라 변동하지만, 기업의 경영성과에도 영향을 받는다. 즉, 당기순이익이 발생하면 자본이 증가하고, 당기순손실이 발생하면 자본이 감소한다.

5.4.5 수익과 비용의 인식

주주와의 거래(자본거래)를 제외한 거래(손익거래)로부터 자본이 증가하면 수익, 자본이 감소하면 비용이다. 수익은 자산의 증가 또는 부채의 감소를 수반하고, 비용은 자산의 감소 또는 부채의 증가를 가져온다.

수익과 비용의 인식은 곧 기간이익의 크기와 직결되므로 수익과 비용을 어떻게 인식하느냐는 매우 중요한 문제이다. 수익과 비용을 인식함에 있어 가장 기본이 되는 기준은 발생주의이다. 그러나 발생주의만을 엄격하게 적용할 경우 기간이익의 측정이 매우 복잡해지기 때문에 이를 단순화시키기 위해 다음의 추가적인 기준을 함께 사용한다.

첫째, 수익은 발생주의를 기본으로 하되, 수익이 가득되고(earned) 실현된(realized) 시점에 인식한다. 수익이 가득되었다는 말은 기업이 고객에게 상품이나 용역을 제공함으로써 자신의 의무를 모두 완료하였다는 의미이다. 수익이 실현되었다는 의미는 기업이 영업활동으로 상품이나 용역을 제공하고 그 대가로 현금이나 현금청구권을 수취하였다는 뜻이다. 재화판매거래의 경우 상품의 인도(delivery)가 이루어지는 판매시점에 가득기준과 실현기준이 충족된 것으로 보아 수익을 인식하는 것이 일반적이다. 이와 같은 수익인식기준을 엄밀한 의미의 발생주의와 구별하여 실현주의(realization basis)라고 부르기도 한다.

둘째, 비용은 발생주의를 기본으로 하되, 수익·비용대응의 원칙(matching principle)에 따라 인식한다. 비용은 기업이 수익을 창출하는 과정에서 소비되는 경제적효익이므로 관련 수익이 인식되는 회계기간에 함께 인식함으로써 수익과의 인과관계를 보다 잘 나타낼 수 있다.

수익·비용대응의 원칙은 일정기간에 실현된 수익과 그 수익을 획득하기 위하여 발생한 비용을 서로 대응시켜 기간이익을 산출하는 원칙이다. 만약 어떤 거래가 수익인식 요건을 충족하지 못하였다면 그에 관련되는 원가도 비용이 아닌 자산으로 계상하였다가, 추후 수익으로 인식되는 회계기간에 비용으로 회계처리한다.

예를 들어 20×1년에 100개의 상품을 ₩10,000(개당 ₩100)에 구입하였는데, 이 중에서 60개를 개당 ₩150에 판매하고 40개는 재고로 남았다고 가정하자. 20×1년 손익계산서에는 기중에 판매된(즉, 가득되고 실현된) 60개분 매출액 ₩9,000을 수익으로 계상하고, 그에 대응되는 60개분의 구입비 ₩6,000을 비용(매출원가)으로 인식하여 20×1년에 ₩3,000의 이익을 인식한다. 재고로 남은 40개는 아직 판매되지 않았으므로 재무상태표에 ₩4,000의 재고자산으로 계상하고, 20×2년에 판매되면 이를 비용(매출원가)으로 인식하게 된다.

이와 같이 회계에서 발생주의를 적용하여 기간이익을 측정한다는 말은 수익을 수익인식기준(실현주의)에 따라 인식하고, 해당 수익을 창출하기 위해 발생한 비용을 수익·비용대응의 원칙에 따라 인식한다는 의미이다.

경제적효익이 여러 회계기간에 걸쳐 소비되는 자산의 경우 그 사용기간 동안 수익가득에 공헌하지만, 매 회계연도의 수익과 자산의 취득원가 사이에 명확한 인과관계를 발견하기가 어렵다. 이 때는 해당 자산의 취득원가를 사용기간 동안 체계적이고 합리적으로 배분하여 매 회계연도의 수익에 대응시켜 비용으로 인식한다(유형자산의 감가상각비). 또한 수익과 직접 대응시키기 어려운 비용은 재화와 용역의 사용으로 현금이 지출되거나 부채가 발생하는 회계기간에 기간비용(period cost)으로 인식한다.

One point Plus+

수익가득과정과 수익인식

기업은 수익을 창출하기 위하여 일련의 수익가득과정(earning process)을 거쳐야 한다. 상품매매기업의 경우 상품을 매입하여 이를 판매한 후 판매대금을 회수한다. 제조기업은 생산요소를 구입하여 제품을 생산하는 과정이 추가되므로 이보다 더 복잡한 수익가득과정을 거친다.

상품의 경제적 가치는 수익가득과정의 각 단계를 거치면서 점차로 증가하게 마련이다. 따라서 수익을 인식함에 있어 발생주의 원칙을 엄격히 적용한다면, 이들 수익가득과정을 거치는 단계마다 조금씩 수익인식 금액을 높여가는 것이 타당할 것이다. 그러나 이는 정확한 이익측정으로 기대되는 효익에 비해서 그를 위해 소요되는 비용이 더 크기 때문에 실무적으로 적용하기 어려운 방법이다. 일반적인 재화는 굳이 그렇게 복잡한 과정을 거치지 않더라도 기간이익 측정이 가능하도록 수익인식에 있어서는 발생주의를 약간 완화시켜 적용하는 것이라고 볼 수 있다.

재화판매 거래의 경우 수익가득과정의 여러 단계 중에서 상품이 인도되는 판매시점을 가득기준과 실현기준이 충족되는 결정적인 시점(critical point)으로 보아서 그 시점에 수익을 한꺼번에 인식한다. 판매시점에 수익을 인식한다는 의미는 전체 수익가득과정에서 늘어난 경제적 가치가 모두 판매시점에 발생한 것이라고 가정하는 것과 같다.

수익을 인식하는 시점은 거래의 범주에 따라 달라진다. 일반적인 재화판매에서는 판매기준(인도기준)이 적용되지만, 농림어업활동에서의 수확물은 판매시점 이전인 수확시점에 순공정가치(공정가치에서 추정 매각부대원가를 차감한 금액)로 측정한다(생산기준). 또한 건설계약과 같은 용역제공 거래에서는 용역제공기간 동안 진행률에 따라 수익을 인식하는 것이 일반적이다(진행기준).

One point Plus+

진행기준과 완성기준

건물이나 도로 등을 건설하는 계약과 같이 장기간의 계약기간이 소요되는 계약을 건설계약(construction contract)이라고 부른다. 선박이나 항공기 등의 주문생산형계약도 건설계약에 포함된다. 이들 건설계약에 대해서는 진행기준을 적용하여 수익을 인식하는 것이 원칙이며, 예외적으로 완성기준을 적용하는 경우도 있다.

완성기준(completed contract method)은 건설계약이 완료되기 전까지는 수익, 비용, 이익을 인식하지 않고 건설계약이 완료되는 시점에 수익, 비용, 이익을 인식하는 방법이다. 건설기간 동안 발생한 원가를 미성공사(재고자산)계정에 누적시켜 재무상태표에 표시할 뿐, 건설계약이 완료되기 전까지는 손익계산서에 수익과 비용을 인식하지 않는다.

진행기준(percentage of completion method)은 계약금액에 특정 기간의 계약진행률을 곱하여 해당 기간의 수익을 인식하고 해당 기간에 발생한 원가를 수익에 대응시켜 비용으로 인식하는 방법이다.

사례를 통해 이 두 가지 수익인식방법의 차이를 살펴보자. 건설회사인 A사는 도급금액 100억원의 공사를 수주하였고, 이 공사의 예정원가는 80억원으로 추정된다. A사는 첫해에 40억원의 공사비를 투입하고 다음 해에 예정대로 40억원의 공사비를 추가로 투입하여 공사를 완공하였다고 가정하자.

A사가 완성기준을 적용하면 첫해에 발생한 공사원가 40억원을 미성공사라는 재고자산 성격의 자산계정에 회계처리한다. 다음 해에 공사가 완료되면 전체 계약금액 100억원을 공사수익으로 인식하고, 이 공사와 관련하여 발생한 총공사비 80억원을 손익계산서에 공사원가로 계상한다.

진행기준을 적용하는 경우에는 첫해에 계약진행률이 50%이므로 도급금액의 50%인 50억원의 공사수익과 동 기간에 발생한 공사원가 40억원을 각각 손익계산서에 계상하고, 나머지는 다음해의 수익과 비용으로 인식한다.

결과적으로 완성기준의 경우에는 공사로 인한 총마진 20억원이 공사가 완성되는 2차연도에 한꺼번에 인식되고, 진행기준을 적용하면 공사가 진척된 비율에 비례하여 첫해와 다음해에 각각 10억원씩 나뉘어 인식됨을 알 수 있다.

완성기준은 보수주의에 부합되는 측면은 있으나 모든 수익과 비용이 공사가 완료된 기간에 한꺼번에 인식되기 때문에 공사기간 중에 발생한 성과와 노력을 회계기간별로 적절히 나타낼 수 없고, 따라서 기간손익이 왜곡 표시되는 단점이 있다. 반면에 진행기준은 기간손익을 적절히 반영하는 장점이 있으나, 완성 전의 수익인식이 공사예정원가라는 불확실한 미래의 추정치에 의존하므로 수익인식에 있어 경영자의 자의성이 개재할 소지가 있다.

5.4.6 재무제표 요소의 측정기준

재무제표 요소 중 자산과 부채의 측정기준으로 가장 많이 사용되는 것은 역사적원가(historical cost)이다. 역사적원가란 자산을 취득할 때 지급한 대가 또는 부채를 부담하는 대신 수취한 대가를 의미한다.

자산과 부채를 역사적원가로 측정한다는 말은 자산과 부채의 가치가 변동되더라도 이를 재무제표에 반영하지 않는다는 뜻이다.

역사적원가는 검증가능성(verifiability)이 높다는 장점이 있지만, 목적적합성(relevance)이 떨어지는 단점도 있다. 예를 들어 20년 전 1억원에 취득한 토지의 시가가 5억원으로 상승하였다면, 기업의 가치가 얼마나 되는지에 관심을 가진 투자자는 역사적원가 1억원보다 5억원의 시가를 더 중요하다고 생각할 것이다. 이러한 관점에서 국제회계기준은 역사적원가 이외에 공정가치로 자산과 부채를 측정하는 기준을 폭넓게 허용하고 있다.

One point Plus+

측정기준

재무제표 요소를 측정하는 기준은 역사적원가 이외에도 현행원가, 공정가치, 순실현가치, 현재가치 등을 들 수 있다.

현행원가(current cost)는 측정 대상과 동일한 자산을 현 재시점에서 취득할 경우 지급해야 할 금액을 의미하며, 대체원가(replacement cost)라고 부르기도 한다.

공정가치(fair value)는 거래의사가 있는 독립된 당사자가 활성시장에서 자산과 교환할 수 있는 화폐금액을 말한다. 자산을 최초로 인식하는 시점에서는 역사적원가와 공정가치가 같겠지만, 최초 인식 이후에는 시장상황이 변하여 역사적원가와 공정가치 사이에 차이가 발생하게 된다.

순실현가능가치(net realizable value)는 현금으로 받을 수 있는 판매가치에서 판매부대비용을 차감한 금액을 의미한다.

현재가치(present value)는 미래 현금유입액의 현재가치에서 미래 현금유출액의 현재가치를 차감한 금액이다. 이는 화폐의 시간가치를 고려한 측정기준이며, 회사채 회계처리 등에서 사용된다.

5.5 재무상태표

5.5.1 일정시점의 재무상태를 나타내는 정태적 보고서

재무상태표(statement of financial position, balance sheet)는 기업의 재무상태를 보고하기 위해서 회계기간 종료일 현재의 모든 자산, 부채, 자본에 대한 정보를 제공하는 재무보고서이다. 재무상태표는 일정시점(예: 20×1년 12월 31일 현재)의 재무상태를 나타내기 때문에 정태적(靜態的) 보고서라고 부르기도 한다.

재무상태란 자산, 부채, 자본의 상태를 총칭하는 표현이다. 재무상태표 등식(자산=부채+자본)에서 오른쪽(부채, 자본)은 기업이 필요한 자금을 어떻게 조달했는지를 나타내며, 왼쪽에 자리잡은 자산은 조달된 자금을 어떻게 활용하고 있는지를 보여준다.

5.5.2 재무상태표의 양식

재무상태표는 계정식과 보고식의 두 가지 형태로 작성할 수 있다. 계정식은 재무상태표를 차변과 대변으로 나누어서 차변에는 자산계정을 배열하고, 대변에는 부채와 자본계정을 배열하는 방식이다. 이에 비해서 보고식은 자산계정, 부채계정, 자본계정을 상하로 배열하는 방식이다.

5.5.3 유동과 비유동의 구분

재무상태표에 자산과 부채는 유동과 비유동 항목으로 구분하여 표시하는 것이 일반적이다. 즉, 자산은 유동자산(current asset)과 비유동자산(non-current asset), 부채는 유동부채(current liability)와 비유동부채(non-current liability)로 구분하여 표시한다.

자산과 부채를 유동과 비유동 항목으로 구분하여 재무상태표에 표시하는 주된 이유는 유동자산과 유동부채를 비교하여 기업의 단기적 상환능력을 파악하는 데 도움이 되기 때문이다.

유동자산은 1년 또는 정상영업주기(normal operating cycle) 내에 현금화될 수 있는 자산을 의미하며, 비유동자산은 그 이외의 자산을 말한다. 부채도 1년 또는 정상영업주기 내에 현금으로 결제할 부채를 유동부채, 그 이외의 부채를 비유동부채라고 한다.

영업주기는 영업활동을 위한 자산의 취득시점부터 그 자산이 현금이나 현금성자산으로 전환되기까지 소요되는 기간을 의미하며, 정상영업주기를 명확하게 식별하기 어려운 경우에는 1년으로 가정한다. 위스키나 와인산업

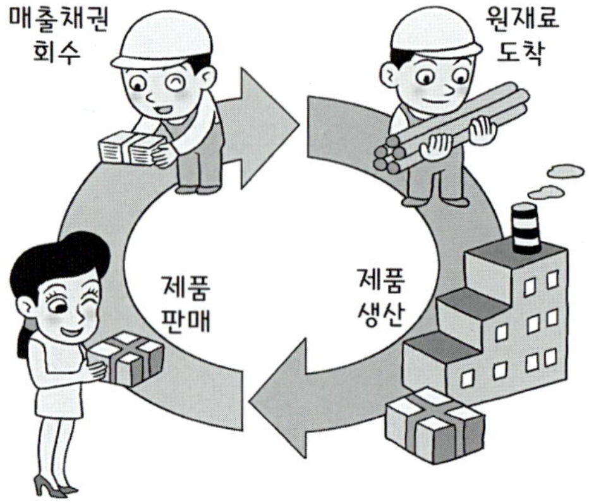

처럼 영업주기가 1년을 초과하는 경우에는 매출채권, 재고자산, 매입채무 등의 영업 관련 자산과 부채가 현금화되는 데 1년을 초과하더라도 이들 항목을 유동 항목으로 구분할 수 있다.

국제회계기준에서는 자산과 부채를 유동과 비유동 항목으로 구분하지 않고 유동성 순서에 따라 이들 항목을 배열하는 표시방법도 허용하고 있다. 유동성(liquidity)이란 자산을 현금으로 손쉽게 전환할 수 있는 정도를 의미하며, 가까운 장래에 도래하는 단기부채에 대한 상환능력을 나타낸다. 유동성이 높은 자산일수록 현금으로 전환하기가 용이하다. 유동성 순서에 따라 자산과 부채 항목을 배열하는 경우 유동성이 높은 항목부터 배열하거나 낮은 항목부터 배열하더라도 무방하다.

5.5.4 재무상태표의 주요 계정과목

재무상태표의 주요 계정과목을 유동과 비유동 항목으로 구분하여 예시하면 다음과 같다.

자산	유동자산	현금및현금성자산(현금, 예금), 매출채권(외상매출금, 받을어음), 재고자산(상품, 제품, 반제품, 재공품, 원재료), 대여금, 기타유동자산(미수수익, 선급비용)
	비유동자산	유형자산(토지, 건물, 기계장치, 차량운반구, 비품), 영업권, 기타무형자산(특허권, 개발비)
부채	유동부채	매입채무(외상매입금, 지급어음), 미지급금, 단기차입금, 유동성장기부채, 기타유동부채(미지급비용, 선수수익)
	비유동부채	장기차입금, 사채, 퇴직급여부채, 제품보증충당부채
자본	자본금, 자본잉여금(주식발행초과금, 합병차익), 이익잉여금, 기타자본(자본조정, 기타포괄손익누계액)	

One point Plus+

대차대조표

재무상태표의 옛 이름은 대차대조표(貸借對照表)이다. 상장기업과 외부감사법 적용을 받는 기업은 2009년부터 종전의 대차대조표라는 용어 대신에 재무상태표라는 명칭을 사용하고 있다. 그런데 아직도 대차대조표로 표기하는 곳이 많아 용어의 혼선을 초래하고 있다. 예를 들어 상법과 2014년부터 시행된 중소기업회계기준은 여전히 대차대조표라는 명칭을 사용한다.

貸借對照表는 balance sheet의 일본말이다. 뜻도 잘 통하지 않는 용어를 한 글자도 고치지 않고 그대로 가져왔다. 남의 옷을 빌어 입었으니 용어가 부자연스럽다는 비판이 많았고, 이에 '재무상태를 나타내는 표'라는 의미를 살려 재무상태표로 바꾼 것이다. 국제회계기준의 도입을 계기로 어려운 회계용어를 그나마 뜻이 좀 통하도록 순화한 것인데, 이후에 제정된 중소기업회계기준조차 상법을 핑계로 이러한 취지를 외면한 셈이다.

5.6 손익계산서

5.6.1 일정기간의 경영성과를 나타내는 동태적 보고서

손익계산서(income statement)는 일정기간 동안 발생한 기업의 경영성과를 보고하는 재무보고서이다. 손익계산서는 일정기간(예: 20×1년 1월 1일부터 20×1년 12월 31일까지)의 경영성과를 나타내기 때문에 동태적(動態的)

보고서라고 부르기도 한다.

경영성과는 수익과 비용을 나타내며, 재무성과라는 표현도 사용된다. 수익에서 비용을 차감하면 당기순이익이 산출되고, 이는 재무상태표의 이익잉여금(자본)을 증가시킨다. 이와 같이 당기순이익을 통해서 손익계산서와 재무상태표는 밀접한 연관성을 갖는다. 재무상태표에 포함된 당기순이익은 그 결과만을 알 수 있지만, 손익계산서는 당기에 발생한 이익의 세부적인 내역(수익, 비용)을 설명해 준다.

손익계산서를 작성하는 주기를 회계기간이라고 한다. 1년 단위의 회계기간을 대상으로 작성하는 재무제표를 연차재무제표(annual financial statements), 6개월(반기) 또는 3개월(분기)의 회계기간을 대상으로 만드는 재무제표를 중간재무제표(interim financial statements)라고 부른다.

5.6.2 포괄손익계산서

국제회계기준에서 손익계산서를 지칭하는 정식 용어는 포괄손익계산서(statement of comprehensive income)이다. 이는 기타포괄손익(other comprehensive income)이라는 항목을 손익계산서에 포함시켜 표시함에 따른 결과이다.

당기순손익 = 수익 − 비용
총포괄손익 = 당기순손익 + 기타포괄손익

자본(순자산)의 변동은 크게 자본거래(주주와의 거래)에서 초래된 것과 손익거래에서 발생한 것으로 구분할 수 있다. 총포괄손익은 자본의 변동에서 자본거래로 인한 효과를 제외한 것을 의미하며, 따라서 이는 손익거래로 인한 자본의 변동을 나타낸다. 그런데 총포괄손익을 구성하는 수익과 비용 항목 중에는 당기순손익의 계산에 포함되지 않는 항목(기타포괄손익)이 있다. 기타포괄손익 항목들은 주로 보유중인 자산·부채의 가치변동으로 발생하는 미실현평가손익이며, 변동성이 높은 시장변수(주가, 환율, 금리 등)의 영향을 받아 그 변동성이 매우 높게 나타날 수 있다. 만약 이들을 당기순손익 계산에 포함하면 이익의 변동성이 지나치게 커질 수 있기 때문에 기타포괄손익으로 별도로 표시하여 보고하는 것이다. 당기순손익은 회계기간 말에 결산을 통해 재무상태표의 이익잉여금계정으로 대체되지만, 기타포괄손익은 재무상태표의 기타포괄손익누계액(accumulated other comprehensive income) 계정으로 대체된다. 기타포괄손익에 속하는 항목은 금융자산평가손익(8.5 참조), 재평가잉여금(9.8.1 참조), 현금흐름위험회피 파생상품평가손익, 해외사업장의 외화환산손익, 확정급여제도의 재측정요소 등이다. 기타포괄손익은 회계원리 수준에서는 어려운 내용이며, 주로 중급회계나 고급회계에서 다루는 주제이다.

우리나라에서 비상장기업이 적용할 수 있는 일반기업회계기준은 기타포괄손익을 손익계산서에 포함시킬 것을 요구하지 않고, 직접 재무상태표의 자본 중 한 항목(기타포괄손익누계액)에 반영하도록 하고 있다. 따라서 일반기업회계기준을 적용할 경우 굳이 포괄손익계산서라는 용어를 사용할 필요가 없다.

포괄손익계산서라는 명칭은 아직 일반인에게 생소하다고 생각되므로 본서는 회계입문서로서의 성격을 감안하여 포괄손익계산서라는 정식 명칭 대신에 손익계산서라는 용어를 사용하였다.

5.6.3 포괄손익계산서의 작성양식

국제회계기준은 기업이 포괄손익계산서를 보고할 때 통합된 단일의 포괄손익계산서(single statement of comprehensive income)를 사용하거나, 두 개의 보고서로 나누어 보고하는 것을 허용한다. 단일 포괄손익계산서는 당기순손익 아래 부분에 기타포괄손익 항목을 추가하여 총포괄손익까지 하나의 보고서에 통합해서 나타낸다. 두 개의 보고서로 분리해서 보고하는 방식은 당기순손익까지 표시하는 보고서와 당기순손익에서 시작하여 기타포괄손익의 구성요소를 표시하는 보고서로 나누어 작성하는 방식이다.

5.6.4 포괄손익계산서의 손익 구분

국제회계기준에서는 적어도 다음의 항목을 포괄손익계산서에 구분하여 표시하도록 하고 있다.

① 수익
② 금융원가(이자비용)
③ 법인세비용
④ 당기순손익
⑤ 기타포괄손익의 각 구성요소
⑥ 총포괄손익

국제회계기준은 영업손익의 구분표시를 요구하지 않기 때문에 정보의 유용성이 떨어진다는 비판이 제기되었다. 이에 우리나라는 한국채택국제회계기준의 일부를 개정하여 포괄손익계산서에서 영업손익을 구분표시하거나, 주석에 영업손익의 구성항목을 공시하도록 규정하고 있다.

한편, 비상장기업이 적용할 수 있는 일반기업회계기준에서는 손익계산서에 매출총손익, 영업손익, 계속사업손익, 당기순손익을 구분하여 표시하도록 하고 있다.

5.6.5 비용의 구분

국제회계기준에서는 비용을 성격별 또는 기능별 분류방법 중 하나를 선택하여 표시하도록 규정하고 있다.

비용의 성격별 분류는 당기손익에 포함된 비용을 그 성격별로 통합하는 방법이다. 감가상각비, 원재료의 구입, 운송비, 종업원급여, 광고비 등을 그 예로 들 수 있다. 비용의 기능별 분류는 매출원가, 물류원가, 관리비 등과 같이 비용을 기능별로 분류하는 방법이다.

5.6.6 포괄손익계산서의 예시

비용을 기능별로 분류하여 단일 방식으로 표시한 포괄손익계산서를 예시하면 다음과 같다.

포괄손익계산서

(주)원승	20×1년 1월 1일부터 20×1년 12월 31일까지	(단위: 원)
수익	×××	
매출원가	×××	
매출총이익	×××	
기타수익	×××	
물류원가	×××	
관리비	×××	
기타비용	×××	
금융원가	×××	
법인세비용차감전순이익	×××	
법인세비용	×××	
당기순이익	×××	
기타포괄손익	×××	
총포괄이익	×××	

5.7 개별재무제표와 연결재무제표

법률적으로 독립된 모든 기업은 자신을 하나의 경제적 실체(economic entity)로 하여 개별적인 재무제표를 작성한다(개별재무제표).

개별재무제표에 대비되는 개념으로 연결재무제표(consolidated financial statements)란 법률적으로 독립된 기업이라 하더라도 실질적으로 지배와 종속 관계에 있는 기업들을 하나의 경제적 실체로 보아 이들 기업의 개별재무제표를 결합하여 하나의 재무제표로 만든 것을 말한다. 타 기업을 지배하는 기업을 지배기업(parent company), 지배를 받는 피투자기업을 종속기업(subsidiary company)이라고 부른다. 연결재무제표는 연결재무상태표, 연결손익계산서, 연결자본변동표, 연결현금흐름표로 구성된다.

국제회계기준은 타 기업의 지분을 50% 이상 소유하거나 실질적인 지배력을 행사하는 경우 연결재무제표를 주된 재무제표로 공시하도록 요구하고 있다. 연결재무제표는 법적 형식보다는 경제적 실질을 중시하는 회계적 사고의 산물이다.

연 습 문 제

1. 발생주의에 관한 다음 설명 중 타당하지 않은 것은?

① 현금주의에 대비되는 개념이다.

② 경제적 사건이나 거래를 인식할 때 해당 사건이나 거래가 발생한 시점에 인식한다.

③ 현금주의보다 기간이익을 더 정확하게 측정할 수 있다.

④ 경영자의 주관적 판단이 개입할 소지가 적다.

2. 다음 중 발생주의를 반영한 회계처리와 거리가 먼 것은?

① 현금판매분만 매출로 계상하고, 외상판매분은 외상값이 입금되기 전까지 매출로 인정하지 않는다.

② 매출채권과 매입채무를 인식한다.

③ 미수수익과 미지급비용을 인식한다.

④ 선수수익과 선급비용을 인식한다.

3. 계속기업의 가정에 관한 다음 설명 중 타당하지 않은 것은?

① 기업은 경영활동을 청산하거나 중요하게 축소할 의도 또는 필요성을 갖지 않는다는 가정이다.

② 회계에서 재무제표 항목들을 역사적 취득원가로 기록하는 것에 대한 정당성을 제공한다.

③ 이 가정 때문에 자산은 취득원가보다 청산가치로 측정하는 것이 일반적이다.

④ 회계기간을 설정하여 기간별로 재무제표를 작성하는 것도 계속기업의 가정과 관련이 있다.

4. 다음 중 재무제표의 질적 특성으로 보기 어려운 것은?

① 목적적합성　　② 충실한 표현

③ 비교가능성　　④ 현금주의

5. (　　)은 합리적인 판단력이 있고 독립적인 서로 다른 관찰자가 어떤 서술이 충실한 표현이라고 대체로 의견이 일치할 수 있어야 함을 의미한다.

① 목적적합성　　② 비교가능성

③ 검증가능성　　④ 이해가능성

6. 비교가능성에 관한 다음 설명 중 타당하지 않은 것은?

① 정보이용자가 항목 간의 유사점과 차이점을 식별하고 이해할 수 있게 하는 질적 특성이다.

② 회계처리방법을 회사의 필요에 따라 쉽게 바꿀 수 있도록 해야 한다.

③ 해당 기업의 재무제표를 기간별로 비교할 수 있어야 한다.

④ 다른 기업과의 상대적인 비교도 필요하다.

7. (　　)은 회계정보가 정보이용자의 의사결정 목적에 적합한 성질을 가져야 한다는 의미이며, 이는 곧 의사결정 시 고려되는 대안들을 비교함에 있어 회계정보가 도움을 줄 수 있어야 한다는 뜻이다.

① 목적적합성　　② 검증가능성

③ 적시성　　④ 이해가능성

8. 다음 중 재무정보의 목적적합성과 가장 관련이 적은 것은?

① 중요성　　② 예측가치

③ 확인가치　　④ 검증가능성

9. 재무제표의 기본요소에 관한 다음 설명 중 타당하지 않은 것은?

① 재무상태표를 구성하는 요소는 자산, 부채, 자본이다.

② 손익계산서의 구성요소는 수익과 비용이다.

③ 자본변동표와 현금흐름표는 재무상태표 요소의 변동과 손익계산서 요소로 구성된다.

④ 재무제표 요소는 확정된 금액으로 측정하여야 하며, 추정치는 사용할 수 없다.

10. 회계거래를 재무제표 요소로 인식하기 위한 요건으로 타당하지 않은 것은?

① 해당 항목과 관련한 미래의 경제적효익이 기업에 유입되거나 유출될 가능성이 높다.

② 해당 항목의 원가나 가치를 신뢰성 있게 측정할 수 있다.

③ 현금의 유입이나 유출이 선행되어야 한다.

④ 미래의 경제적효익이란 미래의 잠재적인 현금흐름을 의미한다.

11. 만약 어떤 거래로 지출이 이루어졌으나 그로 인해 미래의 경제적효익이 기업에 유입될 가능성이 낮다면, 이는 자산으로 인식하지 않고 (　　)(으)로 인식해야 한다.

① 자본　　② 부채

③ 수익　　④ 비용

12. 자본에 관한 다음 설명 중 타당하지 않은 것은?

① 자본의 인식은 자산과 부채의 측정과는 무관하다.

② 주주와의 자본거래로 영향을 받는다.

③ 배당금이 지급되면 자본이 감소한다.

④ 기업의 경영성과에 따라 변동한다.

13. 수익과 비용의 인식에 관한 설명으로 타당하지 않은 것은?

① 발생주의가 기본이다.

② 자본을 증가시키는 거래는 모두 수익으로 계상한다.

③ 수익은 가득되고 실현된 시점에 인식한다.

④ 비용은 수익을 창출하는 과정에서 소비되는 경제적효익이다.

14. 비용은 발생주의를 기본으로 하되 (　　)에 따라 인식한다. 이는 일정 기간에 실현된 수익과 그 수익을 획득하기 위하여 발생한 비용을 서로 대응시켜 기간이익을 산출하는 원칙이다.

① 실현주의　　② 보수주의

③ 현금주의　　④ 수익·비용대응의 원칙

15. 20×1년에 200개의 상품을 ₩10,000(개당 ₩50)에 구입하고 이 중에서 140개를 개당 ₩80에 판매하였다(60개는 재고로 남았음). 20×1년의 매출액, 매출원가, 재고자산을 바르게 나타낸 것은?

① ₩11,200, ₩7,000, ₩3,000

② ₩7,000, ₩11,200, ₩3,000

③ ₩16,000, ₩10,000, ₩3,000

④ ₩11,200, ₩7,000, ₩4,200

16. 역사적원가에 관한 다음 설명 중 타당하지 않은 것은?

① 자산을 취득할 때 지급한 대가 또는 부채를 부담하는 대신 수취한 대가를 의미한다.

② 공정시가에 비해서 목적적합성이 높은 것이 장점이다.

③ 검증가능성이 높다.

④ 자산과 부채의 가치변동을 재무제표에 반영하지 않는다.

17. 재무상태표의 표시에 관한 다음 설명 중 타당하지 않은 것은?

① 자산과 부채를 유동과 비유동 항목으로 구분하여 표시하는 것이 일반적이다.

② 유동자산은 1년 또는 정상영업주기 내에 현금화될 수 있는 자산을 의미한다.

③ 유동성이 낮은 자산일수록 현금으로 전환하기가 용이하다.

④ 유동부채에 비해서 유동자산이 많을수록 단기적 상환능력이 높다고 볼 수 있다.

18. 다음 중 비유동부채로만 구성된 항목은?

① 매입채무, 영업권 ② 장기차입금, 사채
③ 미지급금, 단기차입금 ④ 선수수익, 미지급비용

19. 손익계산서에 관한 설명으로 타당하지 않은 것은?

① 일정시점의 재무상태를 보여준다.
② 손익계산서를 작성하는 주기를 회계기간이라고 한다.
③ 경영성과를 나타내는 동태적 보고서이다.
④ 재무상태표에 포함된 당기순이익은 그 결과만을 알 수 있지만, 손익계산서는 당기에 발생한 이익의 세부적인 내역을 설명해 준다.

20. 포괄손익계산서에 관한 설명으로 타당하지 않은 것은?

① 국제회계기준에서 손익계산서를 지칭하는 정식 용어는 포괄손익계산서이다.
② 포괄손익계산서에는 당기순손익과 기타포괄손익을 나타낸다.
③ 기타포괄손익은 당기순손익과 함께 재무상태표의 이익잉여금계정으로 대체된다.
④ 포괄손익계산서는 일정기간의 경영성과를 나타내는 재무제표이다.

CHAPTER 6

재고자산과 매출원가

6.1 재고자산의 의의

재고자산(inventory)은 영업활동과정에서 판매를 목적으로 보유하거나 판매할 제품의 생산을 위해서 사용될 자산이다.

회사가 보유하는 재고자산은 회사의 특성에 따라 다르다. 상품매매기업이나 유통기업은 완성된 상품을 외부에서 구입하여 재판매하며, 이들 기업이 보유하는 재고자산을 상품(merchandise)이라고 한다.

이에 비해서 원재료를 구매하여 제품을 직접 제조하는 제조기업은 원재료, 재공품, 제품 등의 재고자산을 갖는다. 원재료(raw material)는 제조활동에 투입하여 제품을 제조할 목적으로 구입한 원료와 재료이고, 재공품(work in process)은 생산공정에 있는 미완성품이다. 제품(finished goods)은 생산이 완료된 완제품을 의미한다.

동일한 자산이라도 그 보유목적에 따라 계정 구분이 달라질 수 있다. 예를 들어 토지의 경우 부동산매매를 주된 영업으로 하는 기업이 판매를 목적으로 보유하는 것이라면 재고자산이지만, 제조기업이 공장부지로 사용하면 유형자산에 해당한다. 일반 기업이 시세차익을 기대하여 취득한 토지라면 투자자산(투자부동산)으로 분류해야 할 것이다.

6.2 재고자산의 취득원가 결정

재고자산의 취득원가는 재고자산을 판매할 수 있는 상태로 만들기까지 소요된 모든 지출액을 포함하여 결정한다. 따라서 매입가액에 매입부대비용을 가산하고, 매입에누리, 매입환출, 매입할인이 있으면 이를 차감한다.

> 재고자산의 취득원가 = 매입가액 + 매입부대비용 − (매입에누리, 매입환출, 매입할인)

매입부대비용은 재고자산을 매입할 때 매입대금 이외에 추가적으로 발생하는 비용으로 매입수수료, 운반비, 하역비, 보험료, 수입관세 등이 있다.

매입에누리(purchase allowance)란 매입한 재고자산에 흠(파손, 변질 등)이 있을 때 구입대금의 일부를 할인받는 것을 말한다. 매입환출(purchase return)은 구입한 재고자산의 흠을 이유로 반품하는 것을 의미한다. 매입할인(purchase discount)은 구매자가 재고자산의 구매대금을 정해진 기일 내에 지급하여 구매대금의 일정액을 할인받는 것이다. 예를 들어 매입할인의 조건이 '1/10, n/30'이라면, 이는 구매자가 10일 내에 구매대금을 지급하면 구매대금의 1%를 할인해 주고 늦어도 30일 이내에 구매대금을 지급해야 한다는 의미이다.

6.3 상품매입거래와 재고자산 원가배분의 필요성

재고자산 회계처리의 핵심은 기초의 재고자산과 당기에 매입한 재고자산을 기중에 판매된 부분(매출원가)과 팔리지 않고 기말에 남은 부분(기말재고자산)으로 배분하는 것이다. 기초재고와 당기매입을 합하면 당기에 판매할 수 있는 판매가능재고자산(cost of goods available for sale)이 되며, 이는 당기의 매출원가와 기말재고로 나뉘어진다.

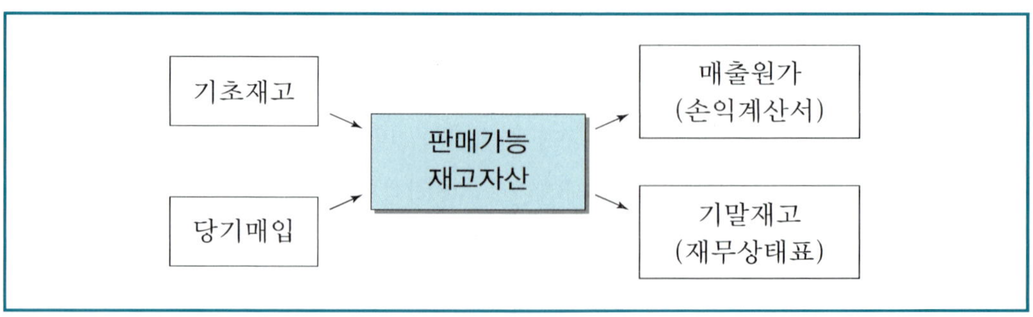

기중에 판매된 재고자산의 취득원가를 매출원가(cost of goods sold)라고 한다. 당기의 매출원가는 판매가능재고자산(기초재고와 당기매입의 합)에서 기말재고를 차감하여 계산할 수 있다.

당기매출원가 = 기초재고자산 + 당기매입액 − 기말재고자산

기말시점의 재고자산이 얼마인가를 측정하는 것은 그 자체로 재무상태표의 재고자산 금액을 결정할 뿐만 아니라 손익계산서의 매출원가 결정에도 영향을 미친다.

6.4 계속기록법과 실지재고조사법

한 회계기간 동안의 상품매매거래에 대하여 매출원가를 산출하는 회계처리방법은 크게 계속기록법과 실지재고조사법으로 구분된다.

6.4.1 계속기록법

계속기록법(perpetual inventory system)은 상품을 매입하거나 판매할 때마다 상품계정을 증감시키는 분개를 하는 방법이다. 상품을 매입할 때마다 취득원가로 상품계정을 증가시키고, 상품을 판매하면 매출(수익)을 인식하고 판매된 상품의 취득원가만큼 상품계정에서 매출원가(비용)로 대체한다. 이 방법은 상품의 매매거래마다 상품계정의 변동을 기록하기 때문에 기중의 어느 시점이라도 상품계정의 잔액이 얼마인지, 그리고 매출원가가 얼마인지를 파악할 수 있는 장점이 있다.

[상품 매입]

(차) 상 품 ××× (대) 현 금 ×××

[상품 매출]

(차) 현 금	×××	(대) 매 출	×××
(차) 매출원가	×××	(대) 상 품	×××

[결 산]

이미 매출원가가 산출되었으므로 매출원가 계산을 위한 결산수정분개가 불필요함.

계속기록법에서는 상품의 매매거래가 발생할 때마다 상품을 증감시키며 매출원가를 계산하기 때문에 기말시점의 상품계정 잔액은 곧 기말상품재고액을 나타낸다.

기초상품재고액 + 당기상품매입액 − 매출원가 = 기말상품재고액

6.4.2 실지재고조사법

계속기록법은 상품이 판매될 때마다 상품계정에서 매출원가계정으로 대체하는 분개를 해야 하므로 매매거래가 빈번하게 발생할 경우 기중의 회계처리 부담이 크다는 단점이 있다.

실지재고조사법(periodic inventory system)은 기중의 회계처리를 단순화시킨 방법으로 상품을 매입할 때 상품계정이 아닌 매입계정(비용)의 증가로 회계처리한다. 상품을 판매할 때는 매출(수익)만 인식할 뿐 상품계정이나 매출원가계정에는 아무런 회계처리를 하지 않는다. 실지재고조사법을 사용하면 기중에 매입거래나 매출거래가 발생하더라도 상품계정은 기초의 금액을 그대로 유지하고 매출원가도 계산하지 않는다.

매출원가는 결산시점에 상품계정의 기초금액에 당기매입액을 더하고 기말상품재고액을 차감하는 결산수정분개를 하여 계산한다.

[상품 매입]			
(차) 매　　입	×××	(대) 현　　금	×××
[상품 매출]			
(차) 현　　금	×××	(대) 매　　출	×××
[결　　산]			
(차) 매출원가	×××	(대) (기초)상품	×××
(차) 매출원가	×××	(대) 매　　입	×××
(차) (기말)상품	×××	(대) 매출원가	×××

계속기록법에서는 판매가능재고자산에서 매출원가를 차감하여 장부상 기말재고자산이 산출되지만, 실지재고조사법에서는 판매가능재고자산에서 실제의 기말재고자산을 차감하여 매출원가를 계산한다.

기초상품재고액＋당기상품매입액－기말상품재고액＝매출원가

6.4.3 예제

다음은 (주)원승의 20×1년 상품의 매입과 매출 자료이다. 모든 거래는 현금거래라고 가정한다. 계속기록법과 실지재고조사법에 따라 매입, 매출, 결산 시 필요한 분개를 하시오. 또한 실지재고조사 결과 기말재고자산의 수량이 100개라고 가정하고, 계속기록법과 실지재고조사법을 적용할 경우의 기말상품재고액과 당기매출원가를 계산하시오.

구분	수량(개)	단가(원)
기초상품재고액(1월 1일)	200	1,000
당기상품매입액(6월 6일)	800	1,000
당기매출액(8월 9일)	900	1,500

<계속기록법>

(1) 분개

[상품 매입]

(차) 상　　품	₩800,000	(대) 현　　금	₩800,000

[상품 매출]

(차) 현　　금	₩1,350,000	(대) 매　　출	₩1,350,000
(차) 매출원가	₩900,000	(대) 상　　품	₩900,000

[결　　산]

이미 매출원가가 산출되었으므로 매출원가 계산을 위한 결산수정분개가 불필요함.

(2) 기말재고자산과 매출원가

① 기말재고자산 :

기말상품재고액 = 기초상품재고액(₩200,000) + 당기상품매입액(₩800,000) − 당기매출원가(₩900,000)
= ₩100,000

② 매출원가: ₩900,000(기중 회계처리에서 이미 계산되었음.)

<실지재고조사법>

(1) 분개

[상품 매입]

(차) 매　　입	₩800,000	(대) 현　　금	₩800,000

[상품 매출]

(차) 현　　금	₩1,350,000	(대) 매　　출	₩1,350,000

[결　　산]

(차) 매출원가	₩200,000	(대) (기초)상품	₩200,000
(차) 매출원가	₩800,000	(대) 매　　입	₩800,000

(차) (기말)상품 ₩100,000 (대) 매 출 원 가 ₩100,000

(2) 기말재고자산과 매출원가

① 기말재고자산 :

기말상품재고액 = 재고수량(100개) × 매입단가(₩1,000)

= ₩100,000

② 매출원가 :

매출원가 = 기초상품재고액(₩200,000) + 당기매입액(₩800,000)

− 기말상품재고액(₩100,000)

= ₩900,000

6.4.4 계속기록법과 실지재고조사법의 비교

계속기록법은 기중의 어느 시점이라도 상품계정의 잔액과 그 때까지의 매출원가를 장부기록을 통해 파악할 수 있는 장점이 있으나, 상품을 판매할 때마다 해당 상품의 취득원가를 파악하여 매출원가를 계산해야 하는 어려움이 있다.

이에 비해서 실지재고조사법은 판매시점에 매출원가를 계산하지 않고 기말에 재고조사를 통해 기말재고자산을 파악한 후, 해당 회계기간의 전체적인 매출원가를 역산하여 계산하기 때문에 기중의 회계처리 부담이 적다는 장점이 있다. 그러나 기중에는 회사가 보유하는 상품이 얼마나 되는지, 그 시점까지 발생한 매출원가가 얼마인지를 알 수 없는 단점이 있다. 즉, 실지재고조사법을 사용할 경우 관리부담은 덜 수 있으나, 재고자산과 매출원가에 대한 적시성 있는 정보를 얻기 어렵다. 또한 실지재고조사법에서는 기말 재고조사 결과를 기초로 해당 회계기간의 매출원가를 역산하는데, 만약 기중에 재고자산의 분실이나 도난이 있었다고 해도 이를 알기 어렵고 그 부분도 자동적으로 매출원가에 묻혀 버리기 때문에 재고자산의 실물관리 측면에서도 취약하다.

실무적으로는 이 같은 장단점을 비교하여 회사의 실정에 맞는 방법을 채택하면 된다. 컴퓨터시스템을 통해 추가적인 관리비용 없이 재고자산에 대한 관리가 가능하다면 계속기록법을 적용하는 것이 바람직할 것이고, 빈번한 매매거래에 대해서 전산 도움 없이 수작업으로 회계처리를 해야 하는 환경이라면 관리비용의 절감을 위해 실지재고조사법이 유용할 것이다.

그런데 계속기록법을 적용하면 기말에 실제로 재고자산이 얼마나 되는지 조사를 할 필요가 없을까? 그렇지는 않다. 계속기록법을 사용하면 장부상 특정 시점에 재고자산이 몇 개가 남아 있어야 하는지를 알려주지만, 실제로 그만큼의 재고자산이 있는지는 확인해 보지 않으면 알 수 없다.

분실이나 도난을 당하여 재고자산의 수량이 줄었는데 담당자가 그 사실을 인지하지 못했다면, 실제 남아 있는 재고자산의 수량은 장부상 있어야 하는 수량보다 더 적을 것이다. 이 경우에는 실제로 없는 수량을 있는 것처럼 자산으로 계상할 수는 없기 때문에 재고조사 결과 부족한 수량만큼 재고자산을 줄이는 결산수정분개를 해야 한다.

차이금액이 정상적인 수준인 경우 그 차이금액을 해당 회계기간의 매출원가에서 조정하고, 차이금액이 예외적으로 커서 중요하다고 판단되는 경우에는 별도의 비용계정(재고자산감모손실)으로 처리한다.

결론적으로 가장 바람직한 방법은 회사가 계속기록법을 적용하면서 기말에 재고조사를 실시하여 장부상 있어야 하는 수량과 실제 남아 있는 수량을 대조함으로써 정확한 회계처리와 재고자산의 실물관리라는 두 가지 목적을 함께 달성하는 것이다.

6.5 재고자산의 원가배분

6.5.1 원가흐름 가정의 필요성

지금까지는 재고자산을 구매할 때마다 재고자산의 단위당 구매원가가 동일하다고 가정하였지만, 실제로는 매입시점마다 매입단가가 달라질 수 있다. 재고자산을 매입하는 횟수가 빈번하고 수량이 많은 경우에는 판매된 상품이 얼마에 사온 것인지를 구별하기가 어렵다.

매출원가는 판매된 상품수량에 매입단가를 곱하여 계산하는데, 판매된 상품의 매입단가를 일일이 구별하기 어렵다면 어떻게 해야 할까? 이 경우에는 재고자산의 단가를 결정하기 위하여 언제 구입한 상품이 재고자산으로 남는다고 볼 것인지, 즉 언제 구입한 상품이 먼저 팔린다고 볼 것인지에 대한 가정을 세워 해결한다.

재고자산의 단가결정방법으로는 개별법, 선입선출법, 후입선출법, 가중평균법이 있다. 이 중에서 개별법은 실제 원가흐름을 추적하여 판매된 개별상품의 실제 취득단가를 확인해서 매출원가와 기말재고자산 금액을 결정하는 방법이다. 나머지 방법은 실제의 원가흐름과는 무관하게 원가배분(cost allocation) 목적상 일정한 원가흐름을 가정하여 매출원가와 기말재고자산 금액을 결정하는 방법이다.

원가흐름의 가정에 따라 판매가능재고자산(기초재고와 당기매입의 합)을 매출원가와 기말재고에 배분하는 금액이 달라지고, 이는 곧 그 회계기간의 이익 크기도 달라짐을 의미한다.

6.5.2 개별법

개별법(specific identification method)은 원가흐름을 가정하지 않고 실제 판매된 개별 상품의 취득단가를 일일이 추적하여 매출원가와 기말재고자산 금액을 결정하는 방법이다.

개별법은 소량의 고가 상품에 적합한 방법이며, 대량의 동질적인 상품에는 적절하지 않다. 개별법은 원가흐름의 가정 없이 실제 거래한 금액에 기초하여 매출원가와 기말재고자산을 계산하기 때문에 논리적이고 이해하기 쉬운 장점이 있다. 그러나 관리비용이 과중하고, 경영자가 기말재고로 남아 있는 항목을 자의적으로 선택하여 손익을 조정할 수도 있다.

예를 들어 크기와 품질은 동일하지만 취득가격이 각각 10,000,000원과 12,000,000원인 다이아몬드 반지 A와 B가 있었고, 그 중에서 당기에 B반지가 20,000,000원에 판매되었다고 가정하자. 개별법을 적용할 경우 매출원가는 B반지의 취득가격인 12,000,000원이므로 반지 판매로 인한 이익은 8,000,000원이 되어야 한다. 그러나, 만약 경영자가 당기의 이익을 늘리고자 한다면 B반지가 아닌 A반지가 팔렸다고 보고하고 반지 판매로 인한 이익을 2,000,000원 부풀려 10,000,000원으로 만들 수 있기 때문에 경영자의 이익 조정에 악용될 소지가 있다.

6.5.3 선입선출법

선입선출법(first-in first-out method; FIFO)은 먼저 매입한 상품이 먼저 판매된다고 가정하는 방법이다. 이 방법을 적용하면 재무상태표에 기재되는 기말재고자산 금액은 최근의 취득원가로 산정되고, 손익계산서상의 매출원가는 오래 전에 구입한 상품들의 취득원가로 계산된다.

예제를 통해 선입선출법의 의미를 생각해 보자.

예제

(주)원승의 20×1년 회계연도의 기초재고와 당기매입은 다음과 같다. (주)원승은 8월 17일에 상품 340개를 개당 150원에 판매하였다. 재고조사 결과 기말의 상품재고수량은 100개이다.

거래일자	수량(개)	단가(원)	금액(원)
1월 1일(기초재고)	60	90	5,400
3월 8일 매입	120	100	12,000
6월 24일 매입	200	108	21,600
10월 15일 매입	60	120	7,200
합계	440		46,200

문 (주)원승은 선입선출법을 적용한다고 가정하고, 계속기록법과 실지재고조사법을 사용하여 20×1년 회계연도의 기말재고자산과 매출원가를 계산하시오.

풀이

(1) 계속기록법

① 매출원가

계속기록법에서는 상품이 판매될 때마다 매출원가를 계산한다. 8월 17일에 판매된 상품 340개는 가장 오래 전에 구입한 상품부터 팔렸다고 가정하므로(선입선출법) 매출원가는 ₩34,680이 된다.

> 매출원가 = 기초재고(60개 × ₩90) + 3월 8일 매입분(120개 × ₩100)
> + 6월 24일 매입분 중 일부(160개 × ₩108)
> = ₩34,680

② 기말재고자산

20×1년의 판매가능재고자산 ₩46,200에서 매출원가로 배분된 ₩34,680을 차감하면, 20×1년말 재고자산은 ₩11,520이 된다. 이는 가장 최근에 구입한 상품의 취득원가와 일치함을 알 수 있다.

기말재고자산 = 10월 15일 매입분(60개 × ₩120) + 6월 24일 매입분 중 일부(40개 × ₩108)
= ₩11,520

(2) 실지재고조사법

실지재고조사법에서는 먼저 기말재고자산을 결정하고, 판매가능재고자산에서 기말재고자산을 차감하여 매출원가를 계산한다.

① 기말재고자산

선입선출법을 적용할 경우 기말재고는 가장 최근에 구입한 상품들로 구성된다고 가정한다. 즉, 20×1년말 재고자산은 10월 15일 매입분 60개와 6월 24일 매입분 중 40개가 남았다고 가정한다. 따라서 20×1년말 재고자산 금액은 ₩11,520이 된다.

② 매출원가

매출원가는 판매가능재고자산에서 기말재고자산을 차감하여 계산하므로 ₩34,680이 된다(₩46,200 − ₩11,520 = ₩34,680).

이 결과를 보면 선입선출법의 경우 계속기록법과 실지재고조사법의 적용결과가 동일하게 나타남을 확인할 수 있다.

6.5.4 후입선출법

후입선출법(last-in first-out method; LIFO)은 나중에 매입한 상품이 먼저 판매된다고 가정하는 방법이다. 이 방법을 적용하면 손익계산서상의 매출원가는 최근에 구입한 상품들의 취득원가로 계산되고, 재무상태표에 기재되는 기말재고자산 금액은 가장 오래 전에 구입한 상품들의 취득원가로 산정된다.

앞에서 사용한 예제를 통해 후입선출법의 의미를 생각해 보자.

예제

문 (주)원승은 후입선출법을 적용한다고 가정하고, 계속기록법과 실지재고조사법을 사용하여 20×1년 회계연도의 기말재고자산과 매출원가를 계산하시오.

풀이

(1) 계속기록법

① 매출원가

계속기록법에서는 상품이 판매될 때마다 매출원가를 계산한다. 8월 17일에 판매된 상품 340개는 가장 최근에 구입한 상품부터 팔렸다고 가정하므로(후입선출법) 매출원가는 ₩35,400이 된다. 여기서 주의할 점은 판매시점(8월 17일)을 기준으로 생각해야 한다는 것이다.

> 매출원가=6월 24일 매입분(200개×₩108)+3월 8일 매입분(120개×₩100)+기초재고 중 일부(20개×₩90)
> =₩35,400

② 기말재고자산

20×1년의 판매가능재고자산 ₩46,200에서 매출원가로 배분된 ₩35,400을 차감하면 20×1년말 재고자산은 ₩10,800이 된다. 이는 8월 17일 판매가 이루어진 직후에 남아 있던 재고 40개(기초재고 중 일부)와 10월 15일 매입분 60개의 취득원가와 일치함을 알 수 있다.

> 기말재고자산=기초재고 중 일부(40개×₩90)+10월 15일 매입분(60개×₩120)
> =₩10,800

(2) 실지재고조사법

실지재고조사법에서는 먼저 기말재고자산을 결정하고, 판매가능재고자산에서 기말재고자산을 차감하여 매출원가를 계산한다.

① 기말재고자산

후입선출법을 적용할 경우 기말재고는 가장 오래 전에 구입한 상품들로 구성된다고 가정한다. 즉, 20×1년말 재고자산은 기초재고 60개와 3월 8일 매입분 중

40개가 남았다고 가정한다. 따라서 20×1년말 재고자산 금액은 ₩9,400이 된다(60개×₩90+40개×₩100=₩9,400).

② 매출원가

매출원가는 판매가능재고자산에서 기말재고자산을 차감하여 계산하므로 ₩36,800이 된다(₩46,200−₩9,400=₩36,800).

예제를 통해 계속기록법과 실지재고조사법으로 계산한 매출원가와 기말재고자산 금액이 서로 일치하지 않음을 확인할 수 있다. 이와 같이 선입선출법과는 달리 후입선출법을 사용하면 계속기록법과 실지재고조사법의 적용결과가 상이하게 나타날 수 있다는 점에 유의해야 한다.

물가가 지속적으로 상승하는 경우 후입선출법은 선입선출법에 비해서 기간이익이 적게 표시된다는 점도 주목할 필요가 있다. 계속기록법을 사용하는 경우 선입선출법의 20×1년 판매이익은 ₩16,320이다(340개×₩150−₩34,680=₩16,320). 계속기록법으로 후입선출법을 적용하면 20×1년 판매이익이 ₩15,600이 되므로(340개×₩150−₩35,400=₩15,600), 선입선출법보다 ₩720만큼 적게 표시됨을 알 수 있다.

6.5.5 가중평균법

가중평균법(weighted average method)은 기초재고와 당기에 매입한 상품의 취득원가를 가중평균하여 단위원가를 결정하는 방법이다. 기초재고와 당기매입분이 섞여서 구분되지 않고 평균적으로 판매된다고 가정하는 셈이다. 가중평균법은 계속기록법과 실지재고조사법 중 어느 방법을 사용하느냐에 따라 그 적용 방법이 달라진다.

계속기록법을 사용하는 경우에는 이동평균법을 적용한다. 이동평균법은 상품을 구입할 때마다 기존의 재고자산과 새로 구입한 재고자산을 합한 전체의 재고자산에 대하여 새로운 평균단위원가를 계산하고, 상품을 판매하여 매출원가를 인식할 때는 최근에 계산한 평균단위원가를 적용하는 방법이다.

실지재고조사법에서는 총평균법이 사용된다. 총평균법은 회계기간말에 판매가능재고자산의 금액합계를 전체 수량으로 나누어 평균단위원가를 구하고, 그 단가를 적용하여 기말재고자산과 매출원가를 계산하는 방법이다. 이동평균법은 상품을 매입할 때마다 새로운 평균단위원가를 계산하지만, 총평균법은 결산 시 단일의 평균단위원가를 산정하는 것이다.

앞에서 사용한 예제를 통해 가중평균법의 의미를 익혀보자.

예제

문 (주)원승은 가중평균법을 적용한다고 가정하고, 계속기록법과 실지재고조사법을 사용하여 20×1년 회계연도의 기말재고자산과 매출원가를 계산하시오.

풀이

(1) 계속기록법

① 매출원가

계속기록법을 적용하면 상품을 구입할 때마다 새로운 평균단위원가를 계산하고, 상품이 판매되는 시점에 그 평균단위원가를 적용하여 매출원가를 계산해야 한다. 8월 17일에 판매된 상품 340개의 매출원가를 계산하기 위해 먼저 그 시점까지의 평균단위원가를 산정한다.

평균단위원가 = (₩5,400 + ₩12,000 + ₩21,600)/(60개 + 120개 + 200개)
= ₩102.63

매출원가는 판매된 상품(340개)에 그 시점까지의 이동평균단가(₩102.63)를 곱한 ₩34,894이다.

② 기말재고자산

20×1년의 판매가능재고자산 ₩46,200에서 매출원가로 배분된 ₩34,894을 차감하면 20×1년말 재고자산은 ₩11,306이 된다. 이는 8월 17일 판매 직후 남은 상품(40개)에 그 시점까지의 이동평균단가(₩102.63)를 곱한 금액과 10월 15일

에 매입한 상품의 취득원가(₩7,200)를 합한 금액이다. 기말시점의 새로운 이동평균단가는 ₩113.06으로 바뀐다(₩11,306/100개 = ₩113.06).

(2) 실지재고조사법

실지재고조사법에서는 먼저 기말재고자산을 결정하고, 판매가능재고자산에서 기말재고자산을 차감하여 매출원가를 계산한다.

① 기말재고자산

판매가능재고자산의 금액합계를 총수량으로 나누어 평균단위원가를 계산하면 ₩105이다(₩46,200/440개 = ₩105). 이 단가를 기말의 재고수량(100개)에 곱하면, 기말재고자산 ₩10,500을 구할 수 있다.

② 매출원가

매출원가는 판매가능재고자산에서 기말재고자산을 차감하여 계산하므로 ₩35,700이 된다(₩46,200 − ₩10,500 = ₩35,700).

6.5.6 원가흐름 가정과 기간이익

원가흐름에 대한 가정으로 어떤 방법을 사용하느냐에 따라 기간이익이 달라진다. 앞에서 살펴본 것처럼 원가흐름에 대한 가정이 바뀌면 그에 따라 매출원가와 기말재고자산 금액이 달라진다. 이는 곧 그 회계기간의 이익 크기가 영향을 받는다는 것을 의미한다.

예제에서 계속기록법으로 계산된 매출원가와 기말재고자산을 요약하면 다음과 같다.

구분	선입선출법	후입선출법	이동평균법
매출원가	₩34,680	₩35,400	₩34,894
기말재고자산	11,520	10,800	11,306
판매가능재고자산	₩46,200	₩46,200	₩46,200

매출원가의 경우 후입선출법으로 계산된 금액이 가장 크고 선입선출법이 가장 작으며, 이동평균법은 그 중간에 위치한다. 기말재고자산은 그 반

대로 나타난다. 예제는 상품의 매입단가가 지속적으로 상승하는 경우를 상정하였다. 따라서 이는 물가가 오르는 경우 선입선출법이 후입선출법에 비해서 기간이익을 더 크게 표시함을 의미한다. 만약 물가가 지속적으로 하락하는 경우에는 재무제표에 미치는 영향도 반대방향으로 나타날 것이다. 실지재고조사법을 적용하더라도 금액만 약간 달라질 뿐 위의 결론에는 차이가 없다.

물가상승 시 원가흐름의 가정이 재무제표에 미치는 영향을 요약하면 다음과 같다.

구분	원가흐름의 가정에 따른 크기 비교
매출원가	선입선출법<가중평균법<후입선출법
기말재고자산	선입선출법>가중평균법>후입선출법
당기순이익	선입선출법>가중평균법>후입선출법

원가흐름의 가정에 따라 기간이익이 달라질 수 있기 때문에 경영자는 원가흐름의 가정을 변경하여 기간이익의 크기를 관리하고자 하는 동기를 가질 수 있다. 기업은 원가흐름 가정 중 하나를 선택하여 사용하되, 회계정보의 기간별 비교가능성을 높이기 위해 정당한 사유 없이 이를 변경할 수 없다.

국제회계기준에서 후입선출법을 허용하지 않는 점도 주목할 필요가 있다. 후입선출법을 사용하면 재무상태표에 표시되는 기말재고자산이 기말시점의 취득원가와 상당히 차이가 있는 과거의 낮은 거래금액으로 표시되는 문제점이 있다. 또한 당기에 고의로 재고자산을 적게 매입하여 낮은 금액으로 계상된 기초재고가 당기의 매출원가로 포함되도록 하면 당기의 이익을 늘릴 수 있기 때문에 이익조정의 수단으로 악용될 소지도 있다. 국제회계기준에서 후입선출법을 허용하지 않는 것은 이 같은 맥락에서 이해하면 될 것이다.

물가가 지속적으로 상승할 경우 후입선출법을 사용하면 다른 방법에 비해서 기간이익이 적게 표시되고 이에 따라 법인세도 줄어들기 때문에 절

세목적으로 후입선출법을 사용하는 기업이 적지 않았다. 2011년부터 우리나라의 모든 상장기업들이 국제회계기준을 적용함에 따라 그동안 후입선출법을 적용해 온 기업들은 불가피하게 선입선출법 등 다른 방법으로 회계처리방법을 변경하였다.

6.6 재고자산의 저가법 평가

기말재고자산은 원칙적으로 시가가 아닌 취득원가를 기준으로 재무상태표에 표시한다(취득원가주의).

그런데 만약 재고자산의 판매가격이 크게 하락하거나 진부화, 또는 물리적으로 손상된 경우에는 어떻게 해야 할까? 이런 경우에는 재고자산의 취득원가가 기말시점의 재고자산 가치를 제대로 반영하지 못한다고 보아 저가법을 적용하여 기말재고자산을 평가하여야 한다.

저가법(lower of cost or market; LCM)은 재고자산의 취득원가와 기말시점의 순실현가능가치를 비교하여 이 중 낮은 금액으로 측정하는 방법이다. 순실현가능가치(net realizable value; NRV)는 정상적인 영업과정의 예상 판매가격에서 예상 판매비용을 차감한 금액을 의미한다.

취득원가와 순실현가능가치의 차이는 재고자산평가손실로 인식하고 재고자산을 감액시키는 회계처리를 하여야 한다.

(차) 재고자산평가손실 ××× (대) 재고자산평가충당금 ×××

재고자산평가손실은 손익계산서에 별도의 비용계정으로 표시하기보다는 매출원가에 포함시켜 보고하는 것이 일반적이다. 재고자산평가충당금은 기말의 재고자산을 줄이는 차감적 평가계정으로 이는 재무상태표의 재고자산에서 차감하는 형식으로 표시할 수도 있고, 재고자산평가충당금을 직접 차감한 순액으로 재고자산을 표시할 수도 있다.

이후 회계연도에 재고자산의 순실현가능가치가 회복되었다면, 최초의 장부금액(취득원가)을 초과하지 않는 범위 내에서 다음과 같이 회계처리한다.

(차) 재고자산평가충당금 ××× (대) 재고자산평가손실환입 ×××

재고자산평가손실을 매출원가에 포함시켜 손익계산서에 보고하였다면, 재고자산평가손실환입도 매출원가에서 차감하면 될 것이다.

One point Plus+

보수주의

회계이론을 공부하다 보면 자산과 부채에 대한 회계처리에서 중립적이지 않고 한 쪽 방향으로 치우쳐 있다는 느낌을 받게 된다. 즉, 자산과 수익은 가급적 낮은 금액으로 측정하고 반대로 부채와 비용은 되도록 높게 측정하려는 회계관행이 있다. good news는 천천히, bad news는 지체 없이 인식한다고도 말할 수 있다.

특정 회계기간에 이러한 태도를 견지하여 이익을 측정하면 그 결과는 어떻게 나타날까? 비용은 가급적 조기에 인식하고 수익의 인식은 지연시킴으로써 기간이익이 중립적인 기준에 비해서 축소될 소지가 높다. 또한 자산에서 부채를 차감한 순자산(자본)이 실제보다 적게 표시될 것이다.

이와 같은 회계관행을 보수주의(conservatism)라고 부른다. 국제회계기준에서 보수주의라는 용어는 공식적으로 사용하고 있지 않지만, 이는 오래된 회계관행으로 여러 회계처리에서 그 흔적을 찾아볼 수 있다. 재고자산의 저가법 평가는 보수주의가 반영된 회계처리라고 할 수 있다. 우발부채와 우발자산의 회계처리가 상이한 점(우발성항목의 경우 수익보다 비용을 조기에 인식)도 보수주의 관점에서 이해할 수 있다.

보수주의가 지나치면 중립성이 저해되어 회계정보의 신뢰성이 떨어질 수 있다.

그럼에도 불구하고 보수주의가 오랜 회계관행으로 남아 있는 이유는 무엇일까? 여러 이유가 있겠지만, 재무제표를 만드는 경영자와 회계감사를 통해 재무제표에 신뢰성을 부여하는 감사인의 책임문제도 관계가 있을 것이다. 이는 매우 좋은 회사를 좀 덜 좋은 회사로 잘못 보고하는 데 따르는 책임보다 나쁜 회사를 꽤 괜찮은 회사로 잘못 보고하는 데 수반되는 책임이 훨씬 더 크다는 뜻이다.

회사가 상장폐지되거나 부도가 발생하면 거의 예외 없이 경영자와 감사인이 분식회계 소송에 연루되어 곤혹을 치른다. 그러나 실적이 양호한 회사가 실제보다 이익을 좀 줄이는 방향으로 결산을 하였다고 경영자나 감사인에게 책임을 묻는 소송은 거의 찾아볼 수 없다는 점이 이 같은 추론을 뒷받침한다.

6.7 제조기업의 재고자산회계, 원가계산

6.7.1 상품매매기업과 제조기업의 차이

상품매매기업은 외부에서 상품을 매입하여 그대로 고객에게 판매하기 때문에 원가계산이라는 복잡한 과정을 거치지 않고 매출원가를 계산할 수 있다.

상품매매기업의 매출원가 = 기초상품재고액 + 당기상품매입액 − 기말상품재고액

이에 비해서 제조기업은 외부에서 원재료를 구입하여 기업 내부에서 제품을 만드는 과정을 거치기 때문에 원가계산이 필요하며, 이에 관한 상세한 내용은 원가회계 과목에서 배울 수 있다.

제조기업의 매출원가 = 기초제품재고액 + 당기제품제조원가
− 기말제품재고액

당기제품제조원가는 당기에 완성된 제품의 원가가 얼마인지를 의미하며, 이는 제조원가명세서라는 보고서에 나타난다.

제조원가명세서

(주)원승　　20×1년 1월 1일부터 20×1년 12월 31일까지

과목	금액	금액
Ⅰ. 직접재료비		
1. 기초재료재고액	×××	
2. 당기재료매입액	×××	
3. 기말재료재고액	(×××)	×××
Ⅱ. 직접노무비		×××
Ⅲ. 제조간접비		
1. 간접재료비	×××	
2. 간접노무비	×××	
3. 감가상각비	×××	
4. 수도광열비	×××	
5. 수선유지비	×××	
6. 기　　타	×××	×××
Ⅳ. 당기총제조원가(Ⅰ＋Ⅱ＋Ⅲ)		×××
Ⅴ. 기초재공품원가		×××
Ⅵ. 기말재공품원가		(×××)
Ⅶ. 당기제품제조원가(Ⅳ＋Ⅴ－Ⅵ)		×××

6.7.2 제조기업의 원가흐름

제조기업에서 소비하는 자원은 크게 제품생산에 투입되는 제조원가와 제품의 판매나 관리활동에서 발생하는 비제조원가로 구분된다. 이 중에서 비제조원가는 발생하는 즉시 비용(판매비와 일반관리비)으로 회계처리하기 때문에 기간비용이라고도 부른다.

이에 비해서 제조원가는 제품에 내재화되어 제품원가(product cost)를 구성하고, 제품이 판매될 때 비로소 자산(제품)으로부터 비용(매출원가)으로 대체된다. 제조원가의 이러한 회계처리는 수익을 인식하는 기간에 관련되는 비용을 대응시켜 인식해야 한다는 수익·비용대응의 원칙에 따른 것이다.

제조원가는 크게 직접재료비, 직접노무비, 제조간접비로 구성된다.

직접재료비는 당기에 제조공정에 투입한 원재료의 원가이며, 이는 다음 산식으로 계산할 수 있다.

직접재료비 = 기초재료재고액 + 당기재료매입액 − 기말재료재고액

직접노무비는 당기에 제조공정에서 일한 생산직 근로자의 임금을 의미한다. 본사에서 근무하는 임직원의 인건비는 발생한 회계기간에 비용(판매비와 일반관리비)으로 처리되지만, 공장에서 일하는 근로자의 인건비는 일단 비용이 아닌 자산계정에 포함된다.

제조간접비는 직접재료비와 직접노무비를 제외한 기타제조원가이다.

제조공정에 투입되는 이들 원가요소들은 모두 재공품계정의 차변에 집계한다. 재공품(在工品, work in process)은 제조공정 중에 있는 재고자산을 의미한다.

당기에 투입한 이들 원가요소의 합계를 당기총제조원가라고 한다.

당기총제조원가 = 직접재료비 + 직접노무비 + 제조간접비

재공품은 자산계정이므로 기초와 기말잔액이 존재하며, 당기총제조원

가에 이들을 가감하여 당기제품제조원가를 계산한다.

당기제품제조원가 = 기초재공품재고액 + 당기총제조원가
− 기말재공품재고액

당기제품제조원가(cost of goods manufactured)는 당기에 완성된 제품의 원가를 의미하며, 이는 재공품계정에서 제품계정으로 대체된다. 이상의 제조원가 흐름은 제조원가명세서를 통해 파악할 수 있다.

마지막 단계는 당기에 판매한 제품의 원가를 계산하는 것으로서 이는 상품매매기업에서 매출원가를 구하는 절차와 동일하다.

매출원가 = 기초제품재고액 + 당기제품제조원가 − 기말제품재고액

연 ▪ 습 ▪ 문 ▪ 제

1. 재고자산에 관한 다음 설명 중 타당하지 않은 것은?

① 영업활동과정에서 판매를 목적으로 보유하는 자산이다.

② 영업활동과정에서 판매할 제품의 생산을 위해서 사용될 자산이다.

③ 동일한 자산이라도 그 보유목적에 따라 계정 구분이 달라질 수 있다.

④ 제조기업이 공장부지로 사용하기 위해 보유하는 토지는 재고자산으로 분류된다.

2. 재고자산의 취득원가 결정에 관한 다음 설명 중 타당하지 않은 것은?

① 매입부대비용은 재고자산의 취득원가에 포함된다.

② 매입에누리는 매입가액에서 차감해야 한다.

③ 매입환출은 매입가액에서 차감하지 않는다.

④ 재고자산의 취득원가는 재고자산을 판매할 수 있는 상태로 만들기까지 소요된 모든 지출액을 포함하여 결정한다.

3. 매입할인의 조건이 '1/10, n/30'이다. 이에 대한 설명으로 잘못된 것은?

① 구매자가 10일 이내에 구매대금을 지급하면 구매대금의 1%를 할인해 준다.

② 10일이 경과하면 구매대금을 할인받을 수 없다.

③ 늦어도 30일 이내에는 구매대금을 지급해야 한다.

④ 매입할인은 이자수익으로 회계처리한다.

4. 재고자산의 회계처리에 관한 다음 설명 중 타당하지 않은 것은?

① 기초의 재고자산과 당기에 매입한 재고자산을 매출원가와 기말재고자산으로 배분한다.

② 기초재고와 당기매입을 합하면 당기에 판매할 수 있는 판매가능재

고자산이 된다.

③ 판매가능재고자산은 당기의 매출원가와 기말재고로 나뉘어진다.

④ 기말재고자산의 금액이 커질수록 당기의 매출원가도 커진다.

5. 기말시점의 재고자산이 얼마인가를 측정하는 것은 그 자체로 재무상태표의 재고자산 금액을 결정할 뿐만 아니라 손익계산서의 ( ) 결정에도 영향을 미친다.

① 매출원가 ② 매입액

③ 임대료수익 ④ 이자비용

6. ₩20,000의 상품을 사서 ₩30,000에 팔았다면, 손익계산서에 어떻게 나타내야 하는가?

① 상품처분이익 ₩10,000

② 매출 ₩30,000, 매출원가 ₩20,000

③ 매출 ₩20,000, 매출원가 ₩30,000

④ 상품처분손실 ₩10,000

7. 계속기록법에 관한 다음 설명 중 타당하지 않은 것은?

① 상품을 매입하거나 판매할 때마다 상품계정을 증감시키는 분개를 하는 방법이다.

② 매매가 빈번하더라도 기중의 회계처리 부담이 적다는 장점이 있다.

③ 기중의 어느 시점이라도 상품계정의 잔액이 얼마인지를 알 수 있다.

④ 재고자산의 실물관리 측면에서 유리하다.

8. 계속기록법에 대한 실지재고조사법의 특징으로 보기 어려운 것은?

① 기중의 회계처리를 단순화시킨 방법이다.

② 상품을 매입할 때 매입계정으로 회계처리한다.

③ 판매가능재고자산에서 실제의 기말재고자산을 차감하여 매출원가를 계산한다.

④ 분실이나 도난으로 인한 손실을 파악하기에 용이하다.

9. 회계처리의 정확성과 재고자산의 실물관리라는 두 목적을 달성하기 위해 가장 바람직한 것은?

① 계속기록법을 적용하면서 기말에 재고조사를 실시한다.

② 실지재고조사법을 적용한다.

③ 재고조사를 하지 않고 계속기록법을 적용한다.

④ 분실이나 도난으로 인한 손실을 파악할 필요 없이 판매가능재고자산에서 실제의 기말재고자산을 차감한 금액을 전액 매출원가로 인식한다.

10. 계속기록법과 실지재고조사법을 비교한 다음 설명 중 타당하지 않은 것은?

① 거래가 빈번할 경우 전산의 도움 없이 수작업으로 회계처리를 해야 한다면 실지재고조사법이 유용할 것이다.

② 계속기록법을 적용하면 기말에 굳이 재고조사를 할 필요가 없을 것이다.

③ 계속기록법을 적용하면 적시성 있는 회계정보를 제공할 수 있다.

④ 실지재고조사법을 적용하면 기중에 매출원가를 파악하기가 어렵다.

11. 재고자산 원가흐름의 가정에 관한 다음 설명 중 타당하지 않은 것은?

① 원가흐름의 가정이 달라지더라도 기간이익에는 영향을 미치지 않는다.

② 실제의 원가흐름과 반드시 일치할 필요는 없다.

③ 개별법은 원가흐름을 가정하지 않는다.

④ 선입선출법을 적용하면 기말재고자산의 금액은 최근의 취득원가로 산정된다.

12. 선입선출법에 관한 다음 설명 중 타당하지 않은 것은?

① 먼저 매입한 상품이 먼저 판매된다고 가정한다.

② 손익계산서상 매출원가는 최근의 취득원가로 산정된다.

③ 물가가 지속적으로 상승하는 시기에는 후입선출법에 비해서 기간 이익이 더 크게 표시된다.

④ 계속기록법과 실지재고조사법의 적용결과가 동일하게 나타난다.

13. 후입선출법에 관한 다음 설명 중 타당하지 않은 것은?

① 나중에 매입한 상품이 먼저 판매된다고 가정한다.

② 재무상태표에 기재되는 기말재고자산 금액은 가장 오래 전에 구입한 상품들의 취득원가로 계산된다.

③ 물가가 지속적으로 상승하는 시기에는 법인세 절감효과가 발생한다.

④ 국제회계기준에서도 폭넓게 허용된다.

14. 가중평균법에 관한 다음 설명 중 타당하지 않은 것은?

① 기초재고와 당기에 매입한 상품의 취득원가를 가중평균하여 단위원가를 결정한다.

② 계속기록법을 사용하는 경우에는 이동평균법을 적용한다.

③ 물가가 지속적으로 상승할 경우 기간이익은 선입선출법보다 크게 나타난다.

④ 실지재고조사법에서는 총평균법이 사용된다.

15. 재고자산의 저가법 평가에 관한 다음 설명 중 타당하지 않은 것은?

① 기말재고자산은 원칙적으로 시가가 아닌 취득원가를 기준으로 재무상태표에 표시한다.

② 재고자산의 취득원가와 기말시점의 순실현가능가치를 비교하여 이 중 높은 금액으로 측정하는 방법이다.

③ 순실현가능가치는 정상적인 영업과정의 예상 판매가격에서 예상 판매비용을 차감한 금액이다.

④ 재고자산의 저가법 평가는 보수주의가 반영된 회계처리라고 할 수 있다.

16. 다음은 제조기업의 재고자산회계에 관한 설명이다. 타당하지 않은 것은?

① 원가계산이 필요하다.

② 당기제품제조원가는 당기에 완성된 제품의 원가가 얼마인지를 의미한다.

③ 제조원가는 제품에 내재화되어 제품원가를 구성하고, 제품이 판매될 때 비로소 자산으로부터 비용으로 대체된다.

④ 본사에서 근무하는 임직원의 인건비도 제품원가로 회계처리하는 것이 일반적이다.

17. 다음 자료에 기초한 재고자산의 취득원가는?

(1) 개당 ₩400의 상품 500개를 ₩200,000에 외상매입하였다.
(2) 이 중 40개는 불량품이어서 반품처리하였고, 60개는 개당 ₩200으로 가격을 조정하였다.
(3) 구매처에 대금을 조기에 지급하여 ₩3,000의 할인을 받았다.

① ₩200,000　　② ₩180,000

③ ₩172,000　　④ ₩169,000

18. 계속기록법과 실지재고조사법에 관한 다음 설명 중 타당하지 않은 것은?

① 실지재고조사법은 기말에 재고수량을 직접 파악하는 방법이다.

② 계속기록법은 상품의 입출고 시 일일이 기록하여 기말재고수량을 간접적으로 파악하는 방법이다.

③ 실지재고조사법은 계속기록법에 비해 재고자산의 기말재고수량 파악을 위한 시간과 비용이 절감된다.

④ 계속기록법은 특정 시점에 몇 개의 재고가 남아 있는지를 확인할 수 있다.

19. 다음 자료에 대하여 선입선출법과 후입선출법을 적용할 경우 각각의 재고자산은 얼마인가?

기초재고(1.1)	500개(매입단가 ₩100)
당기매입(4.20)	1,000개(매입단가 ₩110)
당기매입(9.10)	800개(매입단가 ₩120)
당기판매	1,500개
기말재고(12.31)	800개(실지재고조사법 적용)

① ₩96,000, ₩83,000　② ₩96,000, ₩80,000
③ ₩88,000, ₩83,000　④ ₩88,000, ₩80,000

20. 다음 자료에 대하여 총평균법을 적용할 경우 매출원가와 기말재고자산은 각각 얼마인가(기말시점에 계속기록법에 의한 재고수량과 실지재고조사법에 의한 재고수량은 일치함)?

	수량	매입단가	금액
기초재고(1.1)	100개	₩100	₩10,000
당기매입(2.10)	100개	₩120	₩12,000
당기판매(3.20)	(150개)		
당기매입(4.14)	200개	₩130	₩26,000
당기판매(6.23)	(150개)		
당기매입(9.27)	100개	₩120	₩12,000

① ₩24,000, ₩36,000　② ₩38,000, ₩22,000
③ ₩35,000, ₩25,000　④ ₩36,000, ₩24,000

CHAPTER 7

현금과 매출채권

7.1 현금과 현금성자산

현금은 기업이 보유하는 자산 중에서 유동성이 가장 높은 자산이며, 경영활동 전반에서 현금의 기능은 매우 중요하다.

통상적으로 현금이라고 하면 통화(지폐와 동전)만을 지칭하지만, 회계에서는 현금의 의미가 좀 더 넓게 사용된다. 통화뿐만 아니라 타인이 발행한 당좌수표, 송금환, 우편환증서, 만기일이 도래한 채권이자표, 배당금지급통지표 등 언제든지 현금으로 교환할 수 있는 증서, 즉 통화대용증권을 포함하는 개념이다. 입출금이 자유로운 당좌예금이나 보통예금, 즉 요구불예금도 현금에 포함된다. 이와 같이 회계상 현금은 통화, 통화대용증권, 요구불예금을 포함하여 지칭하는 용어이다.

회계에서는 현금과 함께 현금성자산을 포함하여 '현금및현금성자산'이란 계정과목을 사용하기도 한다.

현금성자산(cash equivalent)이란 기업이 현금의 단기적인 운용을 목적으로 취득한 유동성이 매우 높은 단기금융자산을 의미한다. 현금성자산은 현금으로 전환하기가 쉽고, 이자율의 변동으로 인한 가치변동의 위험이 중요하지 않은 자산이어야 한다. 취득일로부터 만기일이 3개월 이내에 도래하는 단기금융상품이 이러한 요건을 충족하는 것으로 보아 현금성자산으로 분류한다.

만약 단기금융상품이 현금성자산으로서의 요건을 충족하지 못하면 현금및현금성자산이 아닌 별도의 계정과목(단기금융상품, 단기매매금융자산)으로 표시하여야 한다.

7.2 소액현금제도

기업이 대금을 결제하는 방법에는 크게 현금지급, 무통장입금, 계좌이체, 법인카드, 어음·수표 등이 있다.

요즘에는 계좌이체나 법인카드의 사용이 일반화되어 기업에서 직접 현금으로 결제하는 거래가 과거보다 많이 줄었고, 이는 현금의 분실이나 도난사고를 미연에 방지할 수 있기 때문에 내부통제 차원에서도 긍정적인 현상이다. 그러나 회사의 각 부서에서 일상적인 업무를 수행하는 과정에서 소액의 경비가 빈번하게 발생하기 때문에 소액현금제도를 사용하는 회사가 많다.

소액현금제도(petty cash system)는 일정액의 현금기금(소액현금)을 만들어 일상적인 소액지출에 대해서는 사전에 결재를 받을 필요 없이 담당자의 판단에 따라 현금을 지출하고 회계처리 없이 지출증빙만 모아두었다가 소액현금을 보충할 때 그동안 지급한 현금거래를 한꺼번에 회계처리하는 제도이다.

이 제도를 활용하면 빈번한 소액의 현금거래를 수시로 결재하고 회계처리하는 번거로움을 피할 수 있고, 분실이나 도난사고가 많은 현금계정의 내부통제 관점에서도 유용하다.

소액현금의 설정, 지출, 보충과 관련한 회계처리는 다음과 같다.

[7월 2일] ₩300,000의 현금을 전도금으로 지급하여 소액현금을 설정하였다.

(차) 소 액 현 금 ₩300,000 (대) 현 금 ₩300,000

[7월 4일] 택배비(운송비) ₩50,000을 소액현금으로 지급하였다.

[7월 8일] 직원 시내교통비(여비교통비) ₩40,000을 소액현금으로 지급하였다.

[7월 15일] 사무용품비(소모품비) ₩75,000을 소액현금으로 지급하였다.

[7월 17일] 야식비(복리후생비) ₩68,000을 소액현금으로 지급하였다.

[7월 18일] 소액현금 담당자가 지출증빙을 갖춰 그동안의 지출(₩233,000원)에 대하여 소액현금을 보충받았다.

(차) 운 송 비	₩50,000	(대) 소 액 현 금	₩233,000
여비교통비	40,000		
소 모 품 비	75,000		
복리후생비	68,000		
(차) 소 액 현 금	₩233,000	(대) 현 금	₩233,000

7월 4일부터 17일까지의 지출에 대하여는 소액현금 담당자가 영수증 등 증빙자료를 받아 보관할 뿐 지출시점에 회계처리를 할 필요는 없다. 상기 예에서 소액현금을 보충해 주는 시점에 지출분개와 보충분개가 동시에 발생하기 때문에 이를 통합하여 다음과 같이 회계처리해도 무방하다.

(차) 운 송 비	₩50,000	(대) 현 금	₩233,000
여비교통비	40,000		
소 모 품 비	75,000		
복리후생비	68,000		

7.3 당좌예금과 당좌차월

회사 내부에 거액의 현금을 쌓아놓고 직접 현금으로 거래하기보다는 은행과 당좌거래를 약정하고 당좌예금을 이용하는 것이 일반적이다.

당좌예금은 기업의 요구에 의해 언제든지 인출이 가능하기 때문에 회계상으로는 현금과 동일하게 취급된다. 물품대금의 지급 시 수표나 어음을 사용하면 은행이 회사의 대금지급업무를 대행해 주는 셈이어서 매우 편리하다.

당좌예금의 인출은 별도의 계약이 없는 한 당좌예금의 잔액 범위 내에서 이루어진다. 하지만 은행과 일정한 한도 내에서 예금잔액을 초과하여 수표나 어음을 발행할 수 있도록 약정을 맺으면, 일시적으로 자금이 부족하더라도 결제가 이루어진다.

예금잔액을 초과하여 지급된 금액은 회사가 은행으로부터 일시적으로 차입한 것으로 처리하며, 이를 당좌차월이라고 한다. 회사의 입장에서 당좌차월은 부채이므로 단기차입금에 포함시켜 재무상태표에 표시하는 것이 일반적이며, 다른 계좌의 당좌예금과 상계해서 표시하지 않는다.

[8월 2일] 거래처로부터 외상매출금 ₩100,000을 입금받았다.

(차)	당 좌 예 금	₩100,000	(대)	외상매출금	₩100,000

[8월 4일] 만기가 도래한 받을어음 ₩200,000을 입금하였다.

(차)	당 좌 예 금	₩200,000	(대)	받 을 어 음	₩200,000

[8월 9일] ₩500,000의 당좌수표를 발행하여 외상매입대금을 지급하였다. 당좌예금 잔액은 ₩400,000이며, 당좌차월한도는 ₩1,000,000이다.

(차)	외상매입금	₩500,000	(대)	당 좌 예 금	₩400,000
				당 좌 차 월	100,000

[8월 11] 현금 ₩300,000을 당좌예금하였다.

(차)	당 좌 차 월	₩100,000	(대)	현 금	₩300,000
	당 좌 예 금	200,000			

실무에서는 기중에 당좌차월계정을 사용하지 않고 당좌예금계정만 사용하기도 한다. 만약 기말시점에 당좌예금의 잔액이 (−)로 나타나면(즉, 당좌예금계정의 대변에 잔액이 있으면) 이를 당좌차월로 인식하여 재무상태표에 부채로 표시하면 된다.

One point Plus+

선일자수표

수표는 고액의 현금거래에 따른 불편과 분실 위험 등을 피하기 위해 사용하는 지급수단일 뿐, 어음처럼 일정한 기일에 지급을 약속하는 신용수단은 아니다. 따라서 수표에는 어음과 달리 지급기일이라는 말이 없고, 수표가 제시되면 바로 지급해야 한다. 이와 같은 일람출급성(一覽出給性)이 수표의 가장 큰 특징이며, 수표에는 그 수표를 발행한 날을 기재하여야 한다.

그런데 수표의 발행일을 기재하지 않고 미래의 어떤 날을 기재한, 이른바 선일자수표(先日字手票, postdated check)가 발행되기도 한다. 선일자수표는 실제 발행한 날 이후의 일자를 수표상의 발행일자로 하여 수표상의 발행일에 지급할 것을 약속하는 증서이며, 이는 수표에 기재된 발행일자 이전에 현실적으로 이미 발행되어 있는 수표인 셈이다.

선일자수표는 은행과 어음거래를 하기 어려운 소규모 사업자가 수표를 어음처럼 신용수단으로 활용하는 경우에 발행된다. 선일자수표를 받은 거래상대방은 수표발행자와의 약속을 존중하여 수표에 기재된 시점까지 기다려주는 것이 상관례이고, 따라서 선일자수표를 받은 시점에 이를 '당좌예금의 증가'로 기록하지 않고 마치 어음을 교부받은 것처럼 '받을어음의 증가'로 회계처리한다.

그런데 만약 수취인이 선일자수표를 수표에 기재된 발행일 이전에 은행에 제시하면 어떻게 될까? 수표의 일람출급성 때문에 발행인은 수표금액을 즉시 지급해야 한다. 지급을 하지 못하면 곧바로 부도로 이어진다. 어음이 부도나면 발행인은 은행과의 거래가 정지되고 적색 거래처로 관리되는 불이익을 받는다. 이에 비해서 수표가 지급거절되면 은행과의 거래정지 처분에 따른 불이익은 물론 부정수표단속법에 의한 형사처벌까지 받게 된다.

수표의 일람출급성을 상기한다면, 자금 사정이 어렵더라도 선일자수표의 발행은 자제해야 한다.

7.4 은행계정조정표

당좌예금은 회사의 빈번한 입출금거래가 기록되기 때문에 회사의 당좌예금 장부상 잔액과 은행 측이 관리하는 당좌예금 잔액이 일치하는지의 여부를 수시로 확인할 필요가 있다. 양자의 금액이 일치하지 않는 이유는 여러 가지를 생각할 수 있다.

첫째, 은행미기입예금(deposit in transit)이 존재하면 은행 측 잔액이 회사 측 잔액보다 적게 표시된다. 이는 회사가 타인발행수표를 은행에 입금하는 즉시 회사의 당좌예금 장부에 입금처리하더라도 은행의 결제시스템이 다음 날 입금된 것으로 처리하기 때문에 양자 간에 일시적인 차이가 존재하는 것을 말한다.

둘째, 기발행미인출수표(outstanding check)가 있으면, 은행 측 잔액이 회사 측 잔액보다 많게 표시된다. 회사가 당좌수표를 발행하면 발행시점에 당좌예금을 감소시키는 회계처리를 하지만, 그 당좌수표를 교부받은 자가 은행에 제시하기 전까지는 은행 측 당좌예금 잔액이 감소하지 않기 때문에 양자 간에 일시적인 차이가 발생한다. 또한 당좌수표를 교부받은 자가 지체 없이 은행에 제시하더라도 당좌수표는 금융결제원의 결제과정을 거쳐야 하므로 약간의 시차가 존재한다.

셋째, 받을어음을 추심하는 과정에서 차이가 발생할 수 있다. 회사가 은행에 맡긴 거래처 받을어음에 대하여 은행이 어음 결제일에 어음 발행자로부터 결제대금을 대신 받아 회사의 당좌예금에 입금처리하였으나, 회사가 이러한 사실을 은행으로부터 통보받기 전까지는 회사 측 잔액이 은행 측 잔액보다 더 적게 표시될 수 있다.

넷째, 미통지예금(deposit by third party)이 존재하면 양자 간에 차이가 발생한다. 거래처가 회사의 당좌예금계좌에 입금하였으나 회사가 이를 통지 받지 못해 장부에 기록하지 못하면, 회사 측 잔액이 은행 측 잔액보다 적게 표시된다.

다섯째, 회사가 거래처로부터 수령하여 은행에 입금한 수표가 부도수표인 경우에는 은행 측이 입금처리하지 않을 것이므로 회사 측 잔액이 은행 측 잔액보다 더 많게 표시된다.

여섯째, 은행이 수수료나 이자비용을 회사의 당좌예금에서 차감하였으나 회사가 아직 이를 인지하지 못하여 출금처리하지 않은 경우에는 회사 측 잔액이 은행 측 잔액보다 더 많게 표시된다.

그 밖에도 회사나 은행이 장부기록 시 오류를 범하거나, 회사 직원의 횡령사고 등이 발생하는 경우 회사 측 당좌예금 잔액과 은행 측 잔액 사이에 차이가 나타날 수 있다.

회사 측과 은행 측의 당좌예금 잔액을 비교하여 차이의 원인을 찾고 양자의 잔액을 일치시키는 조정양식을 은행계정조정표(bank reconciliation)라고 한다. 이를 작성하기 위해서는 먼저 은행이 기록한 당좌예금 거래내역인 은행계산서(bank statement)를 얻어 대조하여야 한다.

은행계정조정표는 회사 측 잔액과 은행 측 잔액을 모두 조정하여 당좌예금의 정확한 잔액을 구하는 방식으로 작성한다.

20×1년 12월 31일 현재 (주)원승의 거래은행으로부터 받은 은행계산서상 당좌예금 잔액은 ₩7,360,000이다. (주)원승의 장부상 당좌예금 잔액은 ₩6,000,000이며, 조사결과 다음의 원인을 파악하였다.

[차이원인]

(1) (주)원승은 거래처로부터 받은 ₩1,000,000의 당좌수표를 12월 31일 은행에 입금하고 장부에 기록하였으나, 은행은 20×2년 1월 2일자로 입금처리하였다.

(2) (주)원승은 12월 30일에 외상매입금을 지급하기 위해서 ₩1,200,000

의 당좌수표를 발행하고 장부에 기록하였으나, 은행계산서에는 20×2년 1월 5일자로 출금처리되었다.

(3) 은행이 ₩800,000의 받을어음을 추심하여 12월 29일자로 입금처리하였으나, (주)원승은 이에 대한 통지를 받지 못하여 장부에 기록하지 않았다.

(4) 거래처가 외상매입금 결제를 위해 12월 28일에 ₩900,000을 당좌예금계좌에 입금하였으나, (주)원승은 이에 대한 통지를 받지 못하였다.

(5) (주)원승이 12월 28일에 입금한 타인발행수표 중 ₩500,000이 부도수표로 판명되었으나, (주)원승은 이에 대한 통지를 받지 못하였다.

(6) 은행수수료 ₩40,000이 (주)원승의 장부에 반영되지 않았다.

상기 자료에 기초하여 (주)원승의 은행계정조정표를 작성하고, 필요한 분개를 하시오.

은행계정조정표

(주)원승 20×1년 12월 31일 현재

조정 전 회사잔액	₩6,000,000	조정 전 은행잔액	₩7,360,000
(+)추심어음	800,000	(+)은행미기입예금	1,000,000
(+)미통지예금	900,000	(−)기발행미인출수표	(1,200,000)
(−)부도수표	(500,000)		
(−)은행수수료	(40,000)		
조정 후 회사잔액	₩7,160,000	조정 후 은행잔액	₩7,160,000

(주)원승은 20×1년 12월 31일 현재의 당좌예금 잔액을 정확한 금액으로 수정하기 위하여 다음의 분개를 하여야 한다.

(1) 분개 필요 없음

(2) 분개 필요 없음

(3) (차) 당좌예금 ₩800,000 (대) 받을어음 ₩800,000

(4) (차) 당좌예금 ₩900,000 (대) 외상매출금 ₩900,000

(5) (차) 부도수표 ₩500,000 (대) 당좌예금 ₩500,000

(6) (차) 지급수수료 ₩40,000 (대) 당좌예금 ₩40,000

(1)과 (2)는 (주)원승의 장부에 이미 올바른 금액이 기록되어 있기 때문에 수정분개를 하지 않는다.

7.5 매출채권과 매입채무

7.5.1 매출채권

기업이 경영활동과정에서 외상거래를 하면 현금을 수취할 수 있는 계약상 권리인 수취채권(receivable)이 발생하며, 이는 매출채권과 미수금을 포함한다. 매출채권(trade receivable)은 상품판매나 용역제공 등 기업의 주된 영업활동에서 발생하는 채권을 말하며, 미수금(non-trade receivable)은 기계나 건물 등 판매목적으로 보유하지 않는 자산(즉, 재고자산 이외의 자산)을 외상으로 매각하여 발생하는 채권을 의미한다.

매출채권은 외상매출금과 받을어음으로 구분된다. 외상매출금(account receivable)은 거래처로부터 외상대금을 나중에 받기로 구두약속을 받은 일반적인 외상거래 채권이고, 받을어음(note receivable)은 거래처로부터 어음을 받아 둔 외상거래 채권이다.

어음이란 일정기간 후에 대금을 지급할 것을 약정하는 증권이다. 수표는 고액 현금거래의 불편과 위험을 피하기 위한 지급수단이고, 어음은 일정한 기일에 지급을 약속하는 신용수단이다. 따라서 수표에는 만기일이 없지만 어음에는 만기일이 있다.

어음은 대금 결제를 연기하되 단순한 구두약속보다 미래의 대금 지급을 보다 확실하게 약속하는 제도이다. 판매자는 구매자로부터 받은 어음을 지급기일(만기)에 거래은행에 제시하거나 기일 이전에 할인 등의 방법으로 현금화할 수 있다. 구매자는 어음에 기재된 지급기일 전에 반드시 거래은행에 어음금액을 입금해야 하며, 만약 지급기일에 결제를 하지 못하면 부도처리된다.

일반적인 상거래 채권에 대하여 발행하는 어음은 이자지급의 의무가 없는 무이자부어음이 대부분이지만, 만기가 장기인 경우 이자를 지급하는 이자부어음으로 발행하기도 한다.

[20×1년 12월 20일] 외상으로 상품 ₩2,000,000을 판매하였다.

(차)	외상매출금	₩2,000,000	(대) 매　　출	₩2,000,000

[20×2년 1월 30일] 상기 외상매출금 중 ₩800,000은 당좌수표로 받고, ₩1,200,000은 3월 31일 지급조건의 어음을 교부 받았다.

(차)	당 좌 예 금	₩800,000	(대) 외상매출금	₩2,000,000
	받 을 어 음	1,200,000		

[20×2년 3월 31일] 거래은행에 어음을 제시하고 입금처리 하였다.

(차)	당 좌 예 금	₩1,200,000	(대) 받 을 어 음	₩1,200,000

One point Plus+

전자어음

실물어음과 달리 발행인, 수취인, 금액의 어음 정보를 전자문서 형태로 작성하여 사용하는 어음이 있다. 2004년에 제정된 「전자어음의 발행 및 유통에 관한 법률」(전자어음법)에 근거하여 도입된 전자어음이다.

전자어음은 전자문서 형태로 작성되고 전자어음을 발행하고자 하는 자가 전자어음관리기관(금융결제원)에 등록한 약속어음을 의미한다. 전자어음은 전자유가증권으로서 기존의 실물어음과 같이 이용되고, 발행, 배서, 권리행사 및 소멸 등의 모든 단계가 온라인에서 전자적인 방법으로 처리된다.

전자어음제도는 2009년부터 외부감사대상 기업이 약속어음을 발행할 때 반드시 전자어음을 이용하도록 의무화하면서 빠르게 확산되었고, 현재는 외부감사대상 기업뿐만 아니라 직전 사업연도 말의 자산총액이 10억원 이상인 법인사업자도 약속어음을 전자어음으로 발행하도록 함으로써 전자어음이 실물어음을 상당부분 대체하기에 이르렀다.

전자어음을 도입함에 따라 이용자는 어음분실, 도난 등의 위험에서 벗어나 발행 등 어음행위를 편리하게 할 수 있게 되었고, 어음의 관리와 유통에 소요되는 비용도 절감되었다. 또한 전자상거래에 적합한 지급결제수단으로 활용할 수 있을 뿐만 아니라, 기업회계의 투명성 제고에도 크게 기여한 것으로 평가받고 있다.

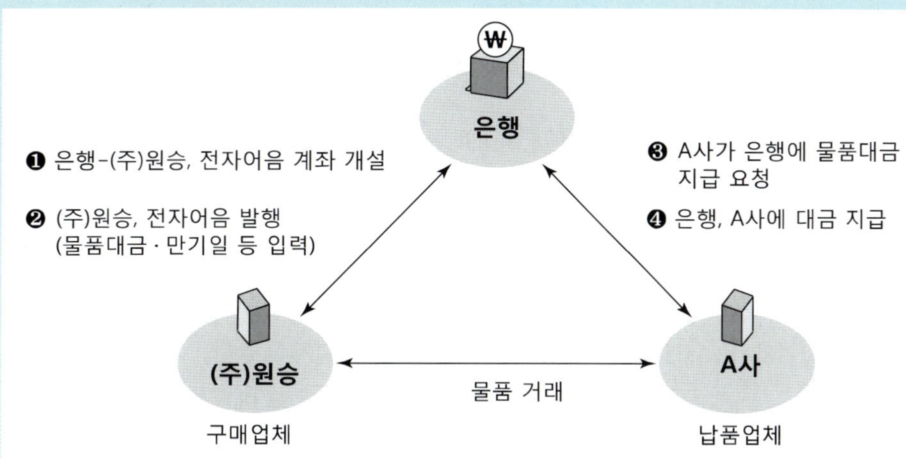

7.5.2 매입채무

매입채무는 매출채권의 반대라고 생각하면 된다. 즉, 외상거래에서 판매자는 매출채권을 인식하고 구매자는 매입채무를 인식한다. 기업이 경영활동과정에서 외상으로 물품을 구매하면 현금을 지급해야 하는 의무인 지급채무(payable)가 발생하며, 이는 매입채무와 미지급금을 포함한다. 매입채무(trade payable)는 상품이나 용역의 구매 등 기업의 주된 영업활동에서 발생하는 채무를 말하며, 미지급금(non-trade payable)은 재고자산 이외의 자산을 외상으로 구입할 때 발생하는 채무를 의미한다.

매입채무는 외상매입금과 지급어음으로 구분된다. 외상매입금(account payable)은 거래처에 외상대금을 나중에 주기로 구두약속을 한 외상거래 채무이고, 지급어음(note payable)은 거래처에 어음을 발행해 준 외상거래 채무이다.

[20×1. 12. 20] 외상으로 상품 ₩2,000,000을 구매하였다.

(차) 매　　입	₩2,000,000	(대) 외상매입금	₩2,000,000

[20×2. 1. 30] 상기 외상매입금 중 ₩800,000은 당좌수표를 발행하고, ₩1,200,000은 3월 31일 지급조건의 어음을 교부하였다.

(차) 외상매입금	₩2,000,000	(대) 당 좌 예 금	₩800,000
		지 급 어 음	1,200,000

[20×2. 3. 31] 거래은행에서 어음대금이 결제되었다.

(차) 지 급 어 음	₩1,200,000	(대) 당 좌 예 금	₩1,200,000

7.6 매출에누리와 환입, 매출할인

판매한 상품에 흠(파손, 변질 등)이 있으면, 판매대금의 일부를 깎아주거나(매출에누리) 반품을 해 주기도 한다(매출환입). 매출에누리(sales allowance)와 매출환입(sales return)은 판매한 상품의 흠 때문에 발생하는 것으로 그 성격이 비슷하다고 보아 '매출에누리와 환입'으로 통합하여 회계처리하기도 한다.

매출할인(sales discount)은 외상으로 상품을 판매할 때 매출채권의 회수를 촉진하기 위해서 구매자가 상품의 구입대금을 조기에 지급하면 일정 액을 할인해 주는 것을 의미한다. 매출할인의 조건은 '할인율/할인기간, n/신용기간'의 형태로 나타낸다. 예를 들어 '1/10, n/30'의 조건은 구매대금을 10일 내에 결제하면 구매대금의 1%를 할인해 주고, 늦어도 30일 내에는 구매대금을 결제해야 한다는 뜻이다.

매출에누리와 환입, 매출할인은 매출액에서 차감하는 항목이기 때문에 손익계산서에 별도의 비용항목으로 표시하지 않는다.

한편 구매자의 입장에서는 구매한 상품에 흠이 있을 때 구매대금의 일부를 깎거나(매입에누리) 반품을 할 것이다(매입환출). 또한 구매자가 판매자의 매출할인 조건을 충족하여 구매대금의 일부를 할인받는 것을 매입할인이라고 한다. 매입에누리와 환출, 매입할인은 매입액에서 차감하는 항목이기 때문에 손익계산서에 별도의 수익항목으로 표시하지 않는다.

7.7 대손상각비

7.7.1 매출채권의 손상차손 인식

결산일 현재 보유한 매출채권은 다음 회계기간에 회수될 것으로 기대하지만, 언제나 모든 매출채권이 정상적으로 회수되지는 않는다.

매출처의 파산이나 재무상태 악화 등으로 매출채권의 회수가 불가능해지는 것을 대손(貸損, bad debt)이라고 하며, 이는 손익계산서에 대손상각비(貸損償却費, bad debt expense)라는 계정을 사용하여 비용으로 인식한다.

국제회계기준에서는 금융자산에 대하여 손상차손(損傷差損, impairment loss)을 인식하도록 규정하고 있다. 매출채권도 금융자산에 포함되므로 대손상각비는 매출채권에 대한 손상차손인 셈이다.

대손상각비는 외상매출과 관련된 비용이므로 수익·비용 대응의 원칙에 따라 외상매출 수익과 동일한 회계기간에 인식하여야 한다. 따라서 결산일에 매출채권에 대해 향후 예상되는 손실을 추정하여 대손충당금을 설정하고, 결산수정분개를 통해 대손상각비를 비용으로 인식한다. 이와 같이 실제 대손이 확정되기 전에 대손상각비를 인식함으로써 재무상태표에 계상되는 매출채권을 제대로 평가할 수 있고, 기간손익도 보다 정확하게 측정할 수 있다.

대손상각비는 직접 매출채권에서 차감하는 방식으로 회계처리할 수도 있으나, 실무에서는 대부분 대손충당금(貸損充當金, allowance for doubtful accounts)이라는 계정을 사용하여 회계처리한다.

7.7.2 대손상각비 회계처리

대손상각비 회계처리의 핵심은 미래에 회수하지 못할 매출채권을 추정하는 것이다. 국제회계기준에서는 기대신용손실모형(expected credit loss model)을 적용하여 회계기말에 과거와 현재의 정보뿐만 아니라 미래의 예측 정보까지 이용하여 미래에 회수하지 못할 금액(기대신용손실)을 추정하도록 규정하고 있다. 따라서 원칙적으로 각 거래처별로 채무불이행이 발생할 확률과 채무불이행으로 인해 회수하지 못할 것으로 예상되는 금액을 고려하여 기대신용손실을 추정해야 한다. 그러나, 거래처가 많을 경우 개별 거래처마다 신용손실을 추정하기가 어렵기 때문에 실무에서는 기대신용손실을 추정하는 간편법으로 연령분석법(aging method) 등이 많이 사용된다.

[매출채권잔액비율법]

이는 결산일 현재 남아 있는 매출채권 잔액의 일정비율을 대손추정액으로 사용하는 방법이다. 예를 들어 기말 매출채권 잔액의 1%를 대손충당금 설정한도로 규정한 법인세법도 이 방법을 사용하는 셈이다. 이 방법은 적용이 간편하기는 하지만, 실제의 대손예상액을 제대로 반영하지 못하는 단점이 있다.

[연령분석법]

외상판매 후 매출채권을 오랫동안 못 받고 있다면 대손의 가능성이 높다고 볼 수 있을 것이다. 연령분석법은 매출채권의 경과기간에 따라 예상손실률에 차등을 두는 방법이다. 오래된 매출채권에 대해서는 높은 손실률을 적용하고 최근에 발생한 매출채권에 대해서는 낮은 손실률을 적용한다. 각 그룹별 예상손실률은 과거의 매출채권에서 발생한 손실률(경험률)을 사용하되 현재와 미래의 정보를 반영하여 설정한다.

대손충당금계정을 사용한 대손상각비 회계처리는 다음과 같이 이루어진다.

기말에 대손추정액이 결정되면, 기말의 대손충당금 잔액과 비교하여 회계처리한다.

대손추정액이 대손충당금 잔액보다 더 많은 경우에는 그 차액을 비용(대손상각비)으로 인식하고, 대손충당금을 증가시킨다.

(차) 대 손 상 각 비 ××× (대) 대 손 충 당 금 ×××

대손충당금은 그 증가금액을 대변에 기록한다. 그러나 이는 부채가 아니고 매출채권(자산)을 차감하여 표시하기 위해서 사용하는 차감적 평가계정이다. 즉, 대손충당금은 매출채권 중 회수가 어려울 것으로 추정되는 기대신용손실을 의미한다.

대손추정액이 대손충당금 잔액보다 적은 경우에는 그 차액을 수익(대손충당금환입)으로 인식하고, 대손충당금을 감소시킨다.

(차) 대 손 충 당 금 ××× (대) 대손충당금환입 ×××

다음 회계기간 중에 대손이 발생하면(즉, 매출채권이 회수불가능한 것으로 확정되면) 해당 매출채권과 대손충당금을 감소시킨다.

(차) 대 손 충 당 금 ××× (대) 매 출 채 권 ×××

만약 대손 발생금액이 그 시점에 남아 있는 대손충당금 잔액보다 더 많다면, 차액을 비용(대손상각비)으로 추가 인식한다.

(차) 대 손 충 당 금 ××× (대) 매 출 채 권 ×××
대 손 상 각 비 ×××

만약 대손으로 처리했던 매출채권이 회수되는 경우에는 대손충당금을 증가시킨다.

(차) 현 금 ××× (대) 대 손 충 당 금 ×××

이는 다음의 두 회계처리가 결합된 결과로 이해하면 된다.

(차) 매 출 채 권 ××× (대) 대 손 충 당 금 ×××
현 금 ××× (대) 매 출 채 권 ×××

예제

문 매출채권과 관련한 다음 자료에 기초하여 각 시점에 필요한 회계처리를 하시오.

(20×1. 12. 31) 매출채권 잔액 ₩2,000,000, 대손추정액 ₩15,000, 결산 전 대손충당금 잔액 ₩16,000
(20×2. 4. 20) 매출채권 중 ₩9,000이 대손으로 확정되었다.
(20×2. 6. 10) 대손으로 처리했던 매출채권 ₩2,000이 회수되었다.
(20×2. 9. 15) 매출채권 중 ₩12,000이 대손으로 확정되었다.
(20×2. 12. 31) 매출채권 잔액 ₩3,000,000, 대손추정액 ₩20,000, 결산 전 대손충당금 잔액 0

풀이

(20×1. 12. 31)
(차) 대 손 충 당 금 ₩1,000 (대) 대손충당금환입 ₩1,000
(20×2. 4. 20)
(차) 대 손 충 당 금 ₩9,000 (대) 매 출 채 권 ₩9,000

(20×2. 6. 10)

(차) 현금	₩2,000	(대) 대손충당금	₩2,000

(20×2. 9. 15)

(차) 대손충당금	₩8,000*	(대) 매출채권	₩12,000
대손상각비	4,000		

* ₩16,000 − ₩1,000 − ₩9,000 + ₩2,000 = ₩8,000

(20×2. 12. 31)

(차) 대손상각비	₩20,000	(대) 대손충당금	₩20,000

7.8 매출채권의 양도

자금사정에 따라 매출채권의 회수기일이 도래하기 전에 매출채권을 양도하여 필요한 현금을 마련할 수 있다.

매출채권 양도의 회계처리는 매출채권의 소유에 따른 위험과 보상이 상대방에게 이전되었는지의 여부에 따라 달라진다. 매출채권을 양도함으로써 매출채권의 소유에 따른 위험과 보상의 대부분이 상대방에게 이전되었다고 판단되면 매출채권을 제거하지만(매각거래), 그렇지 않은 경우에는 매출채권을 담보로 제공하고 자금을 차입한 것처럼 회계처리한다(차입거래).

실무에서 가장 흔하게 볼 수 있는 매출채권의 양도거래로는 받을어음의 할인(discount)을 들 수 있다. 외상판매 후 거래처로부터 받은 받을어음을 어음만기일 이전에 은행에 양도(할인)하면 은행은 어음소지인에게 액면금액보다 적은(할인된) 금액을 지급한다.

만약 은행이 만기일에 이 매출채권(받을어음)을 회수하지 못하더라도 은행이 모든 대손의 위험을 부담하는 조건이라면, 이 할인거래는 받을어음의 소유에 따른 위험과 보상의 대부분이 은행에 이전된 것으로 보아 받을어음이 매각된 것처럼 회계처리한다.

(차) 현　　　　금　×××　(대) 매출채권(받을어음)　×××
　　매출채권처분손실　×××

그러나 은행이 매출채권(받을어음)을 회수하지 못할 경우 회사가 내신 지급해 주어야 한다면, 받을어음의 소유에 따른 위험과 보상의 대부분이 은행에 이전된 것으로 볼 수 없기 때문에 받을어음 할인을 차입거래로 회계처리한다.

(차) 현　　　　금　×××　(대) 단 기 차 입 금　×××
　　이 자 비 용　×××

받을어음의 할인과 유사한 거래로 매출채권을 금융기관에 양도하여 현금화하는 팩토링(factoring) 거래의 경우에도 동일한 판단기준을 적용하여 회계처리한다.

예제

문 (주)원승은 거래처에 ₩1,000,000을 외상판매하여 2개월 만기의 무이자부 받을어음을 받았고, 거래은행에 연 6%의 이자율로 할인하였다. 받을어음 소유에 따른 위험과 보상의 대부분이 (주)원승에서 거래은행으로 이전된 경우(매각거래)와 이전되지 않은 경우(차입거래)로 구분하여 받을어음 할인 시와 어음만기일에 필요한 회계처리를 하시오.

풀이

구분	매각거래	차입거래
받을어음 할인	(차) 현　　금 ₩990,000 매출채권처분손실 10,000 (대) 받을어음 ₩1,000,000	(차) 현　　금 ₩990,000 이 자 비 용 10,000 (대) 단기차입금 ₩1,000,000
어음 만기일	분개 없음	(차) 단기차입금 ₩1,000,000 (대) 받을어음 ₩1,000,000

연 · 습 · 문 · 제

1. 다음 중 회계상 현금에 해당하지 않는 것은?

① 통화 ② 통화대용증권

③ 단기금융상품 ④ 요구불예금

2. 다음 중 통화대용증권으로 보기 어려운 것은?

① 타인발행 당좌수표 ② 송금환

③ 배당금지급통지표 ④ 단기매매금융자산

3. 현금성자산에 관한 다음 설명 중 타당하지 않은 것은?

① 유동성이 매우 낮은 단기금융자산이다.

② 현금으로 전환하기가 쉽다.

③ 이자율의 변동으로 인한 가치변동의 위험이 적다.

④ 취득일로부터 만기일이 3개월 이내에 도래하는 단기금융상품

4. (　　)는 일정액의 현금기금을 만들어 일상적인 소액지출에 대해서는 사전에 결재를 받을 필요 없이 담당자의 판단에 따라 현금을 지출하고 회계처리 없이 지출증빙만 모아두었다가 소액현금을 보충할 때 그동안 지급한 현금거래를 한꺼번에 회계처리하는 제도이다.

① 법인카드제도 ② 소액현금제도

③ 어음·수표제도 ④ 내부통제제도

5. 당좌거래에 관한 다음 설명 중 타당하지 않은 것은?

① 당좌예금은 회계상으로 현금과 동일하게 취급된다.

② 당좌예금은 기업의 요구에 의해 언제든지 인출이 가능하다.

③ 당좌차월은 예금잔액을 초과하여 지급된 금액이다.

④ 매출채권이 회수되면 당좌예금의 대변에 기록한다.

6. 회사 측과 은행 측의 당좌예금 잔액을 비교하여 차이의 원인을 찾고 양자의 잔액을 일치시키는 조정양식을 (　　)라고 한다.

① 은행계정조정표　　② 은행계산서
③ 현금흐름표　　④ 은행조회서

7. 회사의 당좌예금 장부상 잔액과 은행 측이 관리하는 당좌예금 잔액이 불일치하는 원인으로 보기 어려운 것은?

① 은행미기입예금　　② 기발행미인출수표
③ 미통지예금　　④ 어음발행

8. 회사가 당좌수표를 발행하면 발행시점에 당좌예금을 감소시키는 회계처리를 하지만, 그 당좌수표를 교부받은 자가 은행에 제시하기 전까지는 은행 측 당좌예금 잔액이 감소하지 않기 때문에 양자간에 일시적인 차이가 발생한다. 무엇에 관한 설명인가?

① 은행미기입예금　　② 기발행미인출수표
③ 미통지예금　　④ 부도수표

9. 회사는 거래처로부터 받은 당좌수표를 20×1년 12월 31일에 은행에 입금하고 장부에 기록하였으나, 은행은 20×2년 1월 2일자로 입금처리하였다. 이에 관한 설명으로 타당하지 않은 것은?

① 20×1년 12월 31일 현재의 당좌예금 잔액이 회사 측과 은행 사이에 차이가 있을 것이다.
② 회사의 수정분개가 필요하다.
③ 20×1년 12월 31일 현재 은행 측 당좌예금 잔액이 회사 측 잔액보다 적게 표시된다.
④ 은행 간의 결제시스템에서 발생하는 일시적인 차이이다.

10. 매출채권에 관한 다음 설명 중 타당하지 않은 것은?

① 상품판매나 용역제공 등 기업의 주된 영업활동에서 발생하는 채권이다.

② 외상매출금과 받을어음이 있다.

③ 재고자산 이외의 자산을 외상으로 매각하여 발생하는 채권도 포함한다.

④ 외상매출금을 회수하면 해당 계정의 대변에 기록한다.

11. 받을어음에 관한 다음 설명 중 타당하지 않은 것은?

① 거래처로부터 어음을 받아 둔 외상거래 채권이다.

② 어음은 일정기간 후에 대금을 지급할 것을 약정하는 증권이다.

③ 구매자의 입장에서는 지급어음으로 회계처리한다.

④ 단기간의 상거래 채권에 대하여 발행하는 어음은 대부분 이자부어음이다.

12. 외상매출금 중 일부를 당좌수표로 받고, 나머지 금액은 어음을 교부 받았다. 이에 관한 회계처리로 타당하지 않은 것은?

① 외상매출금의 대변에 기록한다.

② 당좌예금의 차변에 기록한다.

③ 받을어음의 대변에 기록한다.

④ 거래의 결과 자산의 합계는 변하지 않는다.

13. 매입채무에 관한 다음 설명 중 타당하지 않은 것은?

① 외상거래에서 판매자는 매출채권을 인식하고, 구매자는 매입채무를 인식한다.

② 미지급금은 상품이나 용역의 구매 등 기업의 주된 영업활동에서 발생하는 채무이다.

③ 매입채무는 외상매입금과 지급어음으로 구분된다.

④ 매입채무는 미지급금과 함께 지급채무를 구성한다.

14. 외상매입금 중 일부를 당좌수표로 지급하고, 나머지 금액은 어음을 교부하였다. 이에 관한 회계처리로 타당하지 않은 것은?

① 외상매입금의 차변에 기록한다.

② 당좌예금의 대변에 기록한다.

③ 지급어음의 대변에 기록한다.

④ 거래의 결과 자산과 부채가 함께 증가하였다.

15. 매출할인과 매입할인에 관한 다음 설명 중 타당하지 않은 것은?

① 판매자의 입장에서는 매출할인, 구매자의 입장에서는 매입할인이라고 부른다.

② 별도의 금융수익과 금융비용으로 인식하여야 한다.

③ 매출할인은 매출액에서 차감하는 항목이다.

④ 매입할인은 매입액에서 차감하는 항목이다.

16. 다음은 매출채권의 회수가능성 평가에 관한 설명이다. 타당하지 않은 것은?

① 대손은 손익계산서에 대손상각비라는 계정으로 표시한다.

② 매출채권도 금융자산에 포함된다.

③ 대손이 확정되기 전에 대손상각비를 인식할 수 있다.

④ 매출채권의 대손상각비는 금융자산의 손상차손과 무관하다.

17. 대손상각비의 회계처리에 관한 다음 설명 중 타당하지 않은 것은?

① 미래에 회수하지 못할 매출채권을 추정한다.

② 대손충당금계정을 사용할 수 있다.

③ 기말에 대손추정액이 대손충당금 잔액보다 많은 경우에는 그 차액을 수익으로 인식한다.

④ 회계기간 중에 대손이 발생하면 매출채권과 대손충당금을 감소시킨다.

18. 기말의 매출채권 잔액은 ₩2,000,000이고, 이 중에서 2%가 회수되지 못할 것으로 추정된다. 기초의 대손충당금이 ₩45,000이고 당기 중 ₩10,000의 매출채권이 대손으로 확정되었다면, 기말에 추가로 설정해야 할 대손충당금은 얼마인가?

① ₩40,000　　② ₩30,000
③ ₩10,000　　④ ₩5,000

19. 매출채권 양도의 회계처리에 관한 다음 설명 중 타당하지 않은 것은?

① 매출채권의 소유에 따른 위험과 보상이 상대방에게 이전되었는지의 여부가 관건이다.
② 매출채권의 소유에 따른 위험과 보상이 상대방에게 이전되었다고 판단되면 매출채권을 제거한다.
③ 매출채권의 소유에 따른 위험과 보상이 상대방에게 이전되지 않았다고 판단되면 매출채권을 담보로 제공하고 자금을 차입한 것처럼 회계처리한다.
④ 매각거래로 회계처리하면 이자비용을 인식한다.

20. 외상판매 후 거래처로부터 받은 받을어음을 어음만기일 이전에 은행에서 할인하였고, 이는 차입거래에 해당하는 것으로 판단된다. 다음 설명 중 타당하지 않은 것은?

① 받을어음의 소유에 따른 위험과 보상이 은행에 이전되지 않았다.
② 받을어음을 할인하는 시점에 단기차입금이 증가하는 것으로 기록한다.
③ 매출채권처분손실을 인식한다.
④ 어음만기일에 단기차입금과 받을어음이 감소하는 것으로 기록한다.

CHAPTER 8

현재가치회계와 금융자산

8.1 현재가치회계

회계에서 자산과 부채를 측정할 때 현재가치 개념이 많이 사용된다. 자산과 부채의 인식시점과 현금이 유출입되는 시점 사이에 시간적 괴리가 클수록 거래에 내재된 이자요소의 중요성이 높아진다. 따라서 현재가치회계는 주로 장기채권과 장기채무에 대하여 적용된다.

8.1.1 화폐의 시간가치

현재의 ₩1,000,000과 1년 후의 ₩1,000,000 중 하나를 선택하라고 하면, 누구나 현재의 ₩1,000,000을 가지려 할 것이다. 왜 그럴까? 화폐의 시간가치(time value of money) 때문이다. 화폐의 시간가치란 현재시점에서 투자한 금액이 미래에 더 큰 금액으로 불어나는 것이라고 이해하면 된다.

은행에 예금을 하면 이자를 받을 수 있다. 만약 연이자율 5%로 1년 만기의 예금을 한다면, 현재의 ₩1,000,000은 1년 후에 ₩1,050,000이 될 것이다.

$$₩1,000,000 \times (1 + 0.05) = ₩1,050,000$$

이와 같이 서로 다른 시점에 일어나는 현금흐름(cash flow)을 이자를 매개로 하여 자유자재로 전환할 수 있다. 즉 이자율을 사용하면, 현재가치와 미래가치를 자유롭게 넘나들 수 있는 것이다.

현재가치(present value)는 미래의 일정시점에 발생하는 현금흐름을 현재시점을 기준으로 평가한 가치이고, 미래가치(future value)는 현재의 화폐액을 미래 일정시점의 금액으로 평가한 가치이다.

현재가치 × (1 + 이자율) = 1년 후의 미래가치

현재가치를 미래가치로 계산할 때는 이자율(interest rate)이라는 용어를 사용하지만, 미래가치를 현재가치로 전환할 때는 할인율(discount rate)이라는 용어를 많이 사용한다.

현재가치 = 1년 후의 미래가치/(1 + 할인율)

One point Plus+

뒤집어 본 조삼모사

조삼모사(朝三暮四)라는 말이 있다. 송나라 때 저공(狙公)이라는 사람이 원숭이를 좋아해서 여러 마리를 길렀다. 그런데 식량이 부족하여 원숭이 먹이도 줄여야 할 처지에 이르렀다. 저공이 원숭이들에게 "앞으로 너희에게 도토리를 아침에 3개, 저녁에 4개씩 주겠다"고 말하였다. 원숭이들이 크게 화를 내었고, 저공이 "그렇다면 아침에 4개, 저녁에 3개씩 주면 어떻겠느냐"고 하였더니 원숭이들이 좋아하였다는 일화이다.

$$3+4 = 4+3$$

결국 하루에 똑 같은 7개씩을 받는 것인데, 이를 모르는 원숭이들의 어리석음을 비웃는 시각이 담겨 있는 이야기다.

그런데 과연 그렇게만 볼 일인가? 원숭이들은 그 때 이미 미래보다 현재를 선호하는 경제논리를 터득했던 것은 아닐까?

아침에 도토리 4개를 받아 그 중에서 1개를 '굶어 죽을 정도로 매우 배가 고픈' 원숭이에게 빌려주고 저녁에 2개를 받기로 하는 거래를 성사시킨다면, 아침에 도토리 3개를 받는 것보다 4개를 받는 편이 더 나을 수도 있지 않을까?

대부분의 사람들은 미래보다 현재를 선호한다. 따라서 현재 소비를 하는 대신 다른 사람에게 돈을 빌려주게 하려면 현재의 소비보다 더 큰 액수를 미래에 받을 수 있다는 약속을 해 주어야 한다. 이 때 돈을 빌려준 사람은 현재 소비를 희생한 대가로 일종의 프리미엄을 원한다. 이것이 이자의 개념이다. 미래보다 현재를 선호하는 정도가 큰 사람일수록 지불하려는 프리미엄(이자)이 높을 것이고, 현재를 미래나 큰 차이가 없다고 생각하는 사람은 프리미엄(이자)의 기대치도 낮을 것이다.

이자는 회계뿐만 아니라 경제 전반을 이해하는 데 필수적인 요소이다. 그럼에도 불구하고 이자가 낯설게 느껴진다면, 조삼모사 고사 속의 원숭이들에게 한 수 배워야 하지 않겠는가?

회계에서 사용하는 이자율은 단순이자율이 아닌 복리이자율이다. 단순이자율(simple interest)은 이자에 이자가 붙지 않지만, 복리이자율(compound interest)은 이자에 이자가 붙는다.

예를 들어 연이자율 5%로 ₩1,000,000을 3년간 정기예금한다고 생각해 보자. 만약 단순이자율을 적용한다면, 3년 후 정기예금의 원금과 이자는 다음과 같이 계산된다.

단순이자율 적용 시 3년 후 원리금

$$= ₩1,000,000 \times (1 + 0.05 + 0.05 + 0.05)$$

$$= ₩1,150,000$$

그러나 복리이자율을 적용하면 이자에 이자가 붙기 때문에 3년 후 정기예금의 원금과 이자는 다음과 같이 계산할 수 있다.

복리이자율 적용 시 3년 후 원리금

$$= ₩1,000,000 \times (1 + 0.05)^3$$

$$= ₩1,157,625$$

이와 같이 복리이자율을 적용한다는 것은 1년마다 원리금을 동일한 이자율로 재투자한다는 의미라는 것을 알 수 있다. 1년을 초과하는 기간에 대하여 현재가치와 미래가치를 계산함에 있어서는 별도의 언급이 없어도 당연히 복리이자율이 적용된다.

One point Plus+

72의 법칙

복리를 적용할 경우 투자기간이 길어질수록 돈의 가치는 기하급수적으로 늘어난다. 세계적인 물리학자 아인슈타인은 복리의 위력을 가리켜 인간의 가장 놀라운 발명 가운데 하나로 꼽으며 '세계의 여덟 번째 불가사의'라고 말했다고 한다.

복리의 힘을 손쉽게 잴 수 있는 방법이 있다. 바로 '72의 법칙'이다.

72를 연평균 수익률로 나누면 원금이 2배로 불어나는 데 필요한 기간을 계산할 수 있다. 예를 들어 연 4%의 복리라면 원금을 2배로 만드는 데 걸리는 기간이 18년이라는 것이다(72/4=18). 만약 금리가 2배인 연 8%의 복리라면 그 절반인 9년이 걸린다.

지금 가진 1,000만원을 4년 후에 2배로 만들고 싶다면, 매년 몇 %의 수익률을 올려야 할까? 72를 4로 나누면 18이 되므로 매년 18%씩의 수익률을 올릴 수 있는 투자안을 찾아야 한다.

이자율을 확 낮췄다며 TV광고까지 해대는 대부업체들의 대출이자율은 20%가 넘는 경우가 허다하다. 이런 대출을 받는다면 3년 남짓한 기간 동안 무려 대출받은 원금에 상당하는 이자를 물어야 한다.

8.1.2 단순현금흐름의 현재가치

미래의 특정 시점에 단 한 번의 현금흐름이 발생하는 경우에는 현재가치와 미래가치를 다음의 일반화된 식으로 계산할 수 있다.

$$FV = PV \times (1+i)^n$$

$$PV = FV / (1+i)^n$$

FV: 미래가치, PV: 현재가치, i: 이자율, n: 기간

만약 기간(n)이 길면 직접 계산하기가 번거롭기 때문에 미리 계산된 현재가치표를 이용하면 편리하다(부록 참조).

예제

문 (주)원승은 20×1년 1월 1일에 상품을 판매하고 3년 만기 무이자부 약속어음 ₩5,000,000을 받았다. 5%의 할인율을 적용하여 약속어음의 현재가치를 계산하고, 판매시점과 각 회계연도말에 필요한 회계처리를 하시오.

풀이

(1) 약속어음의 현재가치 계산

₩5,000,000/$(1+0.05)^3$ = ₩5,000,000×0.8638(5%, 3년, 단일금액 1원의 현재가치) = ₩4,319,000

(2) 회계처리

(20×1. 1. 1)

(차) 장기성매출채권	₩5,000,000	(대) 매 출	₩4,319,000
		현재가치할인차금	681,000

(20×1. 12. 31)

(차) 현재가치할인차금	₩215,950	(대) 이 자 수 익	₩215,950

(₩5,000,000 − ₩681,000) × 0.05 = ₩215,950

(20×2. 12. 31)

(차) 현재가치할인차금	₩226,747	(대) 이 자 수 익	₩226,747

{₩5,000,000 − (₩681,000 − ₩215,950)} × 0.05 = ₩226,747

(20×3. 12. 31)

(차) 현재가치할인차금	₩238,303	(대) 이 자 수 익	₩238,303
현 금	5,000,000	장기성매출채권	5,000,000

₩681,000 − ₩215,950 − ₩226,747 = ₩238,303

위의 예제에서 현재가치할인차금은 장기성매출채권이라는 자산의 차감적 평가계정으로 사용되었다. 약속어음의 명목가치 중 현재가치할인차금에 해당하는 금액은 향후 수익으로 계상될 이자라는 의미를 담고 있다.

One point Plus+

맨해튼과 인디언 구슬

세계 금융의 중심인 미국 맨해튼은 땅값이 비싸기로 유명한 곳이다. 이 땅에는 본래 인디언들이 살고 있었고, 맨해튼이라는 지명도 인디언 말로 '돌섬'이라는 뜻을 담고 있다고 한다. 그런데 1626년 네덜란드에서 건너온 이민자들이 이 땅을 차지하였다. 그들은 이 땅을 강제로 빼앗은 것이 아니라 인디언들과의 계약을 통해 구매하였다고 전해진다. 당시 인디언들에게 준 것은 고작 24달러 상당의 장신구와 구슬이라고 한다. 맨해튼을 통째로 넘겨받은 대가로는 너무 적지 않은가? 직관적으로 누구나 인디언들이 헐값에 땅을 팔았다고 생각할 것이다.

그러나, 저명한 투자자인 존 템플턴(John Templeton)은 오히려 인디언들이 남는 장사를 했다고 말해서 사람들을 놀라게 만들었다. 존 템플턴은 1954년에 뮤추얼 펀드사를 만들어 1992년에 회사를 매각할 때까지 매년 연평균 14.5%라는 경이적인 수익률을 달성한 투자자이다.

만약 인디언들이 당시에 받은 장신구와 구슬을 24달러의 돈으로 바꿔 연리 8%의 복리로 이자를 주는 채권에 투자하였다면, 380년 후인 2006년에 얼마로 불어나 있을까? 24달러를 380년 동안 매년 8%의 복리로 투자하면 약 120조달러라는 천문학적인 돈으로 불어난다. 그 돈이면 맨해튼을 두 번 사고 남는 돈으로 LA까지 살 수 있다며, 인디언들이 결코 헐값으로 땅을 판 것은 아니라고 주장하였다.

물론 당시에 그런 채권이 있었는지도 의문이고, 지속적으로 그만한 수익률로 재투자할 만한 투자상품을 찾기도 힘들 것이다. 그렇지만 무려 40년에 가까운 기간 동안 매년 14.5%의 수익률을 보여준 투자자가 한 말이니, 복리의 위력을 보여주는 이 이야기를 한갓 허튼소리로 웃어넘길 일은 아닌 듯하다.

8.1.3 미래연금의 현재가치

연금(annuity)이란 동일한 금액이 일정기간 동안 계속적으로 유입되는 현금흐름을 의미한다. 연금의 현재가치는 매 기간 유입되는 단일금액의 현재가치를 합한 금액과 같다. 그러나 연금의 경우에는 현재가치를 계산할 때 할인해야 할 기간이 달라지기 때문에 직접 현재가치를 계산하기가 매우 번거롭다. 따라서 실무적으로는 미리 계산된 표(연금의 현재가치표)를 이용하면 편리하다.

예제

문 (주)원승은 20×1년 1월 1일에 상품을 할부로 구입하였고, 대금은 향후 3년 동안 매 연도말에 ₩1,000,000씩 지급하기로 하였다. 5%의 할인율을 적용하여 장기성매입채무의 현재가치를 계산하고, 구매시점과 각 회계연도말에 필요한 회계처리를 하시오.

풀이

(1) 장기성매입채무의 현재가치 계산

₩1,000,000/(1+0.05)+₩1,000,000/$(1+0.05)^2$+₩1,000,000/$(1+0.05)^3$

=₩1,000,000×2.7232(5%, 3년, 정상연금 1원의 현재가치)

=₩2,723,200

(2) 회계처리

(20×1. 1. 1)

(차)		(대)	
매 입	₩2,723,200	장기성매입채무	₩3,000,000
현재가치할인차금	276,800		

(20×1. 12. 31)

(차)		(대)	
이 자 비 용	₩136,160	현재가치할인차금	₩136,160
장기성매입채무	1,000,000	현 금	1,000,000

(₩3,000,000 − ₩276,800) × 0.05 = ₩136,160

(20×2. 12. 31)

(차)		(대)	
이 자 비 용	₩92,968	현재가치할인차금	₩92,968
장기성매입채무	1,000,000	현 금	1,000,000

{₩3,000,000 − ₩1,000,000 − (₩276,800 − ₩136,160)} × 0.05 = ₩92,968

(20×3. 12. 31)

(차)		(대)	
이 자 비 용	₩47,672	현재가치할인차금	₩47,672
장기성매입채무	1,000,000	현 금	1,000,000

₩276,800 − ₩136,160 − ₩92,968 = ₩47,672

장기성매입채무(부채)에 대하여 현재가치회계를 적용하면, 장기성매출채권(자산)의 경우와 비교하여 현재가치할인차금이 반대편에 발생하고 이는 부채의 차감적 평가계정으로 사용된다. 장기성매입채무의 명목가치 중 현재가치할인차금에 해당하는 금액은 향후 비용으로 계상될 이자라고 볼 수 있다.

8.2 금융상품

금융상품(financial instrument)은 거래당사자 일방에게 금융자산(financial asset)을 발생시키고 다른 거래상대방에게는 금융부채(financial liability)나

지분상품(equity instrument)을 발생시키는 모든 종류의 계약을 의미한다.

금융상품은 동전의 양면처럼 금융자산과 금융부채를 동시에 발생시키는 경우가 많다. 예를 들어 기업이 회사채를 발행하면 금융부채가 발생하지만, 회사채를 구입한 투자자의 입장에서는 금융자산을 갖게 된다.

국제회계기준에서 금융자산으로 분류하는 자산은 현금과 현금성자산, 대여금과 수취채권, 지분증권과 채무증권, 파생금융자산을 들 수 있다.

지분증권(equity security)은 기업의 순자산에 대한 소유지분을 나타내는 유가증권을 말하며, 보통주와 우선주 등의 주식이 이에 속한다. 채무증권(debt security)은 국공채나 회사채와 같이 발행자에 대하여 금전을 청구할 수 있는 권리를 나타내는 금융자산을 의미한다.

국제회계기준을 적용한 지분증권과 채무증권의 회계처리는 크게 상각후원가(amortized cost; AC)모형, 기타포괄손익-공정가치(fair value through other comprehensive income; FVOCI)모형, 당기손익-공정가치(fair value through profit or loss; FVPL)모형의 세 가지 범주로 구분하여 이루어진다. 이들 금융자산은 최초 인식 시 공정가치(fair value)로 측정하지만, 취득 이후의 측정방법은 금융자산을 이 세 가지 범주 중 무엇으로 분류하느냐에 따라 달라진다.

8.3 금융자산의 측정을 위한 분류

금융자산 중 채무증권은 계약상 현금흐름(contractual cash flow)의 특성과 사업모형(business model)을 함께 고려하여 분류한다.

계약상 현금흐름이란 금융계약의 내용에 따라 발생할 현금흐름을 의미하며, 특정일에 원금과 원금잔액에 대한 이자지급만으로 이루어진 현금흐름이 발생하느냐의 여부가 중요하다.

사업모형은 금융자산의 운용목적에 따라 수취 사업모형(계약상 현금흐름의 수취만을 목적으로 금융자산을 보유하는 사업모형), 수취와 매도 사업모형(계약상 현금흐름의 수취뿐 아니라 가격변동에 따라 매도할 목적으로 금융자산을 보유하는 사업모형), 기타 사업모형(그 밖의 목적으로 금융자산을 보유하는 사업모형)으로 구분한다.

만약 특정일에 원금과 원금잔액에 대한 이자지급만으로 이루어진 현금흐름이 발생하고 수취 사업모형에 따라 채무증권을 보유한다면, AC모형을 적용하는 채무증권으로 분류한다. 만기까지 보유할 목적으로 갖고 있는 국공채나 일반 회사채가 이 범주에 속한다.

특정일에 원금과 원금잔액에 대한 이자지급만으로 이루어진 현금흐름이 발생하지만 수취와 매도 사업모형에 따라 채무증권을 보유한다면, FVOCI모형을 적용하는 채무증권으로 분류한다. 만기 전이라도 매도할 목적으로 갖고 있는 국공채나 일반 회사채가 이에 해당한다.

AC모형이나 FVOCI모형이 적용되지 않는 채무증권에 대해서는 FVPL모형을 적용한다. 국공채나 회사채를 원리금 수취보다는 매도 목적으로 취득하는 경우를 예로 들 수 있다.

한편 서로 다른 기준을 적용하여 자산·부채를 측정하고 그에 따른 손익을 인식할 경우 측정이나 인식의 불일치가 발생할 수 있기 때문에, AC모형 또는 FVOCI모형에 해당하는 채무증권이더라도 이러한 회계불일치를 경감시키기 위해 최초 인식시점에 FVPL모형을 선택할 수 있다.

지분증권은 원칙적으로 FVPL모형을 적용해야 하지만, 단기매매목적이 아닌 경우 최초 인식시점에 FVOCI모형을 적용할 수 있는 선택권이 있다.

8.4 상각후원가모형(AC모형)

주식은 만기가 없기 때문에 이 측정모형을 적용하는 금융자산은 회사채와 국공채 등의 채무증권이다. AC모형 회계처리의 가장 큰 특징은 기말시점에 공정가치가 아닌 상각후원가로 측정한다는 점이다. 즉, 취득시점의 공정가치를 최초 장부금액(취득원가)으로 인식한 후 이후에 공정가치가 변동하더라도 해당 금융자산의 장부금액을 공정가치에 맞춰 조정하지 않고, 최초 장부금액과 액면금액의 차이를 유효이자율법(effective interest method)을 적용하여 상각한다.

회사채와 같은 채무증권은 액면이자율과 시장이자율이 다를 경우 액면가액과 취득원가에 차이가 발생한다. 예를 들어 회사채 액면이자율보다 시장이자율이 더 높다면, 시장에서 회사채를 발행하기 위해 발행가액을 액면가액보다 할인해 주어야 한다. 즉, 채권의 만기까지 이자의 차이를 보충해 주는 것이 채권의 할인액이며, 이는 보유기간 중 점차 줄어들어 채권의 만기에는 0이 된다. 결국 채권의 만기에는 해당 채권의 장부가액이 액면가액으로 바뀌는 것이다.

만약 회사채 액면이자율이 시장이자율보다 더 높다면, 시장에서 액면가액보다 더 높은 금액으로 회사채를 발행할 수 있기 때문에 할인액 대신 할증액이 나타날 것이다.

할인액이나 할증액은 유효이자율법을 적용하여 상각하고, 상각액은 당기이자수익과 채권의 취득원가에 가감하는 방법으로 회계처리한다. 유효이자율법이란 채권의 보유기간 중 각 회계기간별로 투자자의 수익률이 취득 시 시장이자율과 동일해지도록 각 회계기간별 상각액을 결정하는 방법이다(유효이자율법의 구체적인 적용방법은 10.3 참조).

채무증권의 상각후원가란 이와 같이 할인액이나 할증액을 상각하여 채무증권의 취득원가를 조정한 후의 장부가액을 의미한다.

예제

(주)원승은 20×1년 12월 31일에 3년 만기의 회사채(액면가액 ₩5,000,000, 액면이자율 6%)를 ₩4,742,290에 취득하였고, 이를 AC모형을 적용하여 회계처리하기로 하였다. 사채할인발행차금(₩257,710)은 유효이자율법을 적용하여 상각하며(유효이자율 8%), 20×2년분 상각액은 ₩79,383이다.

문 20×2년말에 필요한 회계처리를 하시오.

풀이

(차) 금 융 자 산 ₩79,383 (대) 이 자 수 익 ₩79,383

참고로 회사채의 취득가액(₩4,742,290)과 20×2년분 사채할인발행차금상각액(₩79,383)은 다음과 같이 계산한 것이다.

회사채 취득가액 = 3년간 매년 ₩300,000씩 수취하는 사채이자의 현재가치 + 3년(만기) 후 상환받는 사채액면가액의 현재가치

$$= ₩300,000/(1+0.08) + ₩300,000/(1+0.08)^2 + ₩5,300,000/(1+0.08)^3$$

$$= ₩4,742,290$$

20×2년분 사채할인발행차금상각액

= 20×1년말 사채의 장부가액(취득원가) × 유효이자율 − 20×2년에 수취한 사채이자

$$= ₩4,742,290 \times 8\% - ₩300,000$$

$$= ₩79,383$$

8.5 기타포괄손익-공정가치모형(FVOCI모형)

FVOCI모형 회계처리의 가장 큰 특징은 기말시점에 금융자산을 공정가치로 측정하지만, 이로 인해 발생하는 평가손익을 당기손익이 아닌 기타포괄손익(other comprehensive income; OCI)으로 인식하는 점이다. 이러한 미실현평가손익누계액은 추후 관련 금융자산을 처분하는 시점에 모두 실현된 것으로 보아 당기손익에 포함시키며, 이를 기타포괄손익의 재분류(reclassification) 또는 재순환(recycling)이라고 부른다. 다만, 주식과 같은 지분증권의 경우에는 FVOCI모형을 적용할 때 기타포괄손익의 재분류가 금지되어 처분손익을 당기손익에 반영할 수 없다는 점에 유의해야 한다.

금융자산 중 시장성이 있는 것은 시장가격을 공정가치로 보면 된다. 그러나 비상장주식처럼 시장성이 없는 것은 공정가치를 파악하기 어렵기 때문에 시장성이 없는 주식은 재무상태표에 취득원가로 표시할 수 있다.

[평가이익: 공정가치 > 취득원가]

(차) 금 융 자 산	×××	(대) 금융자산평가이익(OCI)	×××

[평가손실: 공정가치 < 취득원가]

(차) 금융자산평가손실(OCI)	×××	(대) 금 융 자 산	×××

금융자산평가이익과 금융자산평가손실은 포괄손익계산서의 기타포괄손익으로 표시하고, 재무상태표의 기타자본구성요소 중의 기타포괄손익누계액에 반영한다.

예제

(주)원승은 20×1년 12월 31일에 A주식을 ₩2,000,000에 취득하고, 이를 FVOCI모형을 적용하여 회계처리하기로 하였다. 20×2년말에 A주식의 공정가치는 ₩1,900,000이었다. (주)원승은 20×3년 11월 10일에 A주식을 ₩2,150,000

에 처분하였다.

문 각 시점에 필요한 회계처리를 하시오.

풀이

(20×1. 12. 31)

(차)	금 융 자 산	₩2,000,000	(대) 현 금	₩2,000,000

(20×2. 12. 31)

(차)	금융자산평가손실(OCI)	₩100,000	(대) 금 융 자 산	₩100,000

(20×3. 11. 10)

(차)	금 융 자 산	₩250,000	(대) 금융자산평가이익(OCI)	₩250,000
	현 금	2,150,000	금 융 자 산	2,150,000

채무증권의 취득원가가 액면가액과 다르면 FVOCI모형을 적용하여 회계처리할 때 먼저 유효이자율법을 사용하여 이자수익을 계산한 후 상각후원가와 공정가치의 차액을 기타포괄손익으로 인식한다.

예제

(주)원승은 20×1년 12월 31일에 3년 만기의 회사채(액면가액 ₩5,000,000, 액면이자율 6%)를 ₩4,742,290에 취득하였고, 이를 FVOCI모형을 적용하여 회계처리하기로 하였다. 사채할인발행차금(₩257,710)을 유효이자율법으로 상각할 경우 20×2년의 상각액은 ₩79,383이다. 20×2년말 회사채의 공정가치는 ₩4,850,000이었다.

문 20×2년말에 필요한 회계처리를 하시오.

풀이

(차)	금 융 자 산	₩107,710	(대) 이 자 수 익	₩79,383
			금융자산평가이익(OCI)	28,327

이 예제에서 이자수익 ₩79,383은 포괄손익계산서에 당기이익으로 처리하지만, 금융자산평가이익(OCI) ₩28,327은 포괄손익계산서에 기타포괄이익으로 나타내고 재무상태표에는 기타포괄이익누계액에 포함시켜 표시한다.

만약 (주)원승이 20×3년 1월 1일에 이 회사채를 ₩4,850,000에 처분하였다면 기타포괄이익누계액 ₩28,327을 당기이익(금융자산처분이익)으로 재분류한다.

One point Plus+

기타포괄손익

국제회계기준의 도입으로 기타포괄손익이라는 개념이 등장하여 손익계산서가 한층 복잡해졌다. 기타포괄손익(other comprehensive income; OCI)은 손익거래로서 순자산(주주지분)을 변동시키지만 당기순이익에는 포함되지 않는 손익이다.

당기순이익에 포함되는 항목은 원칙적으로 '완료된(complete)' 거래와 회계사건에 한한다. 그런데 거래가 완료되기 이전에 자산·부채의 공정가치 변동액을 반영하여 장부금액을 수정하는 '미완료(incomplete)' 거래가 발생할 수 있다. 바로 본문의 예제처럼 FVOCI모형을 적용하는 금융자산은 매 회계연도말에 공정가치로 측정해야 하므로 미실현손익(unrealized holding gain or loss)을 수반한다. 예제의 금융자산평가손실(OCI)과 금융자산평가이익(OCI)이 바로 미실현손익의 대표적인 예이다.

미실현손익은 당기순이익에 포함되지 않는 손익이다. 그렇다면 손익계산서를 거치지 않고 직접 재무상태표의 자본(주주지분) 중 어느 곳에 표시하면 되지 않을까? 그런데 손익거래를 손익계산서에서 보여주지 않고 그대로 재무상태표로 직행하면 이해관계자들이 해당 회계기간에 그와 같은 미실현손익이 발생한 사실을 알아채지 못할 것을 우려하여 굳이 포괄손익계산서라는 큰 집을 만들어 아래 칸에 기타포괄손익으로 표시하는 것이다.

이해관계자들에게 기업의 전반적인 성과측정치를 보여주기 위한 취지에서 만든 포괄손익계산서가 정보 과도화(information overload) 현상을 초래하여 오히려 회계정보의 이해가능성을 떨어뜨리는 부작용은 없는지 생각해 볼 일이다.

8.6 당기손익-공정가치모형(FVPL모형)

FVPL모형을 적용하는 금융자산은 최초인식과 후속측정 시 모두 공정가치로 평가하고, 평가손익을 포괄손익계산서에 당기손익으로 인식한다.

채무증권의 보유기간 중 발생하는 이자수익은 유효이자율법에 따라 인식하는 것이 원칙이지만, FVPL모형을 적용하는 채무증권의 경우 중요성 측면에서 유효이자가 아닌 표시이자만을 이자수익으로 인식해도 무방하다(이자수익과 금융자산평가손익의 금액이 달라지지만, 이들의 합은 동일하므로 전체 당기손익에는 영향을 미치지 않는다).

한편 AC모형 또는 FVOCI모형을 적용하는 금융자산의 경우 취득 시 발생하는 거래원가를 취득원가에 포함시켜 회계처리하지만, FVPL모형을 적용할 경우에는 취득 시 발생하는 거래원가를 당기비용으로 인식한다.

One point Plus+

공정가치

국제회계기준의 주요 특징 중 하나는 자산과 부채를 측정함에 있어서 공정가치의 역할이 커졌다는 점이다.

공정가치(fair value)는 시장참가자들(market participants)이 측정일에 활성시장에서 자산을 처분하여 받는 금액이나 부채를 이전하기 위해 지불하는 금액을 의미한다.

활성시장(active market)이란 자산이나 부채의 거래 빈도와 거래량이 충분하여 자산이나 부채에 대한 가격정보가 지속적으로 제공되는 시장을 말한다. 상장된 주식이 거래되는 주식시장을 대표적인 예로 들 수 있다.

공정가치를 측정하는 방법에는 시장접근법, 이익접근법, 원가접근법이 있다. 원칙적으로 시장접근법을 사용하여 공정가치를 결정하지만, 이 방법을 적용하기가 여의치 않으면 이익접근법이나 원가접근법을 사용할 수 있다.

시장접근법(market approach)은 시장거래에서 창출된 관련성 있는 정보를 사용하여 공정가치를 결정하는 방법이다. 이익접근법(income approach)은 미래의 현금흐름이나 이익을 현재가치로 환산하여 측정하는 방법으로 현재가치법(present value approach)이라고도 부른다. 원가접근법(cost approach)은 현행대체원가(current replacement cost)에 기초하여 공정가치를 결정하는 방법이다.

8.7 관계기업투자와 지분법

주식회사의 주인은 주주이다. 따라서 다른 기업의 주식을 취득하여 지분율이 높아지면 그 기업에 대한 투자기업의 영향력도 점차 커지기 마련이다.

일반적으로 피투자기업의 의결권 있는 주식을 20% 이상 보유하고 있는 경우에는 피투자기업에 대하여 '중요한 영향력(significant influence)'을 행사할 수 있는 것으로 간주한다. 중요한 영향력이란 투자기업이 피투자기업의 재무정책과 영업정책에 관한 의사결정에 어느 정도 참여할 수 있다는 의미이다.

지분율이 20%를 넘어 투자기업이 중요한 영향력을 행사할 수 있는 피투자기업을 관계기업(associate)이라고 부른다. 관계기업투자에는 지분법을 적용하여 회계처리한다.

지분법(持分法, equity method)은 취득 시 취득원가로 인식한 투자주식을 취득시점 이후에 발생한 피투자기업의 순자산 변동액 중 투자기업의 지분율에 해당하는 금액만큼 투자주식에 가감하여 보고하는 회계처리방법이다.

피투자기업이 당기순이익을 보고하면, 투자기업은 지분율에 해당하는 금액만큼 수익(지분법이익)으로 인식하고 투자주식의 장부금액을 그만큼 증가시킨다. 반대로 피투자기업이 당기순손실을 보고하면, 투자기업은 지분율에 해당하는 금액만큼 비용(지분법손실)으로 인식하고 투자주식의 장부금액을 그만큼 감소시킨다.

지분법을 적용하면 배당금(dividend)을 받을 때의 회계처리도 달라진다. 일반적으로 주식을 보유한 주주가 배당금을 받으면, 수익(배당금)으로 인식하는 회계처리를 한다. 그러나 지분법에서는 그 이전 시점에 피투자기업이 얻은 이익 중 투자기업의 지분율에 해당하는 금액만큼 이미 수익(지분법이익)으로 인식하고 투자주식의 장부금액을 증가시켰기 때문에 실제 배당금을 받는 시점에는 이를 수익이 아닌 투자주식의 장부금액을 감소시키는 회계처리를 해야 한다. 관계기업투자주식을 처분하면 처분시점의 장부금액과 처분금액의 차이를 투자자산처분손익으로 인식한다.

지분법을 적용하면 종속기업에 대한 연결재무제표를 만들 때와 마찬가지로 피투자기업의 순자산과 경영성과를 투자기업의 재무제표에 반영시키는 효과가 있기 때문에 '한 줄로 만든 연결(single-line consolidation)'이라는 표현을 쓰기도 한다.

예제

(주)원승은 20×1년 12월 31일에 A기업의 주식 30%를 ₩3,000,000에 취득하였고, 이 주식에 대해서는 지분법을 적용하여 회계처리하기로 하였다. 20×3년 2월 20일에 A기업으로부터 20×2년의 당기순이익이 ₩2,000,000이라는 보고를 받았고, 20×3년 3월 31일에 ₩150,000의 배당금을 받았다. 20×4년 2월 25일에

A기업으로부터 20×3년의 당기순손실이 ₩800,000이라는 보고를 받았고, 20×4년 10월 15일에 보유하던 A기업의 주식 전부를 ₩3,500,000에 처분하였다.

문 각 시점에 필요한 회계처리를 하시오.

풀이

(20×1. 12. 31)

(차)	관계기업투자주식	₩3,000,000	(대) 현　　금	₩3,000,000

(20×3. 2. 20)

(차)	관계기업투자주식	₩600,000	(대) 지 분 법 이 익	₩600,000

(20×3. 3. 31)

(차)	현　　금	₩150,000	(대) 관계기업투자주식	₩150,000

(20×4. 2. 25)

(차)	지 분 법 손 실	₩240,000	(대) 관계기업투자주식	₩240,000

(20×4. 10. 15)

(차)	현　　금	₩3,500,000	(대) 관계기업투자주식	₩3,210,000*
			관계기업투자주식처분이익	290,000

* ₩3,000,000 + ₩600,000 − ₩150,000 − ₩240,000 = ₩3,210,000

8.8 종속기업투자와 연결재무제표

투자기업이 피투자기업의 의결권 있는 주식의 50% 이상을 보유하면 투자기업은 피투자기업의 재무정책과 영업정책을 결정할 수 있는 능력, 즉 지배력(control)을 갖게 된다. 이 경우 투자기업을 지배기업, 피투자기업을 종속기업이라고 부른다. 법적으로는 비록 이들이 독립적인 기업이지만, 회계에서는 이들 기업을 하나의 경제적 실체로 보아 연결재무제표를 만들도록 하고 있다.

연결재무제표(consolidated financial statements)는 지배기업과 종속기

업의 재무제표를 합산하여 작성하며, 이들 사이에 이루어진 내부거래와 채권·채무를 제거한다. 국제회계기준에서는 연결재무제표를 주재무제표(primary financial statements)로 정하고 있다.

연 ▪ 습 ▪ 문 ▪ 제

1. 화폐의 시간가치에 관한 다음 설명 중 타당하지 않은 것은?

① 서로 다른 시점에 일어나는 현금흐름을 이자를 매개로 하여 전환할 수 있다.

② 현재가치는 미래의 일정시점에 발생하는 현금흐름을 현재시점을 기준으로 평가한 가치이다.

③ 미래가치는 현재의 화폐액을 미래 일정시점의 금액으로 평가한 가치이다.

④ 회계에서 사용하는 이자율은 복리이자율이 아닌 단순이자율이다.

※ [문 2~문 5 공통] 20×1년 1월 1일에 상품을 판매하고, 3년 만기 무이자부 약속어음 ₩10,000,000을 받았다. 5%의 할인율을 사용하여 현재가치 회계를 적용한다.

2. 판매시점의 약속어음 현재가치는 얼마인가(5%, 3년, 단일금액 1원의 현재가치: 0.8638)?

① ₩10,000,000 ② ₩8,638,000

③ ₩7,678,200 ④ ₩6,910,400

3. 이 거래에서 발생하는 20×1년의 이자수익은 얼마인가?

① ₩500,000 ② ₩431,900

③ ₩383,910 ④ ₩345,520

4. 이 거래에서 발생하는 20×2년의 이자수익은 얼마인가?

① ₩500,000 ② ₩453,495

③ ₩431,900 ④ ₩383,910

5. 20×2년 12월 31일의 약속어음 현재가치와 현재가치할인차금은 각각 얼마인가?

① ₩9,523,395, ₩476,605　　② ₩8,638,000, ₩1,362,000
③ ₩9,069,900, ₩930,100　　④ ₩9,000,000, ₩1,000,000

6. 현재가치할인차금에 대한 설명으로 타당하지 않은 것은?

① 장기성매출채권의 경우 현재가치할인차금은 자산의 차감적 평가계정으로 사용된다.
② 장기성매입채무의 경우 현재가치할인차금은 부채의 차감적 평가계정으로 사용된다.
③ 장기성매출채권의 경우 현재가치할인차금은 향후 수익으로 계상될 이자이다.
④ 재무상태표에 자산 또는 부채로 표시된다.

7. 20×1년 1월 1일에 상품을 할부로 구입하고, 대금은 향후 3년 동안 매 연도말에 ₩2,000,000씩 지급하기로 하였다. 5%의 할인율을 사용하여 현재가치회계를 적용할 경우 다음 설명 중 타당하지 않은 것은?

① 구매시점에 장기성매입채무의 현재가치를 계산하기 위해서 연금의 현재가치표를 이용한다.
② 매입계정에 기록되는 금액은 ₩6,000,000보다 적다.
③ 구매시점에 현재가치할인차금은 대변에 기록된다.
④ 매 연도말에 이자비용을 인식한다.

8. 금융상품에 관한 다음 설명 중 타당하지 않은 것은?

① 금융상품은 금융자산, 금융부채, 지분상품을 발생시키는 계약이다.
② 금융상품은 금융자산과 금융부채를 동시에 발생시키는 경우가 많다.
③ 지분증권은 기업의 순자산에 대한 소유지분을 나타내는 유가증권이다.
④ 보통주와 우선주는 채무증권의 예이다.

9. 회계상 금융자산의 측정을 위한 세 가지 범주에 해당하지 않는 것은?

① AC모형 ② FVOCI모형

③ FVPL모형 ④ 재평가모형

10. FVPL모형에 관한 다음 설명 중 타당하지 않은 것은?

① 금융자산의 최초인식과 후속측정 시 공정가치로 평가한다.

② 금융자산의 취득 시 발생하는 거래원가를 당기비용으로 인식한다.

③ 공정가치변동분을 당기손익으로 인식한다.

④ 지분증권만 해당된다.

11. AC모형에 관한 다음 설명 중 타당하지 않은 것은?

① 회사채를 만기까지 보유할 목적이라면 이 모형을 적용한다.

② 주식도 해당된다.

③ 기말시점에 공정가치가 아닌 상각후원가로 재무상태표에 표시한다.

④ 채무증권의 상각후원가는 할인액이나 할증액을 상각하여 채무증권의 취득원가를 조정한 후의 장부가액이다.

12. FVOCI모형에 관한 다음 설명 중 타당하지 않은 것은?

① 취득에 관련된 부대비용은 금융자산의 취득원가로 처리한다.

② 주식뿐만 아니라 회사채도 대상이 될 수 있다.

③ 기말시점에 공정가치로 평가한다.

④ 평가손익은 손익계산서에 당기손익으로 표시한다.

13. 다음 중 포괄손익계산서의 기타포괄손익 항목과 가장 관련이 깊은 것은?

① FVPL모형 ② AC모형

③ FVOCI모형 ④ 현재가치할인차금

14. 일반적으로 피투자기업의 의결권 있는 주식을 (　　) 이상 보유하고 있는 경우에는 피투자기업에 대하여 중요한 영향력을 행사할 수 있는 것으로 간주하여 지분법을 적용한다.

① 1%　　② 5%
③ 10%　　④ 20%

15. (　　)은 취득 시 취득원가로 인식한 투자주식을 취득시점 이후에 발생한 피투자기업의 순자산 변동액 중 투자기업의 지분율에 해당하는 금액만큼 투자주식에 가감하여 보고하는 회계처리방법이다.

① 원가법　　② 지분법
③ 저가법　　④ 유효이자율법

16. 지분법 회계처리에 관한 다음 설명 중 타당하지 않은 것은?

① 피투자기업이 당기순이익을 보고하면 투자주식의 장부금액을 증가시킨다.
② 배당금은 수익으로 회계처리한다.
③ 피투자기업이 당기순손실을 보고하면 투자주식의 장부금액을 감소시킨다.
④ 지분법을 적용하면 종속회사에 대한 연결재무제표를 만들 때와 마찬가지로 피투자기업의 순자산과 경영성과를 투자기업의 재무제표에 반영시키는 효과가 있다.

17. 일반적으로 투자기업이 피투자기업의 의결권 있는 주식의 (　　) 이상을 보유하면 투자기업은 피투자기업의 재무정책과 영업정책을 결정할 수 있는 지배력을 갖게 된다.

① 10%　　② 20%
③ 30%　　④ 50%

18. (　　)는 지배기업과 종속기업의 재무제표를 합산하여 작성하며, 이들 사이에 이루어진 내부거래와 채권·채무를 제거한다.

① 개별재무제표　　② 연결재무제표

③ 중간재무제표　　④ 결합재무제표

19. 당기 중 증권시장에서 단기매매목적으로 A주식 100주를 ₩300,000에 취득하였고, 당기말 현재 A주식의 공정가치는 주당 ₩3,500이다. 당기의 손익계산서에 계상해야 할 손익은 얼마인가?

① 평가이익 ₩50,000　　② 처분이익 ₩50,000

③ 평가손실 ₩50,000　　④ 처분손실 ₩50,000

20. 채무증권의 취득원가가 액면가액과 다르면 FVOCI모형을 적용하여 회계처리할 때 먼저 (　　)을 사용하여 이자수익을 계산한 후 상각후원가와 공정가치의 차액을 (　　)으로 인식한다.

① 유효이자율법, 당기손익

② 유효이자율법, 기타포괄손익

③ 선입선출법, 당기손익

④ 총평균법, 기타포괄손익

CHAPTER 9

유형자산과 무형자산

9.1 유형자산의 의의

기업은 영업활동에 사용하기 위하여 여러 자산을 보유한다. 유형자산(tangible asset)은 영업활동과정에서 사용하기 위한 목적으로 보유하는 물리적 형태가 있는 자산으로서 한 회계기간을 초과하여 사용할 것으로 예상되는 자산이다. 무형자산도 영업활동에 사용할 목적으로 보유하지만, 물리적 형태가 없는 권리 등으로 표시된다는 점에서 차이가 있다.

유형자산은 영업활동과정에서 사용할 목적의 자산이라는 점에서 판매를 목적으로 보유하는 재고자산, 투자를 목적으로 보유하는 투자부동산과도 구별된다. 예를 들어 영업용 건물부지로 사용하고 있는 토지는 유형자산이지만, 부동산매매회사가 분양용으로 보유 중인 토지는 재고자산으로 분류된다.

유형자산은 한 회계기간을 초과하여 사용할 것이 예상되는 자산이기 때문에 토지 이외의 유형자산은 자산을 사용하는 기간 동안 감가상각이라는 원가배분을 하여야 한다. 사용기간이 한 회계기간을 넘지 않으면 취득시점에 자산이 아닌 비용으로 인식한다.

유형자산은 자산에 속하기 때문에 일반적인 자산의 인식요건을 갖춰야 한다. 즉, 자산으로부터 발생하는 미래의 경제적효익이 기업에 유입될 가능성이 높고, 자산의 원가를 신뢰성 있게 측정할 수 있어야 한다.

유형자산의 세부 계정과목은 토지, 건물, 구축물, 기계장치, 차량운반구, 비품, 건설중인 자산 등이 있다.

9.2 유형자산의 취득원가

유형자산의 취득원가(acquisition cost)는 구입가격, 직접관련원가, 추정복구원가로 구성된다.

구입가격은 구입에 수반되는 취득세 등 세금을 포함하며, 만약 장기연불조건으로 취득한 경우에는 이자상당액을 차감하여야 한다.

직접관련원가는 경영자가 의도하는 방식으로 관련 자산을 가동하기까지 필요한 장소와 상태에 이르게 하는 데 직접 관련되는 원가를 의미한다. 유형자산의 매입 또는 건설과 직접적으로 관련되어 발생한 종업원급여, 취득시점의 운송비와 취급관련원가, 설치원가와 조립원가 등이 이에 속한다.

예제

(주)원승은 기계장치를 구입하는 과정에서 다음의 대가를 부담하였다. 기계구입대금은 2개월 후 지급할 예정이며, 나머지는 모두 현금으로 지급하였다.

기계구입대금	₩1,000,000	공장까지의 운반비	₩40,000
설치비	₩20,000	시운전비	₩15,000

문 기계장치의 취득과 관련한 회계처리를 하시오.

풀이

(차) 기계장치	₩1,075,000	(대) 현 금	₩75,000
		미지급금	1,000,000

일부 유형자산은 경제적 사용이 종료된 후 상당한 복구비용이 예상되는 경우가 있다. 이는 해당 자산을 사용하기 위해 반드시 부담해야 할 비용이므로 유형자산의 취득원가에 포함시키고, 사용기간 동안 감가상각을 통해 비용화해야 한다. 예를 들어 원자력발전소, 쓰레기매립장, 광산시설 등과 같이 해당 자산의 사용 후 시설을 해체하거나 부지를 복원하는 데 상당한 복구비용이 예상되는 경우에는 그 추정금액을 복구충당부채로 인식하는 한편, 이를 유형자산의 취득원가에 포함시킨다.

(차) 유 형 자 산	×××	(대) 현 금	×××
		복구충당부채	×××

두 종류 이상의 자산을 일괄구입(lump-sum purchase)하는 경우에는 일괄구입가격을 개별자산의 상대적 공정가치(시가)에 비례하여 개별자산에 배분하는 방법으로 개별자산의 취득원가를 결정한다.

건물을 새로 신축하기 위해 기존 건물이 있는 토지를 신규 취득하여 기존 건물을 철거하는 경우 철거비용은 토지의 취득부대비용으로 보아 취득한 토지의 원가에 가산한다.

자산의 취득에 소요되는 자금에서 발생한 차입원가(borrowing cost)를 자본화할 것인지(즉, 자산의 취득원가에 포함시킨다는 의미), 아니면 기간비용으로 볼 것인지도 유형자산의 취득원가에 영향을 미친다. 국제회계기준에서는 적격자산의 취득, 건설 또는 생산과 직접 관련되는 차입원가를 당해 자산의 원가에 포함시키고, 기타 차입원가는 발생기간의 비용으로 인식하도록 규정하고 있다.

적격자산(qualifying asset)이란 의도된 용도로 사용하거나 판매가능한 상태에 이르게 하는 데 상당한 기간을 필요로 하는 자산을 의미하며, 유형자산뿐만 아니라 재고자산이나 무형자산 등도 적격자산이 될 수 있다.

한편, 일반기업회계기준에서는 적격자산에 대한 차입원가의 자본화를 강행규정이 아닌 선택사항으로 규정하고 있다. 차입원가의 자본화에 관한 상세한 회계처리는 중급회계에서 다루는 주제이다.

9.3 자본적지출과 수익적지출

유형자산을 취득하여 사용하는 동안 여러 가지 지출이 발생한다. 이러한 지출 중에는 일상적인 수선이나 유지를 위한 지출도 있고, 자산의 성능

수준을 크게 향상시키는 지출도 있다.

유형자산의 취득 후 지출을 후속원가라고 부르는데, 회계상으로는 이들 지출을 기간비용으로 처리할지, 아니면 자산으로 계상하여 감가상각과정을 통해 점진적으로 비용화할지를 결정해야 한다.

유형자산의 취득 후 지출이 해당 자산의 미래 경제적효익(future economic benefit)을 크게 향상시키는 경우 이를 자본적지출(capital expenditure)이라고 하며, 이는 기간비용으로 처리하지 않고 해당 자산의 취득원가에 포함시킨다. 자산의 내용연수가 연장되거나 자산을 사용하여 생산한 재화나 용역의 품질이 향상된 경우, 자산의 운영 효율성이 향상되어 생산되는 재화나 용역의 수량이 증가하거나 미래의 운영비용이 절감되는 경우 미래의 경제적효익이 있다고 볼 수 있다. 자본적지출은 후속기간에 자산의 감가상각을 통해 비용으로 인식한다.

유형자산의 취득 후 지출이 자본적지출의 요건을 충족하지 못하는 경우 이를 수익적지출(revenue expenditure)이라고 부르며, 이는 자산의 취득원가에 포함시키지 않고 지출시점의 기간비용으로 처리한다.

유형자산의 취득 후 지출을 자본적지출로 처리하면, 일단 지출이 이루어진 회계기간의 자산이 증가하고 비용은 적게 표시된다. 따라서 수익적지출, 즉 비용으로 처리하는 것에 비해서 기간이익이 높게 표시된다. 지출이 이루어진 회계기간 이후에는 지출 연도에 자산으로 계상된 금액이 감가상각비로 비용화되기 때문에 기간이익에 미치는 영향이 반대로 나타난다. 이와 같이 유형자산의 후속원가를 어떻게 인식하느냐에 따라 기간이익의 크기가 달라진다.

예제

문 유형자산과 관련한 다음 거래를 회계처리하시오.

(20×1. 2. 5) 사용 중인 사옥 건물에 엘리베이터 설치공사를 하였다. 공사대금 ₩18,000,000 중 50%는 현금으로 지급하였고, 나머지는 1개월 후 지급할 예

정이다.

(20×1. 3. 8) 태풍 피해로 파손된 공장 건물의 유리를 대체하기 위해 ₩2,000,000을 지출하였다.

(20×1. 4. 3) 회사 차량의 엔진오일을 교체하는 데 ₩300,000을 지출하였다.

풀이

(20×1. 2. 5)

(차)	건 물	₩18,000,000	(대)	현 금	₩9,000,000
				미지급금	9,000,000

(20×1. 3. 8)

(차)	수선유지비	₩2,000,000	(대)	현 금	₩2,000,000

(20×1. 4. 3)

(차)	차량유지비	₩300,000	(대)	현 금	₩300,000

One point Plus+

법인세회계

법인세라는 세금이 있다. 이 세금은 법인이 벌어들인 이익의 크기에 비례하여 결정된다. 기업회계를 통해 산출되는 가장 핵심적인 정보가 기간이익의 크기이고 법인세도 기간이익의 크기에 비례하므로, 기업회계와 법인세회계는 전반적인 이익측정 과정에서 많은 공통점이 있다. 그러나 양자 사이에는 기간이익을 산정하는 기본적인 사고방식에서 적지 않은 차이가 있다. 기업회계는 발생주의를 근간으로 기간이익을 측정하는 데 비해서, 법인세회계는 권리의무확정주의라는 개념이 추가된다. 또한 여러 조세정책에 따른 차이도 발생한다.

기업회계와 법인세회계 사이의 이러한 차이는 세무조정을 통하여 반영된다. 세무조정은 기업회계상 당기순이익을 기초로 하여 기업회계와 법인세회계의 차이를 조정함으로써 법인세법상 각 사업연도소득을 계산하는 일련의 과정을 의미한다.

법인세는 그 자체로 손익계산서에 포함되는 비용이다. 회계기간이 종료되면 최종적인 결산절차로 법인세를 계산해야 하기 때문에 실무부서에서는 법인세신고가 끝나야 한 해의 결산이 마무리되었다고 생각한다.

구체적으로 법인세를 계산하는 방법은 세무회계에서 배우는 내용이다. 기업회계에서 어려운 주제의 하나로 꼽히는 이연법인세 개념도 법인세회계에 대한 이해가 선행되어야 하며, 이는 중급회계에서 다루는 주제이다.

원칙적으로 기업회계와 법인세회계는 별개이다. 따라서 먼저 기업회계기준에 맞게 회계처리한 후 법인세법과의 차이는 세무조정을 통해 반영하는 것이 원칙이다. 그러나 실무에서 법인세회계가 기업회계에 큰 영향을 미치는 점을 부인하기 어렵다.

예를 들어 법인세법상 자본적지출에 해당하는 지출을 수익적지출로 처리할 경우 법인세법은 기업이 이를 한꺼번에 감가상각한 것으로 보아 세무조정을 하도록 하고 있다. 해당 자산의 내용연수가 끝날 때까지 해마다 번거로운 세무조정을 해야 하니, 기업 입장에서는 세법 규정에 맞춰 자본적지출 여부를 결정하는 것이 편하다고 생각하기 마련이다. 감사인도 경영자의 이러한 판단을 문제 삼는 일은 흔치 않다.

법인세법상 개별자산별로 수선비로 지출한 금액이 300만원 미만이면, 설사 그 지출의 성격이 자본적지출이라 하더라도 수익적지출로 처리할 수 있다. 또한 취득가액이 거래단위별로 100만원 이하인 감가상각자산을 자산이 아닌 비용으로 처리할 수 있고, 가구나 개인용 컴퓨터는 100만원을 넘더라도 비용으로 처리할 수 있다. 이는 실무상 자본적지출과 수익적지출의 판단이 애매하기 때문에 느끼는 기업의 부담을 줄여준다. 또한 금액적 중요성이 크지 않은 지출에 대하여 감가상각과정을 거치지 않아도 되도록 법인세법에서 기업의 회계처리 부담을 경감시켜 주는 배려로 이해할 수 있다.

9.4 감가상각

9.4.1 감가상각의 의의

토지를 제외한 유형자산은 기업의 영업활동에 사용되면서 물리적 요인과 경제적 요인에 의하여 미래의 경제적효익이 점차 감소하는 것이 일반적이다. 물리적 요인은 사용으로 마모되거나 시간이 경과하여 성능이 떨어지는 것 등을 말하며, 경제적 요인이란 진부화나 부적합화 등을 의미한다. 유형자산의 가치가 감소하는 원인을 개별적으로 관찰하여 이를 측정하기는 어렵기 때문에 회계에서는 유형자산의 가치 감소분을 체계적이고 합리적인 방법으로 회계기간별로 배분하는 절차를 두고 있다.

감가상각(減價償却, depreciation)은 유형자산의 취득원가에서 잔존가치를 차감한 감가상각대상금액을 그 자산의 사용가능기간(내용연수) 동안 체계적이고 합리적으로 배분하여 비용화시키는 과정이다.

감가상각비를 계산하기 위한 세 가지 요소는 감가상각대상금액, 내용연수, 감가상각방법이다.

감가상각대상금액은 유형자산의 취득원가에서 추정 잔존가치를 차감한 금액이다. 잔존가치(residual value)란 해당 자산의 내용연수 종료시점에 해당 자산을 처분하여 획득할 수 있는 금액에서 처분비용을 차감한 금액을 의미하며, 이는 경영자의 추정치이다. 잔존가치를 높게 추정할수록 감가상각대상금액은 줄어들고 연간 감가상각비도 적게 계산된다. 따라서 해당 자산의 사용기간 중에는 기간이익이 높게 나타나지만, 해당 자산이 처분되는 회계기간에는 이익이 그만큼 적게 표시된다.

유형자산의 내용연수(耐用年數, useful life)는 해당 자산을 사용할 수 있을 것으로 경영자가 추정하는 기간을 의미한다. 내용연수는 일반적으로 예상사용기간(예: 5년, 10년)으로 표시하지만, 생산량비례법과 같이 감가상각비 계산 시 기간이 아닌 예상생산량 등에 기초하는 경우 생산량이나 기계가동시간 등의 수량으로 표시할 수도 있다. 내용연수를 길게 설정할수록 연간 감가상각비가 적게 계산되며, 따라서 해당 자산의 사용기간 중에는 기간이익이 높게 나타나고 해당 자산이 처분되는 회계기간에는 이익이 그만큼 적게 표시된다.

감가상각방법은 유형자산의 감가상각대상금액을 해당 자산의 내용연수 동안 체계적으로 배분하는 구체적인 방법이다. 어떤 감가상각방법을 선택하느냐에 따라 회계기간별로 감가상각비가 달라지기 때문에 기간손익의 크기에 직접적인 영향을 미친다. 우리나라에서 실무상 많이 사용하는 감가상각방법은 정액법, 정률법, 생산량비례법이다.

9.4.2 정액법

정액법(定額法, straight-line method)은 유형자산의 내용연수 동안 매 회계기간에 일정액의 감가상각비를 인식하는 방법이다.

연간 감가상각비 = (취득원가 − 잔존가치)/내용연수

예제

문 (주)원승은 20×1년 1월 4일에 ₩10,000,000의 기계장치를 취득하였다. 내용연수는 3년, 잔존가치는 ₩1,000,000으로 추정하였다. 정액법에 따른 연도별 감가상각비와 매 연도말 기계장치의 장부금액을 계산하시오.

풀이

회계연도	감가상각비	감가상각누계액	기말장부금액
20×1년	₩3,000,000	₩3,000,000	₩7,000,000
20×2년	3,000,000	6,000,000	4,000,000
20×3년	3,000,000	9,000,000	1,000,000

9.4.3 정률법

정률법(定率法, fixed rate method)은 유형자산의 기초장부금액에 일정한 상각률을 곱하여 감가상각비를 계산하는 방법이다. 정률법을 적용하면 유형자산의 취득 초기에 감가상각비가 많이 인식되고, 내용연수의 경과에 따라 감가상각비가 감소한다. 기초장부금액은 유형자산의 취득원가에서 전기말의 감가상각누계액을 차감한 금액이다.

$$\text{연간 감가상각비} = \text{기초장부금액} \times \text{상각률}$$

상각률은 다음 산식으로 결정되며, 정률법 문제에서는 상각률을 알려주는 것이 일반적이다.

$$\text{상각률} = 1 - \sqrt[n]{\frac{\text{잔존가액}}{\text{취득원가}}}, \qquad n\text{: 내용연수}$$

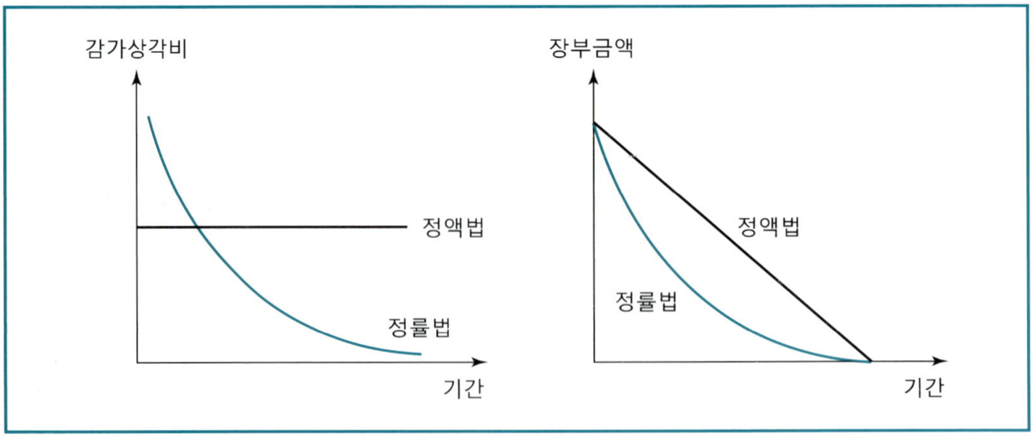

예제

문 (주)원승은 20×1년 1월 4일에 ₩10,000,000의 기계장치를 취득하였다. 내용연수는 3년, 잔존가치는 ₩1,000,000으로 추정하였다. 정률법에 따른 연도별 감가상각비와 매 연도말 기계장치의 장부금액을 계산하시오. 정률법 상각률은 0.536이다.

풀이

회계연도	감가상각비	감가상각누계액	기말장부금액
20×1년	₩5,360,000	₩5,360,000	₩4,640,000
20×2년	2,487,040	7,847,040	2,152,960
20×3년	1,152,960	9,000,000	1,000,000

정률법의 경우 반올림오차(rounding error) 때문에 마지막 연도(20×3년)의 감가상각비는 내용연수(3년) 동안의 감가상각비 합계가 감가상각대상금액(₩9,000,000)과 일치하도록 조정하여 계산한다. 이는 기초장부금액(₩2,152,960)에서 잔존가치(₩1,000,000)를 차감한 금액과 일치한다.

정률법은 유형자산의 내용연수 동안 감가상각비가 매년 감소하기 때문에 체감잔액법(diminishing balance method)의 유형에 속하는 감가상각방법이다. 체감잔액법은 유형자산의 취득 초기에 많은 금액을 상각하기 때문에 가속상각법(accelerated depreciation method)이라고도 부른다. 체감잔액법의 또 다른 유형으로 이중체감법(double declining balance method)과 연수합계법(sum-of-years' digit method)을 들 수 있으나, 이들 방법은 우리나라 법인세법상 인정되지 않는 감가상각방법이므로 실무에서는 많이 사용되지 않는다.

이중체감법은 미국에서 사용되는 방법으로 우리나라의 정률법과 비슷하지만, 상각률을 복잡한 산식으로 계산할 필요 없이 단순하게 정액법 상각률의 2배를 적용하는 방법이다.

연수합계법은 내용연수의 합계를 분모로 하고 잔여내용연수를 분자로 하여 상각률을 계산하는 방법이다.

예제

문 (주)원승은 20×1년 1월 4일에 ₩10,000,000의 기계장치를 취득하였다. 내용연수는 3년, 잔존가치는 ₩1,000,000으로 추정하였다. 연수합계법에 따른 연도별 감가상각비와 매연도말 기계장치의 장부금액을 계산하시오.

풀이

회계연도	상각률	감가상각비	감가상각누계액	기말장부금액
20×1년	3/6	₩4,500,000	₩4,500,000	₩5,500,000
20×2년	2/6	3,000,000	7,500,000	2,500,000
20×3년	1/6	1,500,000	9,000,000	1,000,000

연수합계법은 감가상각대상금액(₩9,000,000)에 연도별 상각률을 곱하여 감가상각비를 계산한다는 점에서 정률법과 차이가 있다. 정률법은 감가상각대상금액이 아니라 취득원가에서 감가상각누계액을 차감한 미상각잔액에 상각률을 적용하여 연도별 감가상각비를 계산한다.

9.4.4 생산량비례법

생산량비례법(unit of production method)은 생산량, 기계가동시간, 운행거리 등에 비례하여 감가상각비를 계산하는 방법이다.

연간 감가상각비 = (취득원가 − 잔존가치) × (연간생산량/예상총생산량)

예제

문 (주)원승은 20×1년 1월 4일에 ₩10,000,000의 광업용 기계장치를 취득하였고, 이 기계장치를 사용하여 총 10,000톤의 광물을 채굴할 수 있을 것으로 추정된다. 잔존가치는 ₩1,000,000으로 추정하였다. 당기에 3,000톤의 광물을 채굴하였다면, 생산량비례법에 의해 (주)원승이 당기에 계상할 감가상각비는 얼마인가?

풀이

20×1년 감가상각비 = (₩10,000,000 − ₩1,000,000) × (3,000톤/10,000톤)
= ₩2,700,000

9.4.5 감가상각비의 회계처리

감가상각은 유형자산의 취득원가를 비용으로 전환해 가는 과정이다. 당기분 감가상각비를 계산하면, 차변에 감가상각비계정으로 기록하고 대변에 감가상각누계액계정으로 회계처리한다.

(차) 감 가 상 각 비 ××× (대) 감가상각누계액 ×××

감가상각누계액(accumulated depreciation)은 대변계정이지만 부채가 아니며, 유형자산의 장부금액을 줄여주는 차감적 평가계정이다. 감가상각비는 한 회계기간의 비용을 의미하지만, 감가상각누계액은 해당 유형자산의 취득 이후 여러 회계기간 동안 인식한 감가상각비의 합계액을 나타낸다. 감가상각비는 당기에 인식한 비용이므로 그대로 손익계산서에 표시되고, 감가상각누계액은 유형자산의 취득원가에서 차감하는 형식으로 재무상태표에 표시된다. 유형자산의 취득원가에서 감가상각누계액을 차감한 금액을 장부금액이라고 한다.

9.4.6 회계기간 중 취득하거나 처분한 경우의 감가상각

유형자산의 취득과 처분은 기초나 기말에 발생하기보다 기중에 많이 발생한다. 이 경우 취득연도나 처분연도의 감가상각비를 계산하기 위해서는 1년분 감가상각비 중에서 자산을 사용한 기간에 해당하는 부분을 월할기준으로 감가상각비로 인식하는 방법이 많이 사용된다.

9.4.7 자산의 내용연수, 잔존가치, 감가상각방법의 변경

경제환경이 변화함에 따라 회계변경(accounting change)을 하는 경우가 있다. 회계변경은 크게 회계정책의 변경과 회계추정의 변경으로 구분된다.

유형자산의 내용연수, 잔존가치, 감가상각방법을 변경하는 것은 회계추정의 변경에 해당한다. 회계추정(accounting estimate)은 재무제표 구성요소의 측정과 인식에 영향을 미치는 추정을 의미하며, 회계에서 합리적인 추정치를 사용하는 것은 재무제표의 작성을 위해 필수불가결한 요소이다.

회계추정치가 변경되면 전진법으로 회계처리한다. 전진법(prospective approach)은 회계추정을 변경한 기간부터 관련 자산, 부채 또는 자본 구성요소의 장부금액을 조정하여 회계추정의 변경효과를 인식하는 방법이다. 즉, 새로운 추정치를 과거로 소급하지 않고 당기와 미래의 재무제표에만 반영하므로 소급법에 비해서 회계처리가 간편하다.

회계정책(accounting policy)이 변경되면 소급법으로 회계처리한다. 소급법(retrospective approach)은 새로 채택한 회계정책이 과거 기간부터 계속 사용되어 온 것처럼 과거 기간의 재무제표를 소급하여 재작성하는 방법이다. 재고자산 측정방법을 선입선출법에서 평균법으로 변경하는 것은 회계정책 변경의 예이다. 여기서 주의할 것은 변경 전과 변경 후의 회계정책이 모두 회계기준에 부합되어야 한다는 점이다. 만약 '잘못된' 것을 바로잡는 것이라면 이는 회계정책의 변경이 아닌 오류수정(error correction)에 해당한다.

9.5 유형자산의 처분

사용하던 유형자산을 매각(disposal)하면 해당 자산의 취득원가와 감가상각누계액을 장부에서 제거하고, 처분가액과 처분시점의 장부금액 차이를 유형자산처분손익으로 인식하여 당기손익에 포함시킨다. 처분시점의 장부금액을 계산하기 위해서는 기초부터 처분시점까지의 감가상각비를 계산하여야 한다.

예제

(주)원승은 20×1년 1월 1일에 ₩4,000,000의 비품을 취득하였다. 내용연수는 3년, 잔존가치는 ₩400,000으로 추정하였다. (주)원승은 정액법을 적용하여 기말시점에 감가상각비를 인식하였고, 20×2년 6월 30일에 이 비품을 ₩1,000,000에 처분하였다.

문 비품의 매각과 관련한 회계처리를 하시오.

풀이

(1) 기초부터 처분시점까지의 감가상각비(6개월분) 인식

{(₩4,000,000 − ₩400,000)/3} × 6/12 = ₩600,000

(차) 감 가 상 각 비 ₩600,000 (대) 감가상각누계액 ₩600,000

(2) 유형자산처분손익 인식

처분시점의 장부금액 = 취득원가 − 감가상각누계액

= ₩4,000,000 − (₩1,200,000 + ₩600,000)

= ₩2,200,000

처분이익(손실) = 처분대가 − 장부금액 = ₩1,000,000 − ₩2,200,000

= (₩1,200,000)

(차)			(대)		
	현　　　금	₩1,000,000		비　　　품	₩4,000,000
	감가상각누계액	1,800,000			
	유형자산처분손실	1,200,000			

만약 대가를 받지 않고 유형자산을 폐기(retirement)하는 경우에는 유형자산의 장부금액 전액을 유형자산처분손실로 인식한다.

9.6 무형자산의 의의

무형자산(intangible asset)은 물리적 실체가 없지만 식별가능한 비화폐성자산으로서 기업의 통제하에 있고 장기간에 걸쳐 기업의 영업활동에 경제적효익을 제공할 것으로 기대되는 자산이다. 무형자산도 자산에 속하기 때문에 일반적인 자산의 인식요건을 갖춰야 한다. 즉, 자산으로부터 발생하는 미래의 경제적효익이 기업에 유입될 가능성이 높고, 자산의 원가를 신뢰성 있게 측정할 수 있어야 한다.

무형자산의 회계상 인식과 측정은 개별적으로 취득하는 것과 기업 내부에서 창출하는 것으로 나누어 생각할 수 있다. 유형자산과 마찬가지로 무형자산도 최초로 인식할 때는 원가로 측정한다. 예를 들어 특허권이란 무형자산은 특허를 취득하기까지 소요된 원가를 의미하며, 이는 해당 특허가 가진 경제적 가치의 크기와는 무관하다.

기업이 신제품이나 신기술의 연구개발을 위하여 거액의 투자를 하는 경우 어느 정도까지 무형자산으로 인식할 수 있는지도 중요한 회계 주제이다.

국제회계기준에서는 내부적으로 무형자산이 창출될 수 있는 상황을 연구단계와 개발단계로 나누어 규정하고 있다.

연구단계(research phase)란 새로운 과학적·기술적 지식을 얻거나 연구결과를 탐색하여 신제품이나 신기술의 개발가능성을 탐색하는 단계를 의미하며, 이 단계에서 발생한 지출은 모두 당기비용(연구비)으로 처리하여야 한다.

연구단계에서 발생한 모든 지출을 무형자산으로 인식하지 않고 발생시점에 당기비용으로 인식하는 이유는 연구활동을 수행하며 지출한 비용이 미래 경제적효익을 창출할 수 있는지 여부가 불확실하며, 미래 경제적효익이 창출될 것이라는 점을 입증하기가 어렵기 때문이다. 즉, 자산으로 인식하기 위해서는 미래 경제적효익이 기업에 유입될 가능성이 높다는 것을 보여야 하는데, 연구단계에서는 해당 연구가 성공할 것인지 여부조차 불투명하기 때문에 미래 경제적효익을 가져다 줄 수 있는지에 대한 확신을 갖기가 어렵다고 보는 것이다.

개발단계(development phase)는 연구활동의 결과를 상업적으로 또는 영업활동 영역으로 발전시켜 나가기 위한 활동으로 생산계획 또는 생산을 위한 설계에 적용하는 활동을 말한다. 즉 재료, 장치, 제품, 공정 등을 새로 만들거나 개량하기 위해서 상업적인 생산이나 사용을 시작하기 전에 연구단계에서 얻은 성과물이나 관련 지식을 생산계획이나 설계에 적용하는 단계이다.

개발단계에서 발생한 지출은 무형자산의 인식요건을 모두 충족하는 경우에만 자산(개발비)으로 처리하고, 무형자산의 인식요건을 일부라도 충족시키지 못하는 지출은 당기비용(경상개발비)으로 처리한다. 즉, 기업의 연구개발활동에 대한 지출은 식별가능성, 자원에 대한 기업의 통제, 미래 경제적효익의 제공이라는 무형자산의 정의에 부합되는 지출에 대해서만 자산으로 처리할 수 있고, 나머지는 모두 비용으로 처리하여야 한다.

무형자산은 개별적으로 식별할 수 있는지의 식별가능성(identifiability)에 따라 크게 영업권과 일반적 무형자산으로 분류할 수 있다. 개별적으로 식별가능한 일반적 무형자산으로는 산업재산권, 프랜차이즈, 라이선스, 저작권, 컴퓨터 소프트웨어, 개발비, 광업권, 어업권 등을 들 수 있다.

이들 무형자산과는 달리 영업권(goodwill)은 개별적으로 식별할 수 없기 때문에 내부적으로 창출한 영업권은 자산으로 인식할 수 없고, 다른 기업을 합병하거나 매수하는 경우 그 기업의 순자산(=자산−부채)에 대한 공정가치를 초과하여 지급한 금액을 영업권으로 인식한다.

영업권이란 다른 기업에 비해서 초과이익을 낼 수 있는 능력을 의미한다. 기업에 대한 좋은 평판이나 이미지, 탁월한 경영자의 경영능력, 브랜드 가치 등 실제 영업권의 크기에 영향을 미칠 만한 요소는 많이 있지만, 회계상 내부적으로 창출한 영업권은 자산으로 인식할 수 없기 때문에 이들과 관련한 지출은 영업권으로 계상하지 않고 기간비용으로 처리한다.

One point Plus+

화폐성 항목과 비화폐성 항목

자산과 부채를 화폐성 항목과 비화폐성 항목으로 구분하는 방법이 있다. 화폐성 항목(monetary item)은 화폐가치의 변동과 상관없이 자산과 부채의 금액이 계약 등에 의하여 일정액의 화폐액으로 고정되어 있는 것을 말한다. 현금과 예금, 대부분의 채권과 채무, 사채 등이 이에 속한다. 비화폐성 항목(non-monetary item)은 화폐성 항목 이외의 자산과 부채라고 생각하면 된다. 선급금과 선수금, 주식, 재고자산, 유형자산, 무형자산 등이 그 예이다. 선급금과 선수금이 비화폐성 항목인 이유는 향후 현금으로 정산하는 것이 아니라 약속한 재화와 용역을 수수함으로써 권리와 의무가 소멸하기 때문이다.

회계에서 화폐성 항목과 비화폐성 항목의 구분은 주로 외화환산과 관련하여 사용된다. 외화거래를 발생일의 현물환율로 최초 인식한 후 회계기간 말까지 관련 외화자산이나 외화부채가 회수 또는 결제되지 않은 경우 환율변동의 효과는 당해 외화자산이나 외화부채가 화폐성 항목인지의 여부에 따라 회계처리가 달라진다.

회계기간 말에 화폐성 외화 항목은 마감환율(closing rate)로 환산하고, 환산 전 장부금액과 환산 후 장부금액의 차이를 당기손익으로 인식한다. 비화폐성 외화 항목은 역사적원가로 측정하느냐, 아니면 공정가치로 측정하느냐에 따라 회계처리가 달라진다. 역사적원가로 측정하는 비화폐성 외화 항목은 거래일의 환율로 환산한 금액을 재무상태표에 표시하기 때문에 외환차이가 발생하지 않는다. 환산 전 장부금액도 이미 거래일의 환율로 환산되어 기록되었기 때문이다. 만약 비화폐성 외화 항목을 공정가치로 측정하는 경우에는 공정가치가 결정된 날의 환율로 환산한 금액을 재무상태표에 표시한다.

화폐성 항목과 비화폐성 항목의 구분은 인플레이션에 따른 영향이 다르다는 점에서도 의미가 있다. 물가가 상승하는 시기에 화폐성자산을 보유하면 구매력손실이 발생하고, 물가가 하락하는 시기에 화폐성자산을 보유하면 구매력이익이 발생한다. 화폐성부채는 그 반대의 효과가 발생한다. 물론 모든 비화폐성자산의 가격이 동일한 비율로 오르내리는 것은 아니지만, 일반적으로 인플레이션이 심한 시기에는 구매력손실을 회피하기 위해서 비화폐성자산을 선호하는 경향이 있다.

9.7 무형자산의 상각

무형자산도 한 회계기간을 초과하여 사용할 것이 예상되는 자산이기 때문에 무형자산의 취득원가를 내용연수에 걸쳐 체계적으로 원가배분하여야 한다. 유형자산은 감가상각(depreciation)이라는 용어를 사용하지만, 무형자산의 경우에는 상각(amortization)이라는 표현을 쓴다.

무형자산의 상각을 하기 위해서는 먼저 무형자산의 내용연수가 유한한지, 아니면 비한정(indefinite)인지를 판단해야 한다. 내용연수가 유한한 무형자산은 내용연수 동안 상각한다. 무형자산은 실무상 대부분 정액법으로 상각하며, 잔존가치는 특별한 사유가 없는 한 0으로 보는 것이 일반적이다.

유형자산의 감가상각에서는 감가상각누계액계정을 사용하지만, 무형자산의 상각에서는 누계액계정을 사용하지 않고 당기 상각액을 해당 무형자산에서 직접 차감한다.

예제

(주)원승은 20×1년 1월 1일에 특허를 취득하였고, 그동안 특허 취득을 위해 지출한 ₩2,000,000을 특허권(무형자산)으로 계상하였다. 특허권은 법률적으로 10년간 보호된다.

문 20×1년말 특허권 상각에 대한 회계처리를 하시오.

풀이

(차) 무형자산상각비 ₩200,000 (대) 특 허 권 ₩200,000

내용연수가 비한정인 무형자산은 상각하지 않는다. 국제회계기준에서 영업권의 내용연수를 비한정인 것으로 보기 때문에 국제회계기준을 적용할 경우 영업권에 대해서는 상각을 하지 않는다. 내용연수가 비한정인 무형자산도 매 회계기간말에 내용연수가 계속하여 비한정인지를 검토하여야 하며, 검토결과 내용연수가 더 이상 비한정이 아닌 한정으로 판명되면 내용연수를 한정된 내용연수로 변경하여야 한다.

9.8 재평가와 손상차손

9.8.1 재평가모형

지금까지 유형자산과 무형자산은 최초 원가(cost)로 인식한 후 공정가치(fair value)의 변동을 인식하지 않는 것으로 설명하였다. 이를 원가모형

(cost model)이라고 부르는데, 국제회계기준에서는 이와 대비되는 방법으로 유형자산과 무형자산을 최초 원가(cost)로 인식한 후 이들 자산의 공정가치 변동을 인식하여 회계처리하는 재평가모형(revaluation model)을 선택할 수 있도록 규정하고 있다.

역사적원가(historical cost)와 공정가치는 검증가능성(verifiability)과 목적적합성(relevance)의 관점에서 장단점이 상충된다.

역사적원가로 자산을 평가하면 과거에 실제 이루어진 거래금액에 기초하므로 검증가능성이 높으며 객관적이다. 이에 비해서 공정가치는 이용자의 의사결정 목적에 부합하는 경우가 많지만, 실제 이루어진 거래에 기초한 금액이 아니기 때문에 경영자의 주관적인 판단이 개입할 여지가 많은 단점이 있다.

예를 들어 20년 전 ₩10,000,000을 주고 취득한 공장부지를 계속해서 ₩10,000,000으로 재무상태표에 표시하는 것은 원가모형에 입각한 것이다. 만약 이 지역의 토지가격이 상승해서 시가가 ₩50,000,000 정도로 높아졌다면, 이 기업의 재무상태를 판단할 때 적어도 이론적으로는 역사적원가(₩10,000,000) 보다 공정시가(₩50,000,000)로 평가된 금액을 사용하는 것이 재무제표이용자의 의사결정 목적에 더 부합할 것이다. 그러나 기업의 많은 자산에 대하여 공정시가를 객관성 있게 측정하기가 매우 어렵기 때문에 실무적으로는 원가모형을 많이 사용하고 있다.

재평가모형을 적용하는 경우에는 기말에 자산의 공정가치를 측정하여 이를 장부금액과 비교한다. 만약 자산의 공정가치(재평가금액)가 해당 자산의 장부금액보다 큰 경우에는 자산의 장부금액을 재평가금액으로 증가시키고, 그 증가액을 포괄손익계산서에 기타포괄손익(재평가잉여금)으로 표시한다. 재무상태표에는 자본란의 기타포괄손익누계액에 가산하여 표시한다. 이와 같이 자산재평가로 인한 증가금액은 당기순이익에 포함시키지 않는다.

그런데 다음 회계기간에 재평가한 결과 자산의 공정가치가 장부금액(이전에 재평가한 금액)보다 낮다면, 어떻게 회계처리해야 할까? 이 경우에는 이전의 재평가 시 계상했던 재평가잉여금의 범위에서 이와 상계처리하고, 그래도 남는 금액이 있으면 이를 재평가손실(손상차손)로 처리하여 손익계산서에 당기비용으로 표시한다.

예제

(주)원승은 20×1년 1월 1일에 ₩10,000,000의 토지를 취득하였고, 재평가모형을 적용하여 회계처리하고 있다. 20×1년말과 20×2년말의 토지 공정가치는 각각 ₩11,000,000과 ₩9,500,000이었다.

문 토지의 재평가와 관련한 회계처리를 하시오.

풀이

(20×1. 12. 31)

(차)	토 지	₩1,000,000	(대) 재평가잉여금	₩1,000,000

(20×2. 12. 31)

(차)	재평가잉여금	₩1,000,000	(대) 토 지	₩1,500,000
	재평가손실	500,000		

20×2년말의 재평가 감소액은 ₩1,500,000이지만, 20×1년에 인식한 재평가잉여금(₩1,000,000)을 상계하고 남은 금액(₩500,000)을 당기비용(재평가손실)으로 인식한다. 포괄손익계산서에는 ₩500,000이 당기비용으로 표시되고, 재평가잉여금 ₩1,000,000은 기타포괄손익에 (−)항목으로 표시된다.

9.8.2 손상차손

국제회계기준에서는 거의 모든 자산에 대해서 손상차손(impairment loss)을 인식하도록 규정하고 있다. 유형자산과 무형자산도 손상이 발생되었는지 여부를 판단하기 위하여 매 보고기간말에 자산 손상의 징후가 있는지를 검토하여야 한다.

기업이 영업활동을 위해 보유하는 자산이 원래의 의도대로 최소한 장

부금액 이상의 경제적효익을 창출하는 데 기여하고 있다면, 원가모형이나 재평가모형을 적용한 회계논리에 따라 원가배분(감가상각, 상각)을 하는 회계처리로 충분할 것이다. 그러나 자산의 가치가 급격히 떨어졌다고 판단되는 경우에는 해당 자산의 회수가능액을 추정하여 장부금액과 비교하는 손상검사(impairment test)를 실시하고, 회수가능액이 장부금액에 미달하면 그 차액을 손상차손으로 인식하여 손익계산서에 기간비용으로 반영하여야 한다.

자산의 회수가능액(recoverable amount)은 순공정가치와 사용가치 중 큰 금액을 적용한다. 순공정가치(net fair value)는 공정가치에서 처분부대비용을 차감하여 계산하며, 사용가치(value in use)는 해당 자산을 계속 사용할 때 창출될 것으로 기대되는 미래현금흐름의 현재가치를 의미한다.

만약 이전에 손상처리했던 자산의 회수가능액이 회복된 경우에는 손상차손으로 인식했던 금액 범위에서 손상차손환입(수익)으로 회계처리한다.

손상차손을 인식할 때 사용하는 상대계정은 손상차손누계액이다. 이는 대변계정이기는 하지만 부채가 아니며, 대손충당금, 재고자산평가충당금, 감가상각누계액과 마찬가지로 자산을 줄여서 표시하기 위한 차감적 평가계정이다.

예제

(주)원승은 20×1년 1월 1일에 ₩10,000,000의 기계장치를 취득하였고, 원가모형을 적용하여 회계처리하고 있다. 20×3년말 감가상각비를 인식한 후 기계장치의 장부금액은 ₩6,300,000이다. 20×3년말에 기계장치를 평가해 보니 기계장치를 매각하면 ₩5,000,000을 받을 수 있고 ₩1,000,000의 처분부대비용이 소요될 것으로 추정되었다. 이 기계장치를 계속 사용하여 얻을 수 있는 미래현금흐름의 현재가치는 ₩3,500,000으로 산정되었다.

문 (주)원승이 20×3년말에 이 기계장치에 대하여 손상차손을 인식하여야 하는지를 판단하고, 인식할 경우 필요한 회계처리를 하시오.

풀이

(1) 손상검사

기계장치의 회수가능액은 순공정가치(₩4,000,000)와 사용가치(₩3,500,000) 중 큰 금액(₩4,000,000)이다. 기계장치의 회수가능액(₩4,000,000)이 장부금액(₩6,300,0000)에 미달하기 때문에 그 차액(₩2,300,000)을 손상차손으로 인식해야 한다.

(2) 회계처리

(차) 유형자산손상차손 ₩2,300,000 (대) 손상차손누계액 ₩2,300,000

연 ▪ 습 ▪ 문 ▪ 제

1. 유형자산에 관한 다음 설명 중 타당하지 않은 것은?

① 영업활동과정에서 사용할 목적의 자산

② 물리적 형태가 있는 자산

③ 한 회계기간을 초과하여 사용할 것이 예상되는 자산

④ 판매를 목적으로 보유하는 자산

2. 다음 중 유형자산에 해당하는 계정과목이 아닌 것은?

① 토지　　② 영업권

③ 건물　　④ 비품

3. 다음 중 유형자산의 취득원가에 포함시킬 수 없는 것은?

① 구입가격　　② 시운전비

③ 취득세　　④ 재산세

4. 유형자산의 취득 후 지출이 해당 자산의 미래 경제적효익을 크게 향상시키는 경우 이를 (　　)(이)라고 하며, 이는 기간비용으로 처리하지 않고 해당 자산의 취득원가에 포함시킨다.

① 자본적지출　　② 수익적지출

③ 건설중인 자산　　④ 수선비

5. 유형자산의 회계처리에 관한 설명으로 타당하지 않은 것은?

① 수익적지출은 기간비용으로 처리한다.

② 취득 후 지출을 자본적지출로 처리하면 수익적지출로 처리하는 것에 비해서 지출이 이루어진 회계기간의 이익이 높게 표시된다.

③ 취득 후 지출을 자본적지출로 처리하면 수익적지출로 처리하는 것에 비해서 지출이 이루어진 회계기간의 감가상각비가 높게 표시된다.

④ 취득 후 지출을 자본적지출로 처리하면 수익적지출로 처리하는 것에 비해서 지출이 이루어진 회계기간의 다음 연도에도 이익이 높게 표시된다.

6. 감가상각에 관한 다음 설명 중 타당하지 않은 것은?

① 감가상각비를 계산하기 위한 세 가지 요소는 감가상각대상금액, 내용연수, 감가상각방법이다.

② 감가상각대상금액은 유형자산의 취득원가에서 잔존가치를 차감한 금액이다.

③ 잔존가치를 높게 추정할수록 연간 감가상각비도 높게 계산된다.

④ 내용연수를 길게 설정할수록 연간 감가상각비가 적게 계산된다.

7. 20×1년 1월 1일에 기계장치를 ₩4,000,000에 취득하였다. 이 기계장치의 내용연수는 4년, 잔존가치는 ₩400,000으로 추정된다. 정액법을 적용할 경우 20×1년의 감가상각비는 얼마인가?

① ₩1,000,000　　② ₩900,000

③ ₩800,000　　④ ₩700,000

8. 유형자산의 내용연수에 관한 다음 설명 중 타당하지 않은 것은?

① 경영자가 추정한 예상사용기간이다.

② 내용연수를 너무 길게 설정하면 해당 자산의 사용기간 중에는 기간이익이 낮게 나타나고, 해당 자산이 처분되는 회계기간에는 이익이 높게 표시된다.

③ 생산량비례법의 경우 예상생산량으로 표시할 수 있다.

④ 내용연수가 짧을수록 높은 상각률이 적용된다.

9. 유형자산을 취득한 초기에 정률법을 적용하여 감가상각할 경우 정액법에 비해서 이익과 유형자산의 금액이 어떻게 나타나는가?

① 이익이 크고 유형자산의 금액도 크게 표시된다.

② 이익이 크고 유형자산의 금액은 작게 표시된다.

③ 이익이 작고 유형자산의 금액도 작게 표시된다.

④ 이익이 작고 유형자산의 금액은 크게 표시된다.

10. 20×1년 1월 1일에 기계장치를 ₩10,000,000에 취득하였다. 이 기계장치의 내용연수는 5년, 잔존가치는 ₩2,000,000으로 추정된다. 정률법 상각률이 37%라고 할 때, 정률법을 적용하여 계산한 20×1년의 감가상각비는 얼마인가?

① ₩3,700,000　　② ₩2,960,000

③ ₩2,000,000　　④ ₩1,600,000

11. 감가상각비의 회계처리에 관한 다음 설명 중 타당하지 않은 것은?

① 감가상각은 유형자산의 취득원가를 비용으로 전환해 가는 과정이다.

② 감가상각비는 비용계정이므로 차변에 기록한다.

③ 유형자산의 취득원가에서 감가상각누계액을 차감한 금액을 장부금액이라고 한다.

④ 감가상각누계액은 대변에 기록하는 계정이므로 부채에 속하는 계정과목이다.

12. 20×1년 1월 1일에 ₩40,000,000의 차량을 취득하였다. 내용연수는 4년, 잔존가치는 ₩4,000,000으로 추정하였다. 20×1년 12월 31일에 정액법을 적용하여 감가상각비를 인식하였고, 20×2년 6월 30일에 사용하던 차량을 ₩20,000,000에 처분하였다. 차량의 매각시점에 얼마의 처분손익을 인식해야 하는가?

① 처분이익 ₩6,500,000　　② 처분손실 ₩6,500,000

③ 처분이익 ₩11,000,000　　④ 처분손실 ₩11,000,000

13. 회계변경에 관한 설명으로 타당하지 않은 것은?

① 유형자산의 내용연수 변경은 회계추정의 변경에 해당한다.

② 회계추정치가 변경되면 전진법으로 회계처리한다.

③ 회계정책이 변경되면 소급법으로 회계처리한다.
④ 전진법은 소급법에 비해서 회계처리가 복잡하다.

14. 다음의 영업권에 관한 설명 중 타당하지 않은 것은?
① 물리적 실체가 없지만 개별적으로 식별가능하다.
② 내부적으로 창출한 영업권은 자산으로 인식할 수 없다.
③ 다른 기업에 비해서 초과이익을 낼 수 있는 능력을 의미한다.
④ 다른 기업을 합병하거나 매수하는 경우 그 기업의 순자산에 대한 공정가치를 초과하여 지급한 금액은 영업권으로 인식한다.

15. 연구개발의 회계처리에 관한 다음 설명 중 타당하지 않은 것은?
① 연구단계와 개발단계로 구분하여 판단한다.
② 개발단계에서 발생한 지출이 무형자산의 인식요건을 충족하면 자산으로 회계처리한다.
③ 연구단계의 지출은 개발단계의 지출에 비해서 자산으로 처리할 가능성이 높다.
④ 무형자산으로의 인정 여부에 따라 기간손익이 달라진다.

16. 무형자산의 상각에 관한 다음 설명 중 타당하지 않은 것은?
① 내용연수에 걸쳐 취득원가를 체계적으로 원가배분한다.
② 내용연수가 비한정인 무형자산은 상각하지 않는다.
③ 대부분 정률법으로 상각한다.
④ 누계액계정을 사용하지 않고 당기 상각액을 직접 해당 무형자산에서 차감한다.

17. 국제회계기준에서 유형자산과 무형자산은 원가모형과 재평가모형을 선택하여 적용할 수 있다. 이에 관한 설명 중 타당하지 않은 것은?
① 역사적원가와 공정가치는 검증가능성과 목적적합성의 관점에서 장단점이 상충된다.

② 역사적원가로 자산을 평가하면 목적적합성이 높은 것이 장점이다.
③ 공정가치로 자산을 평가할 경우 경영자의 주관적인 판단이 개입할 소지가 높다.
④ 실무적으로 원가모형이 많이 사용된다.

18. 유형자산의 재평가모형에 관한 다음 설명 중 타당하지 않은 것은?

① 기말에 자산의 공정가치를 측정하여 이를 장부금액과 비교한다.
② 자산의 재평가금액이 장부금액보다 크면 그 차액을 손익계산서에 당기이익으로 인식한다.
③ 자산재평가 차액은 재무상태표의 자본란에 포함되어 나타난다.
④ 자산재평가 차액은 포괄손익계산서에 기타포괄손익으로 표시한다.

19. 20×1년 1월 1일에 B회사를 합병하면서 현금 ₩20,000,000을 지급하였다. 20×1년 1월 1일 현재 B회사의 자산 공정가치는 ₩50,000,000이고 부채의 공정가치는 ₩35,000,000이다. 합병 시 영업권으로 인식할 금액은 얼마인가?

① ₩5,000,000　　② ₩15,000,000
③ ₩20,000,000　　④ ₩30,000,000

20. 유형자산과 무형자산의 손상차손에 관한 다음 설명 중 타당하지 않은 것은?

① 국제회계기준을 적용할 경우 매 보고기간말에 자산 손상의 징후가 있는지 검토해야 한다.
② 자산의 가치가 급격히 떨어졌다고 판단되면, 해당 자산의 회수가능액을 추정하여 장부금액과 비교하는 손상검사를 실시한다.
③ 자산의 회수가능액이 장부금액에 미달하면 그 차액을 손상차손으로 인식하여 손익계산서에 기간비용으로 반영한다.
④ 자산의 회수가능액은 순공정가치와 사용가치 중 작은 금액을 적용한다.

CHAPTER 10

부채계정 이해하기

10.1 부채의 의의와 분류

부채(liability)는 과거의 거래 또는 회계사건의 결과로 인하여 미래에 기업으로부터 경제적자원을 유출시키는 현재의 의무라고 정의할 수 있다. 쉽게 말하자면 남에게 돈을 갚아야 하거나 다른 재화나 용역을 제공해야 하는 의무를 말한다.

대부분의 부채는 명시적 계약이나 법률에 의해 발생하는 법적 의무이지만, 회계에서는 법적 강제청구권이 존재하지 않는 의제의무(constructive obligation)도 부채로 인식하는 대상이 된다. 고객과의 원만한 관계유지를 위해서 제품의 품질보증기간이 지난 뒤에도 무상으로 수리해 주는 정책, 오랜 기간 명절상여금을 지속적으로 지급해 온 관행 등을 그 예로 들 수 있다.

부채는 상환시기에 따라 유동부채와 비유동부채로 분류할 수 있다. 유동부채(current liability)는 1년 또는 정상영업주기 내에 결제해야 하는 부채를 의미하고, 그렇지 않은 부채는 비유동부채(non-current liability)로 분류된다.

유동부채	매입채무, 미지급금, 미지급비용, 선수수익, 선수금, 예수금, 단기차입금, 유동성장기부채
비유동부채	사채, 장기차입금, 충당부채, 퇴직급여부채

부채는 금융부채와 비금융부채로 분류할 수도 있다. 국제회계기준에서 금융부채(financial liability)는 거래상대방에게 현금 등 금융자산을 인도하기로 한 계약상 의무, 잠재적으로 불리한 조건으로 거래상대방과 금융자산이나 금융부채를 교환하기로 한 계약상 의무를 말한다. 따라서 계약상의 의무가 아닌 것, 지출의 시기나 금액이 불확실한 미확정부채(충당부채)는 비금융부채로 분류된다.

금융부채	매입채무, 미지급금, 미지급비용, 차입금, 사채
비금융부채	선수금, 선수수익, 미지급법인세, 충당부채, 퇴직급여부채

금융부채는 원칙적으로 상각후원가(amortized cost)로 측정하며, 이는 유효이자율법을 적용하여 사채발행차금을 상각하는 사채의 회계처리에 잘 나타난다. 다만 금융부채 중 1년 이내에 결제해야 하는 유동부채는 명목금액(액면금액)과 현재가치의 차이, 즉 이자요소가 중요하지 않다고 보아 실무상 상각후원가로 측정하지 않고 명목금액으로 측정한다.

10.2 유동부채

10.2.1 매입채무와 미지급금

매입채무와 미지급금은 매출채권과 미수금에 대응되는 계정과목이다. 매입채무(외상매입금, 지급어음)는 기업의 주된 영업활동에서 발생하는 채무이고, 미지급금은 재고자산 이외의 자산을 외상으로 구입할 때 발생하는 채무이다(7.5.2 참조).

10.2.2 미지급비용과 선수수익

미지급비용과 선수수익은 결산수정분개와 관련하여 발생하는 계정과목이다(4.2 참조).

미지급비용(accrued expense)은 이미 발생하였지만 지급기일이 도래하지 않아 실제로는 아직 지급되지 않은 비용을 말하며, 이는 미수수익(accrued revenue)에 대응되는 계정과목이다. 예를 들어 아직 지급기일이 도래하지 않았지만 결산일 현재 이미 발생한 이자가 ₩100,000이면, 차입자와 대여자는 이를 각각 미지급비용과 미수수익으로 인식하는 것이다.

[차입자의 회계처리]

(차) 이 자 비 용	₩100,000	(대) 미지급비용	₩100,000

[대여자의 회계처리]

(차) 미수수익	₩100,000	(대) 이자수익	₩100,000

선수수익(unearned revenue)은 미래에 발생하는 수익을 미리 수취한 것을 의미하며, 이는 선급비용(prepaid expense)에 대응되는 계정과목이다. 예를 들어 임대업을 하는 회사가 결산일 현재 ₩80,000의 임대료를 미리 받은 상태라면, 임대인과 임차인은 이를 각각 선수수익과 선급비용으로 인식한다.

[임대인의 회계처리]

(차) 임대수익	₩80,000	(대) 선수수익	₩80,000

[임차인의 회계처리]

(차) 선급비용	₩80,000	(대) 임 차 료	₩80,000

10.2.3 선수금

선수금(advance received)은 상품의 매출대금을 미리 수취한 것을 말하며, 이는 선급금(advance payment)에 대응되는 계정과목이다. 선수수익과 선급비용이 결산수정분개와 관련하여 발생하고 소멸하는 계정과목인 데 비해서, 선수금과 선급금은 기중 거래에서 발생하는 상품거래와 관련한 계정과목이라는 점에서 구별된다.

상품판매회사가 계약금으로 공급대가(₩150,000)의 일부(₩30,000)를 먼저 수취하였다면 이를 선수금으로 처리하고, 추후 상품을 판매(인도)하는 시점에 선수금을 차감하고 매출을 인식한다.

[계약금을 받을 때의 회계처리]

(차) 현　　금	₩30,000	(대) 선 수 금	₩30,000

[상품을 판매할 때의 회계처리]

(차) 선 수 금	₩30,000	(대) 매　　출	₩150,000
매출채권	120,000		

10.2.4 예수금

예수금(withholding)은 외부에 지급해야 할 금액을 회사가 일시적으로 보관하는 것을 처리하는 계정과목이다. 예를 들어 임직원에게 급여를 지급할 때 회사가 소득세를 원천징수하여 다음 달에 정부에 납부하는데, 원천징수하는 시점부터 정부에 납부하는 시점까지 예수금이라는 계정과목에 그 금액이 남게 된다.

[원천징수할 때의 회계처리]

(차) 급　여	₩1,000,000	(대) 현　금	₩920,000
		예수금	80,000

[납부할 때의 회계처리]

(차) 예수금	₩80,000	(대) 현　금	₩80,000

One point Plus+

부가가치세와 예수금

예수금은 부가가치세(value added tax; VAT)와도 관련이 깊다. 부가가치세는 생산과 유통의 각 단계에서 창출되는 부가가치에 대하여 부과하는 세금이다. 부가가치란 사업자가 생산활동이나 유통활동을 통해서 창출한 가치의 증가액을 의미하며, 이는 재화나 용역의 매출액에서 원재료 등 외부로부터 구입한 중간생산물의 가치를 차감하여 계산할 수 있다. 소득세나 법인세는 소득에 과세하는 세금이지만, 부가가치세는 소득과 무관하게 소비에 대해서 일률적으로 부과된다.

우리나라는 전단계세액공제법으로 부가가치세 납부세액을 계산한다. 이는 일정기간 동안의 매출액에 세율을 곱하여 매출세액을 구하고, 전단계까지 과세된 세액(매입세액)을 차감하여 부가가치세 납부세액을 계산하는 방법이다.

부가가치세 납부세액 = 매출세액 – 매입세액

부가가치세는 납세자(納稅者)와 담세자(擔稅者)가 다른 세금이다. 즉, 실질적으로 세금을 부담하는 자는 최종소비자이지만, 세무서에 세금을 납부하는 자는 판매자(사업자)이다.

우리나라의 부가가치세율은 10%이므로 상품을 사고팔 때 주고받는 거래대금의 1/11은 부가가치세이다. 예를 들어 ₩4,400을 주고 스타벅스 커피 한 잔을 마셨다면, 그 중에서 순수한 커피값은 ₩4,000이고 나머지 금액(₩400)은 부가가치세이다. 스타벅스 회사는 커피 판매대금 ₩4,400 중에서 순수한 커피값 ₩4,000만 매출(수익)로 계상하고, 나머지 금액(₩400)은 예수금(부채)으로 회계처리한다. 매출세액이란 이와 같이 매출이 이루어질 때마다 거래상대방으로부터 받은(거래징수한) 부가가치세를 '예수부가세'라는 부채계정에 담아둔 금액을 의미한다.

한편 회사는 원재료 등을 매입할 때 물건값의 10%에 해당하는 부가가치세를 거래상대방에게 지급하고, 이를 '선급부가세'라는 자산계정에 계상한다. 매입세액이란 바로 이 금액을 말한다.

회사는 3개월마다 세무서에 부가가치세를 신고하는데, 그 때 회사의 예수부가세(부채)와 선급부가세(자산)가 정산된다.

[매입 시 회계처리]

(차) 매 입	₩3,000	(대) 현 금		₩3,300
선급부가세	300			

[매출 시 회계처리]

(차) 현 금	₩4,400	(대) 매 출		₩4,000
		예수부가세		400

[부가가치세 납부 시 회계처리]

(차) 예수부가세	₩400	(대) 현 금	₩100
		선급부가세	300

10.2.5 단기차입금

자금을 융통할 목적으로 차용증서나 어음을 발행해 주고 현금을 차입하면 차입금(borrowing)으로 회계처리하고, 금전을 대여해 준 회사는 대여금(loan)으로 표시한다.

차입금은 약정기간이 1년을 초과하는지의 여부에 따라서 단기차입금과 장기차입금으로 구분된다. 매입채무나 미지급금과는 달리, 단기차입금은 유동부채이지만 차입계약 시 이자지급을 조건으로 하는 것이 대부분이므로 이자비용이 발생한다.

10.2.6 유동성장기부채

결산 시 비유동부채(사채, 장기차입금) 중에서 만기일이 1년 이내에 도래하는 부분은 유동부채로 재분류하며, 이를 유동성장기부채(current portion of long-term liabilities)로 표시한다.

만기일이 1년 이내에 도래하는 비유동부채를 유동부채로 재분류하는 주된 이유는 기업의 단기적인 지급능력을 제대로 측정하기 위한 것이다. 단기적인 지급능력을 나타내는 재무비율인 유동비율은 유동자산을 유동부채로 나누어 계산한다. 만약 만기일이 1년 이내에 도래하는 비유동부채를 유동부채로 재분류하지 않을 경우 유동비율이 실제보다 양호하게(높게) 나타나 재무제표이용자를 오도할 우려가 있다.

10.3 사채의 회계처리

10.3.1 사채의 발행가격 결정

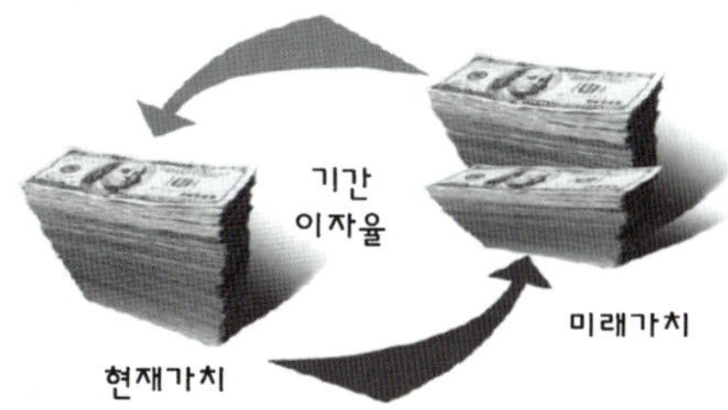

사채(社債, corporate bond)는 회사가 일반 투자자에게 확정채무임을 표시하는 증권을 발행하여 자금을 조달하는 것을 말한다. 사채를 발행한 회사는 일정기간마다 약정한 이자를 지급하고, 만기에는 원금을 상환한다.

사채의 발행가격은 사채로부터 발생하는 미래현금흐름의 현재가치로 결정된다. 즉, 각 기간에 발생하는 사채 액면이자와 만기의 원금상환액을 발행시점의 시장이자율(market interest rate)로 할인한 현재가치가 사채의 발행가액이다.

만약 사채의 액면이자율(stated interest rate)이 시장이자율과 동일하다면 사채의 발행가액은 액면금액(par value)과 일치할 것이다(액면발행). 그러나 사채의 액면이자율보다 시장이자율이 더 높으면 사채의 발행가액은 액면금액보다 낮고(할인발행), 사채의 액면이자율보다 시장이자율이 더 낮으면 사채의 발행가액은 액면금액보다 높을 것이다(할증발행).

예제

문 (주)원승은 20×1년 1월 1일에 3년 만기의 액면금액 ₩10,000,000의 사채를 액면이자율 6%로 발행하였다. 사채발행 시의 시장이자율이 5%, 6%, 7%일 때 사채의 발행가액은 얼마인지 계산하시오.

풀이

(1) 시장이자율이 5%인 경우

사채의 발행가액＝3년간 지급할 액면이자의 현재가치＋3년 만기시점에 지급할

원금의 현재가치

$= ₩600,000/(1+0.05) + ₩600,000/(1+0.05)^2$
$\quad + ₩600,000/(1+0.05)^3 + ₩10,000,000/(1+0.05)^3$

$= ₩10,272,325$

(2) 시장이자율이 6%인 경우

사채의 액면이자율과 시장이자율이 6%로 동일하므로 사채의 발행가액은 액면금액과 동일하다.

(3) 시장이자율이 7%인 경우

사채의 발행가액 = 3년간 지급할 액면이자의 현재가치 + 3년 만기시점에 지급할 원금의 현재가치

$= ₩600,000/(1+0.07) + ₩600,000/(1+0.07)^2$
$\quad + ₩600,000/(1+0.07)^3 + ₩10,000,000/(1+0.07)^3$

$= ₩9,737,568$

시장이자율은 사채를 매입하는 투자자의 기대수익률을 의미하며, 사채를 발행하기 위해서는 궁극적으로 투자자들에게 시장이자율만큼의 수익을 보장해 주어야 한다. 액면이자율은 사채에 기록된 이자율로 표시이자율이라고도 부르며, 사채발행회사는 약정한 이자지급일에 사채의 액면금액에 액면이자율을 곱한 금액(액면이자)을 투자자에게 지급한다. 현재가치회계에서 시장이자율과 비슷한 의미로 유효이자율(effective interest rate)이란 용어도 많이 사용된다. 유효이자율은 사채의 미래현금흐름의 현재가치와 사채의 발행으로 인한 현재의 현금흐름을 일치시키는 이자율을 의미한다.

일반적으로 유효이자율은 시장이자율과 거의 같은 개념으로 사용하지만, 만약 사채발행비를 고려하는 경우에는 양자 사이에 차이가 날 수 있다. 사채발행비를 고려할 경우 사채발행을 통해 발행회사가 얻는 순수취액은 사채발행가액보다 더 적어지기 때문에 엄밀한 의미에서 유효이자율은 시장이자율보다 더 크다고 볼 수 있다. 사채발행회사는 시장이자율에 추가해서 사채발행비만큼을 더 부담하는 셈이고, 따라서 사채발행회사가 실제로 부담

하는 이자비용은 유효이자율이다. 사채발행회사는 유효이자율을 적용하여 사채의 이자비용을 인식하며, 이를 유효이자율법(effective interest method)이라고 부른다.

10.3.2 사채발행차금의 상각과 이자비용

사채가 할인발행 또는 할증발행된 경우, 사채의 발행가액과 액면금액과의 차이를 사채할인발행차금(bond discount) 또는 사채할증발행차금(bond premium)이라고 한다. 위의 예제에서 시장이자율이 5%인 경우 사채가 할증발행되어 ₩272,325의 사채할증발행차금이 발생하였다.

(차) 현 금	₩10,272,325	(대) 사 채	₩10,000,000
		사채할증발행차금	272,325

시장이자율이 7%인 경우에는 사채가 할인발행되어 ₩262,432의 사채할인발행차금이 발생하였다.

(차) 현 금	₩9,737,568	(대) 사 채	₩10,000,000
사채할인발행차금	262,432		

사채할인발행차금과 사채할증발행차금은 그 자체로 자산이나 부채가 아니고, 사채(부채)를 줄이거나 늘려서 표시해 주는 부채의 평가계정이다. 즉, 재무상태표에 사채할인발행차금은 사채의 액면금액에서 차감하는 형식으로 표시하고, 사채할증발행차금은 사채의 액면금액에 가산하는 방식으로 표시한다.

사채할인발행차금은 사채기간 동안 발행회사가 지급하는 액면이자 이외에 추가적으로 인식해야 할 이자비용이다. 즉, 사채의 발행시점에 할인발행 하였으나 만기에는 액면금액을 상환해야 하므로 그 차액을 사채기간에 배분하여 이자비용으로 인식하는 것이다. 사채할증발행차금은 그 반대로 생각하면 된다. 즉, 사채의 발행시점에 할증발행하였으나 만기에는 액면금액만을 상환하면 되기 때문에 그 차액을 사채기간에 배분하여 이자비용에서 차감하는 것이다. 액면발행의 경우에는 매기 액면이자만을 이자비용으로 인식하면 된다.

사채발행차금을 기간별로 배분하는 방법으로는 유효이자율법을 사용한다. 이 방법은 사채의 기초장부금액(사채의 액면금액에 기초의 사채발행차금을 가감한 금액)에 유효이자율을 곱해서 당기에 인식해야 할 이자비용을 구하고, 현금으로 지급하는 액면이자와의 차액을 사채발행차금에서 조정한다. 매기 이 과정을 반복하면 사채의 만기일에 사채발행차금 잔액은 0이 된다.

앞의 예제에서 시장이자율 7%의 경우에 발생한 사채할인발행차금을 매기 어떻게 이자비용에 배분하는지 사채할인발행차금상각표를 작성하여 살펴보자.

구분	① 기초장부금액	② 유효이자	③ 액면이자	④ 상각액	⑤ 기말장부금액
20×1년	₩9,737,568	₩681,630	₩600,000	₩81,630	₩9,819,198
20×2년	9,819,198	687,344	600,000	87,344	9,906,542
20×3년	9,906,542	693,458	600,000	93,458	10,000,000
합계		₩2,062,432	₩1,800,000	₩262,432	

① 사채의 기초장부금액

② ①×유효이자율(7%)

③ 액면금액×액면이자율(6%)

④ 사채할인발행차금상각=②−③

⑤ 사채의 기말장부금액=①+④

결국 유효이자율법은 사채발행회사가 매기 7%의 동일한 이자율로 이자비용을 인식하도록 사채할인발행차금을 기간별로 배분하는 방법인 셈이다.

이는 이 사채를 구입한 투자자의 입장에서도 동일하게 적용할 수 있다. 그 경우에는 투자자가 액면이자만으로는 부족한 수익률을 최초에 할인받은 금액(₩262,432)을 기간별로 배분하여 이자수익으로 가산함으로써 기대수익률(7%)을 충족할 수 있는 것이다.

사채할증발행차금의 경우에도 동일한 논리가 적용된다. 앞의 예제에서 시장이자율 5%의 경우에 발생한 사채할증발행차금을 매기 어떻게 이자비용에서 차감하는지 살펴보자.

구분	기초장부금액	유효이자	액면이자	상각액	기말장부금액
20×1년	₩10,272,325	₩513,616	₩600,000	₩86,384	₩10,185,941
20×2년	10,185,941	509,297	600,000	90,703	10,095,238
20×3년	10,095,238	504,762	600,000	95,238	10,000,000
합계		₩1,527,675	₩1,800,000	₩272,325	

할인발행의 경우 20×1년의 회계처리와 할증발행의 경우 20×2년의 회계처리를 예시하면 다음과 같다.

(20×1. 12. 31)

(차) 이 자 비 용 ₩681,630 (대) 현 금 ₩600,000
사채할인발행차금 81,630

(20×2. 12. 31)

(차) 이 자 비 용 ₩509,297 (대) 현 금 ₩600,000
사채할증발행차금 90,703

10.3.3 사채의 상환

사채의 상환은 만기상환과 만기 이전에 상환하는 조기상환으로 구분할 수 있다. 만기에 사채를 상환하면 회계처리가 간편하다. 만기에는 사채발행차금의 잔액이 0으로 조정되므로 상환 직전에는 사채의 액면금액만 남기 때문이다. 결국 투자자에게 액면금액을 지급하고 사채(부채)를 감소시키면 된다.

(차) 사 채	×××	(대) 현 금	×××

만기일 이전에 사채를 상환하는 경우 상환시점에서 사채의 장부금액과 상환금액이 일치하지 않을 수 있기 때문에 사채상환에 따른 이익이나 손실이 발생할 수 있다. 만약 상환되는 사채가 할인 또는 할증발행된 것이라면, 상환일 현재 남아 있는 사채발행차금을 모두 제거하고 상환손익을 계산해야 한다.

앞의 예제에서 시장이자율 7%로 할인발행한 사채를 20×3년 1월 1일에 ₩9,950,000을 주고 조기상환하였다면, 다음과 같이 회계처리한다.

(차) 사 채	₩10,000,000	(대) 현 금	₩9,950,000
사채상환손실	43,458	사채할인발행차금	93,458

10.3.4 복합금융상품

회사는 부채나 자본 중 한 가지 요소로만 구성된 금융상품뿐 아니라 부채요소와 자본요소를 함께 가지고 있는 복합금융상품(compound financial instrument)을 발행할 수도 있다. 전환사채와 신주인수권부사채가 그 예이다.

전환사채(convertible bond)는 만기 이전에 보통주로 전환할 수 있는 권리(전환권)가 부여된 사채이다. 투자자의 입장에서는 발행기업의 주가가 크게 상승할 경우 전환권을 행사하여 이익을 얻을 수 있다고 생각하기 때문에 전환권이 없는 일반사채보다 낮은 이자율을 제시하더라도 투자에 응할 가능성이 있다. 발행회사의 입장에서는 일반사채보다 낮은 이자율로 사채를 발행할 수 있으니 이자비용을 절감할 수 있고, 직접 주식을 발행하는 것에 비해서 더 적은 수량의 주식을 발행하여 자금을 조달할 수 있으므로 주당이익이 희석화되는 것을 방지하여 기존주주를 보호할 수 있다.

신주인수권부사채(bond with warrant)는 주식매입권이 첨부되어 발행된 사채이다. 주식매입권이란 명시된 기간 내에 약정금액을 지불하고 주식을 취득할 수 있는 권리가 부여된 증권이다. 분리형 신주인수권부사채를 발행할 경우 주식매입권이 별도로 행사되어도 사채는 상환되지 않고 그대로 존속한다는 점에서 전환사채와 다르다. 전환사채는 전환권을 행사하면 전환시점에서 주식이 발행되고 사채의 장부금액은 장부에서 제거된다. 비분리형 신주인수권부사채는 주식매입권이 사채와 분리되거나 따로 행사될 수 없고 주식매입권을 행사할 때 사채를 반환해야 하기 때문에 전환사채와 경제적 실질이 매우 유사하다.

복합금융상품에 대한 회계처리의 기본원칙은 부채요소와 자본요소를 분리하여 인식하는 것이다. 전환사채와 신주인수권부사채의 구체적인 회계처리는 중급회계에서 다루는 주제이다.

10.4 충당부채와 우발부채

10.4.1 충당부채

충당부채(provision)는 과거 사건의 결과로 장래에 지출될 것이 확실하지만 언제(지출시기), 누구에게(지출대상), 정확히 얼마(금액)를 지급할 것인지가 불확실한 부채이다.

이와 같이 일반적인 부채로서 갖추어야 할 요소가 일부 불확실하더라도 과거 사건의 결과로 현재의 의무가 존재하고, 그 의무를 이행하기 위해 경제적자원이 유출될 가능성이 높으며(probable), 지급해야 할 금액을 신뢰성 있게 측정할 수 있다면 충당부채로 인식해야 한다. 경제적자원의 유출가능성이 높다는 판단기준은 발생확률이 50%를 넘는 경우를 의미한다.

일부 요소가 불확실함에도 불구하고 충당부채를 인식하는 주된 이유는 수익·비용대응의 원칙에 따라 수익을 인식하는 기간에 관련 비용을 함께 인식하기 위함이다.

충당부채를 계상하는 항목으로는 판매보증, 하자보수, 반품, 소송, 복구, 경품 등이 있다. 퇴직급여부채도 충당부채의 한 예로 볼 수 있다.

예제

(주)원승은 20×1년에 ₩20,000,000의 컴퓨터를 판매하였고, 이들 판매분에 대해서는 20×3년말까지 무상수리를 해 주기로 약속하였다. 과거의 경험상 매출액의 2%만큼 수리비용이 발생할 것으로 추정된다. 20×1년 판매분에 대하여 20×1년에는 수리 요청이 없었고, 20×2년 중 ₩250,000의 수리비용이 지출되었다.

문 20×1년말의 충당부채 설정과 20×2년의 판매보증비 발생 시 필요한 회계처리를 하시오.

풀이

(20×1년말)

(차) 판 매 보 증 비	₩400,000	(대) 판매보증충당부채	₩400,000

(20×2년)

(차) 판매보증충당부채	₩250,000	(대) 현 금	₩250,000

10.4.2 우발부채

충당부채와 유사한 개념으로 우발부채가 있다. 우발부채(contingent liability)는 미래에 특정 사건이 발생하느냐의 여부에 따라 부채의 발생여부가 결정되는 잠재적 의무, 경제적자원의 유출가능성이 그다지 높지 않거나 경제적자원의 유출가능성이 높더라도 금액을 신뢰성 있게 추정할 수 없는 의무를 의미한다.

기름 유출 사고로 환경을 오염시켜 손해배상청구소송이 제기되었으나 결산일 현재 패소가능성과 손해배상액이 불확실하다면, 이는 우발부채에 해당한다.

우발부채는 재무상태표에 부채로 계상하지 않고, 주석으로 우발부채에 관한 내용을 공시한다.

충당부채와 우발부채는 밀접한 관련성이 있다. 충당부채는 현재의 의무이며 경제적자원의 유출가능성이 높고 신뢰성 있는 추정이 가능한 부채이지만, 우발부채는 잠재적 의무이거나 현재의 의무라 하더라도 경제적자원의 유출가능성이 높지 않거나 신뢰성 있는 추정이 불가능한 부채이다. 따라서 충당부채는 인식요건이 충족되면 부채로 인식해야 하지만, 우발부채는 재무상태표에 부채로 계상하지 않는다.

다만 과거에 충당부채의 인식요건을 충족하지 못하여 충당부채로 인식하지 않은 우발부채라 하더라도 추후에 상황이 변화하여 현재의 의무가 존재하고 경제적자원의 유출가능성이 높으며 그 금액을 신뢰성 있게 추정할 수 있게 되었다면, 이는 더 이상 우발부채가 아닌 충당부채로 볼 수 있기 때문에 재무제표에 부채로 인식해야 한다.

우발부채에 대응되는 개념으로 우발자산이 있다. 우발자산(contingent asset)은 과거 거래나 회계사건의 결과로 인하여 발생할 가능성이 있는 자산으로 기업이 전적으로 통제할 수 없는 불확실한 미래 사건의 발생여부에 의해서만 존재여부가 확인되는 잠재적 자산을 의미한다. 계류 중인 손해배상청구소송에서 승소가능성이 있다면, 이는 우발자산에 해당한다.

우발자산은 우발부채에 대응되는 개념이지만, 회계처리는 우발부채보다 보수적으로 이루어진다. 즉, 우발부채는 경제적자원의 유출가능성이 높은(50% 초과) 경우 재무제표에 부채로 인식할 수 있지만, 우발자산은 경제적자원의 유입가능성이 거의 확실한(90% 이상) 경우에만 이를 재무상태표에 자산으로 인식할 수 있고 경제적자원의 유입가능성이 높더라도(50% 초과~90% 미만) 주석으로 공시할 뿐이다. 우발부채와 우발자산은 경제적자원의 유출입가능성이 희박한(5% 미만) 경우 주석으로도 공시하지 않는다. 그러나 경제적자원의 유출입가능성이 어느 정도 있다고 판단될 경우(5% 이상~50% 이하) 우발부채는 주석으로 공시해야 하지만, 우발자산은 주석으로 공시할 필요가 없다.

One point Plus+

부외부채

재무상태표의 구조를 살펴보면 왼쪽에는 자산의 운용상태를 나타내고 오른쪽은 자금의 원천을 타인자본(부채)과 자기자본으로 나누어 표시하고 있다. 재무상태표를 분석함에 있어서는 우선 자산 중에 가공자산이나 부실자산이 없는지 살펴보고, 다음에는 결산일 현재 존재하는 모든 채무가 부채로 계상되어 있는지를 확인해야 한다. 여기서 모든 채무가 장부상 부채로 계상되어 있다는 것은 곧 부외부채가 없다는 뜻이다.

부외부채(簿外負債, unrecorded liability)란 결산일 현재 회사의 채무가 존재하고 있음에도 불구하고 회사의 장부에 계상되지 않은 부채를 의미한다. 부외부채는 회계에 대한 무지에서 비롯되는 것도 있지만, 회사의 악화된 재무상태와 경영실적을 분식하려는 의도에서 고의로 은폐하는 경우가 많기 때문에 재무제표이용자에게 큰 피해를 입힐 가능성이 있다. 도산한 기업들의 사례를 살펴보면 거의 예외 없이 거래처에 대한 미지급금이나 사채시장에서 끌어다 쓴 빚 등 회사 장부에 계상되지 않은 부외부채가 발견된다.

감사의견이 첨부되지 않은 재무제표를 이용하는 경우에는 부외부채의 존재가능성에 특히 유념해야 한다. 자산 항목에 대해서는 전문가가 아니더라도 회사가 제시하는 명세를 바탕으로 실사나 외부조회절차 등을 통해 어느 정도 그 실체를 확인할 수 있지만, 부외부채는 전문감사인도 적발하기 힘든 경우가 많다. 회사의 장부에 기록되지 않은 채무는 그 존재여부가 불확실하고 감사절차를 적용해야 하는 대상, 즉 모집단의 정의가 곤란할 뿐만 아니라 그 금액의 크기도 짐작하기 어렵기 때문이다.

부외부채는 우발부채와도 밀접한 관련이 있다. 부채로 확정될 가능성이 높은 우발부채는 재무상태표에 부채로 계상하도록 하고 있지만, 우발적 상황(contingency)

에 대한 객관적 판단이 어렵기 때문에 이 같은 기준은 잘 지켜지지 않는 경향이 있다. 실무상으로는 계류 중인 소송사건이나 타사 채무에 대한 지급보증 등 우발부채 항목들이 대부분 주석을 통해 공시된다. 그러므로 재무제표를 분석함에 있어서는 주석에 공시된 이들 우발부채가 추후 부채로 바뀔 가능성이 있고, 이미 부외부채에 해당하는 부분이 있을지도 모른다는 점에 주의해야 한다.

10.5 퇴직급여부채

10.5.1 퇴직급여제도

퇴직급여제도는 종업원이 퇴직할 때 퇴직일시금을 지급하거나 연금의 형태로 퇴직 후 매기 일정액을 지급하는 제도이다. 퇴직금은 퇴직 후 종업원의 생활안정을 위한 사회안전망으로 인식되어 근로자퇴직급여보장법에서 최소한 퇴직 시 평균임금에 근속연수를 곱한 금액만큼을 지급하도록 규정하고 있다. 물론 회사의 내부규정이 이보다 더 많은 경우에는 회사의 규정을 따라야 하며, 만약 회사의 내부규정이 없거나 법정금액보다 회사의 내부규정상 퇴직금이 더 적은 경우에는 최소한 법정금액을 지급하여야 한다.

퇴직급여제도는 퇴직금제도, 확정기여형 퇴직연금제도(확정기여제도), 확정급여형 퇴직연금제도(확정급여제도)로 구분할 수 있다. 종전의 퇴직금제도는 기업들이 퇴직금 재원을 사내에 적립하였기 때문에 기업 도산 시 종업원이 퇴직금을 받지 못하는 사례가 많았다. 이에 종업원의 퇴직급여 수급권을 강화하고자 2005년부터 퇴직연금제도를 도입하였다. 퇴직연금제도는 기업이 종업원의 퇴직금 재원을 외부의 금융기관에 맡겨 운용하고 종업원 퇴직 시 퇴직일시금이나 연금을 지급하는 제도이다.

퇴직연금제도는 확정기여제도와 확정급여제도로 분류되며, 회계처리도 상이하다.

10.5.2 확정기여제도의 회계처리

확정기여제도(defined contribution plan; DC)는 퇴직급여의 지급을 위해 기업이 부담해야 할 부담금의 수준이 사전에 결정되어 있는 퇴직연금제도이다. 기업은 연간 임금총액의 1/12 이상의 부담금을 보험사 등 퇴직연금사업자의 가입자 계정에 현금으로 납입한다. 기업은 각 회계연도에 부담금을 납부하는 것으로 종업원의 퇴직급여에 대한 의무에서 벗어나고, 종업원의 퇴직연금 수혜액은 퇴직연금사업자의 운용실적에 따라 달라지게 된다.

기업 입장에서 확정기여제도의 회계처리는 매우 간편하다. 기업이 해당 회계연도의 부담금을 납부하면, 더 이상 종업원의 퇴직급여에 대한 의무를 지지 않아도 되므로 충당부채를 인식할 필요가 없다.

예제

문 (주)원승은 연간 임금총액의 1/12을 부담금으로 하는 확정기여제도를 채택하고 있으며, 20×1년에 ₩2,000,000의 부담금을 납부하였다. 필요한 회계처리를 하시오.

풀이

(차) 퇴직급여	₩2,000,000	(대) 현　　금	₩2,000,000

10.5.3 확정급여제도의 회계처리

확정급여제도(defined benefit plan; DB)는 종업원이 받을 퇴직급여의 수준이 사전에 결정되어 있는 퇴직연금제도이다. 예를 들어 종업원의 퇴직시 퇴직급여가 퇴직일시금 기준으로 최소한 평균임금에 근속연수를 곱한 금액 이상이 되도록 기업이 책임을 진다는 의미이다. 일정수준 이상의 퇴직급여를 책임진다는 약속을 지키기 위해서 회사는 퇴직기금을 사외에 적립하여 운용해야 한다.

국제회계기준을 적용할 경우 확정급여제도의 퇴직급여 회계처리는 매우 복잡하다. 기업이 미래에 부담해야 할 퇴직급여 지출금액을 추정하고, 이를 현재가치로 환산하여 확정급여채무(defined benefit obligation)를 계산한다. 또한 기업이 확정급여채무에 대비하여 외부에 맡겨 운용하는 기금인 사외적립자산(plan asset)의 공정가치를 평가한다. 재무상태표에는 확정급여채무에서 사외적립자산을 차감한 금액을 확정급여부채(defined benefit liability)로 표시한다.

확정급여제도에서는 종업원이 언제 퇴직할지, 퇴직시점의 평균임금은 얼마가 될지, 현재가치 계산을 위한 할인율은 얼마를 적용할지 등, 여러 가지 요소를 추정에 의존해야 한다. 보험수리적 방법(actuarial valuation method)을 적용하여 미래예상지급액과 사외적립자산의 기대수익 등을 추정해야 하기 때문에 국제회계기준에 따른 확정급여제도의 퇴직급여 회계처리는 상당히 까다롭다. 국제회계기준을 적용한 확정급여제도의 상세한 회계처리는 중급회계에서 다루는 내용이다.

한편, 일반기업회계기준에서는 확정급여제도의 퇴직급여충당부채를 추정할 때 보험수리적 방법을 적용하지 않고, 보고기간말 현재 모든 종업원이 일시에 퇴직할 경우 지급해야 할 퇴직금에 상당하는 금액으로 하도록 규정하고 있다.

연▪습▪문▪제

1. 다음 중 유동부채에 해당하지 않는 것은?

① 매입채무 ② 사채

③ 미지급금 ④ 선수수익

2. 다음 중 금융부채에 해당하지 않는 것은?

① 매입채무 ② 사채

③ 차입금 ④ 퇴직급여부채

3. 사채에 관한 설명으로 타당하지 않은 것은?

① 사채의 발행가격은 사채로부터 발생하는 미래현금흐름의 현재가치로 결정된다.

② 사채의 액면이자율과 시장이자율이 동일하다면 액면발행이 이루어질 것이다.

③ 사채의 액면이자율보다 시장이자율이 더 높으면 할인발행이 이루어질 것이다.

④ 할인발행의 경우 만기까지 회사가 부담하는 총 이자비용은 액면이자보다 적다.

4. 사채의 회계처리에 관한 다음 설명 중 타당하지 않은 것은?

① 사채할인발행차금은 유효이자율법을 적용하여 상각한다.

② 유효이자율은 사채의 미래현금흐름의 현재가치와 사채의 발행으로 인한 현재의 현금흐름을 일치시키는 이자율이다.

③ 사채의 할증발행 시 사채할증발행차금은 차변에 기록된다.

④ 사채할인발행차금은 부채의 평가계정이다.

※ [문 5~문 9 공통] 20×1년 1월 1일에 3년 만기의 액면금액 ₩50,000,000의 사채를 액면이자율 6%로 발행하였다. 사채발행 시의 시장이자율은 7%였다. 7%, 3년, 단일금액 1원의 현재가치는 0.8163이고, 7%, 3년, 정상연금 1원의 현재가치는 2.6243이다.

5. 사채의 발행가액은 얼마인가?

① ₩50,000,000 ② ₩49,852,900

③ ₩48,834,000 ④ ₩48,687,900

6. 이 거래에서 발생하는 사채발행차금은?

① 사채할인발행차금 ₩1,166,000

② 사채할인발행차금 ₩1,312,100

③ 사채할증발행차금 ₩1,166,000

④ 사채할증발행차금 ₩1,312,100

7. 이 거래에서 발생하는 20×1년의 이자비용은 얼마인가?

① ₩2,921,274 ② ₩3,000,000

③ ₩3,408,153 ④ ₩3,591,847

8. 20×1년 12월 31일 현재의 재무상태표에 표시되는 사채는 얼마인가?

① ₩49,096,053 ② ₩49,242,153

③ ₩49,279,747 ④ ₩49,425,847

9. 20×2년 1월 1일에 ₩50,300,000을 주고 사채를 조기상환하였다. 사채상환손익은 얼마인가?

① 사채상환이익 ₩903,947 ② 사채상환손실 ₩903,947

③ 사채상환이익 ₩1,203,947 ④ 사채상환손실 ₩1,203,947

10. 사채발행차금에 관한 다음 설명 중 타당하지 않은 것은?

① 재무상태표에 사채할증발행차금은 사채의 액면금액에 가산하는 방식으로 표시한다.

② 사채할인발행차금은 사채기간 동안 발행회사가 지급하는 액면이자 이외에 추가적으로 인식해야 할 이자비용이다.

③ 유효이자율법을 적용할 경우 사채할인발행차금의 상각액은 매년 증가한다.

④ 유효이자율법을 적용할 경우 사채할증발행차금의 상각액은 매년 감소한다.

11. 사채발행의 회계처리에 관한 다음 설명 중 타당하지 않은 것은?

① 사채의 발행가액은 이자지급액과 원금상환액의 현재가치이다.

② 할증발행된 사채의 이자비용은 매년 감소한다.

③ 시장이자율이 사채의 액면이자율보다 높으면 사채는 할증발행된다.

④ 사채발행차금을 기간별로 배분하는 방법으로는 유효이자율법을 사용한다.

12. 복합금융상품에 관한 다음 설명 중 타당하지 않은 것은?

① 부채요소와 자본요소를 함께 가지고 있는 금융상품이다.

② 전환사채는 일반사채보다 높은 이자율로 발행하는 것이 일반적이다.

③ 신주인수권부사채는 주식매입권이 첨부되어 발행된 사채이다.

④ 전환사채는 전환권을 행사하면 전환시점에서 주식이 발행되고 사채의 장부금액은 장부에서 제거된다.

13. (　　)는 만기 이전에 보통주로 바꿀 수 있는 권리가 부여된 복합금융상품이다.

① 신주인수권부사채　　② 일반사채

③ 선일자수표　　④ 전환사채

14. (   )는 과거 사건의 결과로 장래에 지출될 것이 확실하지만 언제, 누구에게, 정확히 얼마를 지급할 것인지가 불확실한 부채이다.

① 충당부채　　② 금융부채
③ 유동부채　　④ 우발부채

15. 다음 중 충당부채와 관련이 가장 적은 것은?

① 판매보증　　② 하자보수
③ 경품　　④ 차입금

16. 다음은 충당부채와 우발부채에 관한 설명이다. 타당하지 않은 것은?

① 충당부채는 재무상태표에 표시되는 부채이지만, 우발부채는 재무상태표에 부채로 표시되지 않는다.
② 충당부채는 현재 존재하는 의무이다.
③ 퇴직급여부채는 우발부채의 한 예이다.
④ 우발부채는 미래에 특정 사건이 발생하느냐의 여부에 따라 부채의 발생여부가 결정되는 잠재적 의무이다.

17. 결산일 현재 회사는 손해배상소송에 피소되어 있으며, 아직 확정판결은 나지 않은 상태이다. 고문변호사의 의견에 따르면 회사가 패소할 가능성이 높고, 손해배상금은 ₩50,000,000 정도로 결정될 것으로 추정된다. 회사는 당기의 재무제표에 이 소송사건을 어떻게 보고하여야 하나?

① 소송의 내역을 주석으로만 공시한다.
② 확정판결 전이므로 아무런 회계처리도 하지 않는다.
③ 비용 ₩50,000,000과 부채 ₩50,000,000을 각각 손익계산서와 재무상태표에 포함시킨다.
④ 자산과 부채로 각각 ₩50,000,000씩을 인식한다.

18. 퇴직급여제도에 관한 다음 설명 중 타당하지 않은 것은?

① 회사의 내부규정이 없더라도 근로자퇴직급여보장법에서 정한 금액을 지급해야 한다.

② 회사의 내부규정이 근로자퇴직급여보장법에서 정한 금액보다 더 많은 경우에는 법정금액만을 지급해도 무방하다.

③ 우리나라도 퇴직연금제도를 시행하고 있다.

④ 퇴직연금제도는 확정기여제도와 확정급여제도로 분류할 수 있다.

19. 확정기여제도에 관한 다음 설명 중 타당하지 않은 것은?

① 확정급여제도에 비해서 회계처리가 복잡하다.

② 퇴직급여의 지급을 위해 기업이 부담해야 할 부담금의 수준이 사전에 결정되어 있다.

③ 기업은 각 회계연도에 부담금을 납부하는 것으로 종업원의 퇴직급여에 대한 의무에서 벗어난다.

④ 종업원의 퇴직연금 수혜액은 퇴직연금사업자의 운용실적에 따라 달라진다.

20. 확정급여제도에 관한 다음 설명 중 타당하지 않은 것은?

① 종업원이 받을 퇴직급여의 수준이 사전에 결정되어 있다.

② 기업은 퇴직기금을 사외에 적립하여 운용해야 한다.

③ 기업이 미래에 부담해야 할 퇴직급여 지출금액을 추정하고, 이를 현재가치로 환산하여 확정급여채무를 계산한다.

④ 확정급여제도에서는 확정된 수치만을 사용하므로 추정에 의존할 여지가 없다.

CHAPTER 11

주주의 몫, 자본

11.1 자본의 의의와 분류

주식회사의 주인은 주주이고, 주주의 몫은 재무상태표에 자본으로 표시된다. 자본은 총자산에서 부채총계를 차감한 순자산으로 정의되며, 잔여지분 또는 자기자본으로 부르기도 한다. 이는 기업이 가진 모든 것(총자산)에서 빚(부채)을 다 갚고 남는 것이 주주의 몫(자본)이라는 의미이다. 자본의 총액은 총자산과 총부채의 금액이 정해짐에 따라서 자동적으로 결정된다.

기업의 자금조달 원천은 크게 타인자본과 자기자본으로 구분할 수 있다. 기업이 차입금이나 사채 등의 타인자본을 사용하면, 사전에 약속한 이자를 지급하고 만기일에 원금을 상환하여야 한다. 이에 비해서 주식을 발행하여 자기자본으로 자금을 조달하면, 이자를 지급할 필요가 없고 원금 상환의무도 없다.

타인자본의 공급주체인 채권자는 기업이 원리금 상환의 약속을 이행할 수 없는 채무불이행 상태에 빠지지 않는 한, 기업의 경영실적과 무관하게 약속한 이자수입을 얻을 뿐이다. 적자가 나더라도 약속한 이자는 받을 수 있지만, 예상보다 이익이 많아도 이자수입이 늘지는 않는다.

기업에 자기자본을 공급한 주주는 이자를 받는 대신 주인으로서의 권리를 갖는다. 즉, 기업이 얻은 최종적인 이익은 모두 주주에게 귀속된다. 물론 손실이 발생하면, 이 또한 모두 주주의 몫이 줄어드는 것으로 처리한다. 이익이 나더라도 주주가 회사 돈을 마음대로 가져갈 수는 없고, 주주총회의 승인을 얻어 이익배당을 받을 수 있다.

만약 회사가 청산절차를 밟게 되는 경우에는 채권자의 권리가 주주보다 앞선다. 즉, 모든 자산을 현금으로 바꿔서 먼저 채권자지분(부채)을 지급하고, 그래도 남는 돈이 있으면 주주들에게 반환한다.

주식회사의 자본은 그 발생원천에 따라 자본거래로 인한 것과 손익거래로 인한 자본 항목으로 나눌 수 있다. 자본거래는 증자(增資)나 감자(減資)와 같이 주주와의 사이에 이루어진 거래로서 납입자본을 증감시키는 것을 의미하며, 이는 손익계산서를 거치지 않고 직접 재무상태표의 자본에 반영시킨다. 즉, 자본거래에서는 수익이나 비용이 발생되지 않는다.

손익거래는 수익이나 비용을 발생시키는 거래로서 이는 손익계산서를 통해 궁극적으로 재무상태표의 자본에 영향을 미친다. 즉, 손익계산서의 이익에 반영되어 재무상태표의 자본 항목인 이익잉여금에 포함되어 표시된다. 재무상태표의 기말이익잉여금은 기초이익잉여금에 당기순이익을 합한 금액이라는 점을 상기하자.

재무상태표에 표시되는 자본은 크게 자본금, 자본잉여금, 자본조정, 기타포괄손익누계액, 이익잉여금으로 분류할 수 있다.

자본금	발행주식의 액면금액 합계
자본잉여금	주식발행초과금 등 주주와의 자본거래에서 발생한 잉여금
자본조정	자본거래 중 자본금이나 자본잉여금으로 분류할 수 없는 항목
기타포괄손익누계액	포괄적인 의미에서 잠재적인 손익에 해당하지만, 아직 당기손익으로 확정할 수 없는 항목
이익잉여금	이익누계액 중 배당금을 차감하고 남아 있는 금액

11.2 주식의 발행과 납입자본의 증감

11.2.1 주식의 종류

주식회사는 이익배당, 잔여재산의 분배, 주주총회에서의 의결권 행사, 상환 및 전환 등에 관하여 내용이 다른 종류의 주식을 발행할 수 있다.

주식은 크게 보통주와 우선주로 분류된다. 보통주(common stock)는 주식회사가 여러 종류의 주식을 발행할 때 기준이 되는 주식을 말한다. 보통주를 보유한 주주는 주주총회에 참가하여 지분비율에 따라 의결권을 행사하고 배당금을 받는다.

우선주(preferred stock)는 보통주에 비해서 이익배당 등 특정 권리를 우선하여 보장받는 주식을 의미한다. 우선주는 다양한 조건으로 발행할 수 있지만, 우리나라의 우선주는 대부분 보통주보다 액면금액의 1%만큼 이익배당을 더 받는 대신 의결권을 행사할 수 없는 조건으로 발행된 주식이다.

국제회계기준에서는 주주에게 상환권이 부여된 상환조건으로 발행되는 우선주를 자본이 아닌 부채로 분류하도록 규정하고 있다. 즉, 이러한 상환주식은 상법상 자본으로 분류되지만, 국제회계기준상으로는 금융부채로 분류된다.

One point Plus+

한국형 우선주

우리나라에서 발행된 우선주는 대부분 주주에게 의결권을 부여하지 않는 대신 보통주보다 액면금액의 1%만큼 이익배당을 더 주는 조건으로 발행된 것이다. 즉, 한국형 우선주는 무의결권 참가적 이익배당우선주인 셈이다.

소액주주의 입장에서 보통주를 보유하더라도 실제로 주주총회에서 의미 있는 의결권을 행사할 기회는 거의 없다. 주주총회에서의 의결권은 '1인 1표'가 아니라 '1주 1표'로 주어진다. 경영권 다툼이라도 벌어지면 모르겠지만, 대부분의 주주총회에서는 경영권을 쥔 대주주들의 의사대로 회의가 진행되므로 소액주주들은 마이크 한 번 잡아볼 기회도 없다. 따라서 소액주주들이 주식을 팔지 않고 끝까지 보유할 때 얻을 수 있는 이익은 회사의 존속기간 중 받는 이익배당과 회사청산 시에 잔여재산의 분배를 받는 것뿐이며, 의결권에 대한 대가는 실제로 기대하기 어렵다.

소액주주의 입장에서는 보통주와 우선주의 권리에 큰 차이가 없고, 단지 우선주는 보통주보다 매년 이익배당 시 액면금액의 1%만큼 배당금을 더 받을 뿐이다. 그런데 실제로 주식시장에서 형성되는 주가는 보통주와 우선주 사이에 큰 차이가 있다. 우량주로 꼽히는 주식 중에서 보통주 주가의 절반에도 못 미치는 우선주가 많이 발견된다. 주식의 내재가치라는 관점에서 생각해 보면 참으로 납득하기 어려운 일이다.

왜 이런 현상이 발생하는 것일까? 아마도 경영권을 쥔 대주주들의 행태 때문일 것이다. 이들은 경영권을 유지함으로써 얻는 이익에 비해 배당금은 하찮은 것으로 여기는 듯하다. 우리나라 기업들의 배당성향(이익 중에서 배당금으로 나눠주는 비율)은 주요 선진국에 비해서 낮은 수준이다. 한국형 우선주를 발행할 때부터 대주주들은 경영권 유지에 관심이 있을 뿐 소액주주에게 배당금을 많이 줄 생각은 별로 없는 것 같다. 소액주주의 입장에서는 회사의 이익이 이익배당이 아닌 다른 형태로 경영권을 가진 대주주에게 흘러 들어가는 것은 아닌지 의심할 만도 하다. 한국형 우선주의 바겐세일 현상은 한국형 기업지배구조의 문제점을 연상시킨다. 보통주보다 더 많은 배당금을 받을 수 있는 한국형 우선주가 언제쯤 푸대접을 면할 수 있을까?

11.2.2 주식의 발행

주식회사는 설립 시 주식을 발행하여야 하고, 설립 이후에도 자본금을 늘리기 위해 추가적으로 주식을 발행할 수 있다. 자본금의 가장 작은 단위는 기업의 정관(定款)에 기재되어 있는 주식 1주당 법적 가치라고 할 수 있는 액면금액(par value)이다.

실질적인 증자를 위해 주식을 발행하면, 자본금이 증가하고 현금이 유입된다(유상증자). 예를 들어 1주당 액면금액이 ₩5,000인 보통주 1,000주를 액면금액으로 발행하였다면(액면발행), 다음과 같이 회계처리한다.

(차) 현 금	₩5,000,000	(대) 자본금	₩5,000,000

그런데 주식의 발행금액이 액면금액보다 더 높은 경우에는 그 차이를 주식발행초과금으로 처리한다. 예를 들어 1주당 액면금액이 ₩5,000인 보통주 1,000주를 1주당 ₩7,000에 발행하였다면(할증발행), 다음과 같이 회계처리한다.

(차) 현 금	₩7,000,000	(대) 자 본 금	₩5,000,000
		주식발행초과금	2,000,000

주식을 발행하는 거래는 회사와 주주와의 거래로서 손익과는 무관하므로 자본거래에 속하며, 주식발행초과금은 자본잉여금의 대표적인 구성항목이다.

만약 주식의 발행금액이 액면금액에 미치지 못하는 경우에는 액면금액과 발행금액의 차이를 주식할인발행차금으로 회계처리하며, 이는 자본조정으로 분류한다. 예를 들어 1주당 액면금액이 ₩5,000인 보통주 1,000주를 1주당 ₩4,000에 발행하였다면(할인발행), 다음과 같이 회계처리한다.

(차) 현 금	₩4,000,000	(대) 자 본 금	₩5,000,000
주식할인발행차금	1,000,000		

주식의 액면발행이나 할증발행은 자유롭지만, 할인발행은 상법상 자본유지와 채권자보호 차원에서 원칙적으로 금지되며 예외적으로 인정될

뿐이다.

11.2.3 무상증자

무상증자는 주식회사가 주주들에게 무상으로 주식을 발행해 주는 것을 의미한다. 무상증자는 회계상 자본잉여금이나 이익준비금을 자본금으로 전환하면서 주식을 발행하는 것이므로 회사는 이를 반영하는 회계처리를 해야 하지만, 실제로 회사에 들어오는 자금은 없이 단지 자본금만 늘어날 뿐이다. 예를 들어 주식발행초과금을 재원으로 기존의 주식 1주당 0.2주의 비율로 무상증자를 실시하여 1주당 액면금액 ₩5,000의 주식 400주가 발행되었다면, 다음과 같이 회계처리한다.

(차) 주식발행초과금 ₩2,000,000 (대) 자 본 금 ₩2,000,000

한편, 주주의 입장에서는 무상증자가 이루어지더라도 기업의 순자산(자본합계)이나 자신의 보유주식 지분율에 아무런 변화가 없이 단지 주식 수만 늘어난 것이므로 보유주식 전체의 가치에는 변함이 없다. 즉, 주주가 보유한 전체 주식의 가치에는 변화가 없이 단지 주식 수가 늘어 1주당 취득단가가 줄어들 뿐이므로 무상증자로 인해 주식 수가 늘어나더라도 주주는 아무런 회계처리도 하지 않는다.

11.2.4 주식배당

주식배당(stock dividend)은 주식을 발행하여 이익배당을 하는 것을 말한다. 일반적으로 이익배당은 현금으로 지급하지만, 현금 대신 신주를 발행해 주는 주식배당도 상법상 가능하다. 주식배당은 이익잉여금을 처분하여 자본금으로 대체시키면서 신주를 발행하기 때문에 현금배당과는 달리 실제 현금이 사외로 유출되지는 않는다.

주식배당을 한 회사의 회계처리는 주식배당으로 인한 신주의 액면금액만큼 자본금을 증가시키고 이익잉여금을 감소시킨다. 예를 들어 5%의 주식배당으로 1주당 액면금액 ₩5,000의 주식 200주가 발행되었다면, 다음과 같이 회계처리한다.

(차) 이익잉여금	₩1,000,000	(대) 자 본 금	₩1,000,000

한편, 주식배당을 실시하면 모든 주주들이 지분율에 비례하여 신주를 받는다. 회사의 순자산(자본총계)에 아무런 변동 없이 주식 수만 늘어난 셈이니, 적어도 이론상으로는 회사의 1주당 주식가격이 그만큼 떨어져야 하고 전체 보유주식의 가치에는 변함이 없다. 따라서 주식배당이 이루어지더라도 주주의 입장에서는 무상증자와 마찬가지로 아무런 회계처리를 하지 않는다.

무상증자나 주식배당은 실질적인 순자산의 증가 없이 단지 명목상의 자본금만 늘어나는 것이기 때문에 형식적 증자로 분류된다.

11.2.5 감자(減資)

주식회사가 자본금을 감소시키는 것을 감자라고 하며, 이는 실질적 감자와 형식적 감자로 분류된다.

실질적 감자는 주주에게 현금 등을 지급하여 주식을 사들여 소각하는 것을 의미하며, 이 경우에는 기업의 순자산이 실질적으로 감소한다(유상소각). 감자 시 주주에게 지급하는 대가가 소각되는 주식의 액면금액보다 작으면, 그 차액을 감자차익으로 처리하고 재무상태표에 자본잉여금(감자차익)으로 표시한다. 예를 들어 1주당 액면금액 ₩5,000의 주식 1,000주를 1주당 ₩3,000씩 주고 매입소각했다면, 다음과 같이 회계처리한다.

(차) 자 본 금	₩5,000,000	(대) 현 금	₩3,000,000
		감자차익	2,000,000

만약 감자 시 주주에게 지급하는 대가가 소각되는 주식의 액면금액보다 더 크다면, 그 차액을 감자차손으로 처리한다. 예를 들어 1주당 액면금액 ₩5,000의 주식 1,000주를 1주당 ₩6,000씩 주고 매입소각했다면, 다음과 같이 회계처리한다.

(차) 자 본 금	₩5,000,000	(대) 현 금	₩6,000,000
감자차손	1,000,000		

감자차손은 재무상태표에 감자차익의 잔액이 있으면 이와 우선 상계하고, 나머지는 자본조정으로 분류하여 주주총회의 결의에 의해 이익잉여금 처분순서에 따라 처리한다.

형식적 감자는 주주에게 주식소각의 대가를 지급하지 않고 명목상으로만 자본금을 감소시키는 것을 의미한다(무상소각). 형식적 감자를 실시하면, 순자산의 변동 없이 명목상의 자본금만 감소한다. 형식적 감자의 방법으로는 주주들이 보유한 주식 수를 일정비율로 감소시키는 방법과 1주당 액면금액을 일률적으로 감액시키는 방법이 있다.

형식적 감자는 주로 이월결손금이 누적된 회사가 이를 재무상태표에서 제거하거나 줄이기 위한 목적으로 이루어진다. 예를 들어 이월결손금 ₩4,000,000을 보전(補塡)하기 위해서 1주당 액면금액 ₩5,000의 발행주식 2,000주를 1,000주로 감소시키기로 하였다면, 다음과 같이 회계처리한다.

(차) 자 본 금	₩5,000,000	(대) 이월결손금	₩4,000,000
		감 자 차 익	1,000,000

이월결손금은 이익잉여금의 (−)항목에 해당하므로 형식적 감자가 이루어지더라도 자본의 합계에는 아무런 영향이 없고, 단지 자본의 구성항목이 바뀌게 된다.

11.2.6 주식분할과 주식병합

주식분할(stock split)은 하나의 주식을 여러 개로 분할하는 것으로 액면분할이라고도 부른다. 주식분할을 실시하면 주식 수가 늘어나지만 1주당 액면금액이 이에 반비례하여 줄어들기 때문에 결과적으로 회사의 자본금은 변하지 않는다.

주식병합(reverse stock split)은 주식분할과는 반대로 여러 개의 주식을 하나로 병합하는 것을 말한다. 주식병합을 실시하면 주식 수가 줄어들지만 1주당 액면금액이 이에 반비례하여 늘어나기 때문에 결과적으로 회사의 자본금에는 아무런 영향이 없다.

이와 같이 주식분할과 주식병합은 회사의 자본금에 아무런 영향을 미치지 않기 때문에 회계처리를 할 필요가 없다.

구분	무상증자	주식배당	주식분할	주식병합
발행주식수	증가	증가	증가	감소
주당액면금액	불변	불변	감소	증가
총자본	불변	불변	불변	불변
자본금	증가	증가	불변	불변
자본잉여금	감소가능	불변	불변	불변
이익잉여금	감소가능	감소	불변	불변

11.3 자본조정과 자기주식

자본조정(capital adjustment)은 주주와의 자본거래에 해당하지만 최종 납입된 자본금으로 볼 수 없거나 자본을 차감하는 항목으로서 자본금이나 자본잉여금으로 분류할 수 없는 항목을 의미한다. 주식할인발행차금, 감자차손, 자기주식, 자기주식처분손실 등이 자본조정 항목으로 처리된다.

주식할인발행차금과 감자차손에 대해서는 앞에서 살펴보았고, 여기서는 자기주식과 관련한 회계처리에 대하여 알아보자.

자기주식(treasury stock)은 회사가 이미 발행한 주식 중 일부를 추후 재발행하거나 소각할 목적으로 다시 취득한 주식을 말한다. 상법에서는 채권자보호의 차원에서 자기주식의 취득을 규제하고 있지만 주가 안정, 경영권 방어, 종업원 보상 등에 활용하기 위해서 자기주식을 취득하는 사례가 많다.

자기주식을 취득하면 회사의 유통주식(outstanding stock) 수가 감소하기 때문에 그 성격상 주주에게 납입자본의 일부를 돌려준 것과 유사하며, 따라서 손익거래가 아닌 자본거래로 분류된다. 다만 자기주식의 취득 시 납입자본에서 직접 차감하여 회계처리하지 않고, 일단 취득원가로 기록하여 자본조정 항목으로 분류하고 자본에서 차감하는 형식으로 표시한다. 즉, 자기주식은 재무상태표에 자산이 아닌 자본의 차감 항목으로 표시한다.

취득하여 보유 중이던 자기주식을 재발행하는 경우 재발행금액이 자기주식의 취득원가를 초과하면 그 초과금액을 자기주식처분이익계정의 대변에 기록하고, 재발행금액이 자기주식의 취득원가보다 적으면 그 차액을 우선적으로 자기주식처분이익과 상계한 후 나머지를 자기주식처분손실계정의 차변에 기록한다. 재무상태표에 자기주식처분이익은 기타자본잉여금에 포함하여 표시하고, 자기주식처분손실은 자본조정으로 분류하여 표시한다.

보유 중이던 자기주식을 소각하는 경우에는 자기주식의 취득원가와 액면금액을 비교하여 취득원가가 액면금액보다 낮으면 차액을 감자차익계정의 대변에 기록한다. 만약 취득원가가 액면금액보다 높은 경우에는 그 차액을 감자차손계정의 차변에 기록하되, 감자차익의 잔액이 있는 경우에는 우선적으로 이를 차감한다. 재무상태표에 감자차익은 기타자본잉여금에 포함하여 표시하고, 감자차손은 자본조정으로 분류하여 표시한다. 자본조정에 포함된 자기주식처분손실이나 감자차손은 추후 이익잉여금의 처분으로 처리한다.

예제

(주)원승은 20×1년 1월 10일에 액면금액 ₩5,000인 보통주 600주를 주당 ₩8,000에 취득하였다. 20×1년 4월 7일에 자기주식 200주를 주당 ₩9,000에 재발행하였고, 20×1년 6월 8일에 자기주식 200주를 주당 ₩6,500에 재발행하였다. 나머지 자기주식 200주는 20×1년 9월 5일에 소각하였다.

문 자기주식의 취득, 재발행, 소각과 관련한 회계처리를 하시오.

풀이

(20×1. 1. 10 취득)

(차) 자기주식	₩4,800,000	(대) 현금	₩4,800,000

(20×1. 4. 7 재발행)

(차) 현금	₩1,800,000	(대) 자기주식	₩1,600,000
		자기주식처분이익	200,000

(20×1. 6. 8 재발행)

(차) 현금	₩1,300,000	(대) 자기주식	₩1,600,000
자기주식처분이익	200,000		
자기주식처분손실	100,000		

재발행으로 인한 차액 ₩300,000에 대하여 먼저 20×1년 4월 7일 거래에서 발생한 자기주식처분이익 ₩200,000을 차감하고, 남은 잔액 ₩100,000을 자기주식처분손실로 처리한다.

(20×1. 9. 5 소각)

(차) 자본금	₩1,000,000	(대) 자기주식	₩1,600,000
감자차손	600,000		

11.4 기타포괄손익누계액

자본란의 기타포괄손익누계액(accumulated other comprehensive income)은 포괄손익계산서에 기록된 기타포괄손익의 누계액을 의미한다.

포괄손익(comprehensive income)은 일정기간 동안 주주와의 자본거래를 제외한 모든 거래나 사건의 결과로 인식된 자본의 변동을 의미한다. 포괄손익은 당기순손익과 기타포괄손익(other comprehensive income)으로 구분된다. 이 중에서 기타포괄손익은 손익거래를 통해 자본의 변동을 가져오지만 당기순손익에는 반영시킬 수 없는 항목이다. 기타포괄손익의 매기 발생액(증감액)은 포괄손익계산서에 표시되고, 그 누적금액은 재무상태표에 기타포괄손익누계액에 포함되어 표시된다.

기타포괄손익누계액은 이익잉여금과 달리 주주에게 분배할 수 없는 자본항목이다. 이는 기타포괄손익의 성격이 아직 완료되지 않은 거래에 대한 손익이거나 미실현손익이라고 보기 때문이다.

기타포괄손익누계액으로 표시되는 항목으로는 금융자산평가손익(8.5 참조), 재평가잉여금(9.8.1 참조), 확정급여제도의 재측정요소, 현금흐름위험회피 파생상품평가손익, 해외사업장의 외화환산손익 등을 들 수 있다. 이들 항목에 대한 상세한 회계처리는 중급회계와 고급회계에서 다루는 내용이다.

11.5 이익잉여금

11.5.1 당기손익과 이익잉여금

이익잉여금(retained earnings)은 회사의 설립 이후 경영활동을 통하여 얻은 이익 중 배당이나 납입자본으로 대체된 금액을 제외하고 기업 내부에 남아 있는 금액을 말하며, 유보이익이라고 부르기도 한다. 만약 손실이 지속적으로 발생하여 이익잉여금계정에 차변잔액이 있으면, 이를 결손금(deficit)이라 한다.

당기손익은 이익잉여금에 반영되어 재무상태표의 자본에 포함된다. 즉, 당기순이익이 발생하면 기초의 이익잉여금에 가산되어 기말의 이익잉여금이 계산되고, 당기순손실이 발생하면 기초의 이익잉여금이 그만큼 줄어들어 기말의 이익잉여금이 된다. 배당이 이루어지면 그만큼 이익잉여금이 줄어든다.

11.5.2 배당

배당(dividend)은 기업이 얻은 이익 중 일부를 주주들에게 나눠주는 것을 말한다. 배당은 현금으로 지급하는 것이 대부분이지만, 주식배당이 이루어지기도 한다. 배당금은 비용으로 회계처리하지 않고 이익잉여금에서 차감한다.

배당의 회계처리와 관련하여 배당기준일, 배당결정일, 배당지급일을 구별할 필요가 있다. 배당기준일이란 배당을 받게 될 주주를 확정하는 기준일자를 의미하며, 일반적으로 기말시점에 가까운 특정 일자를 정하여 주주명부를 확정하고 그 명부에 등록되어 있는 주주에게 배당을 받을 권리를 부여한다. 배당기준일에는 주주명부가 확정될 뿐이므로 아무런 회계처리를 하지 않는다.

회계기말로부터 3개월 이내에 개최하는 주주총회에서 배당결의가 이루어져 배당금액이 확정되면, 그 시점(배당결정일)에 이익잉여금을 감소시키는 회계처리를 한다.

(차) 이 익 잉 여 금	×××	(대) 미지급배당금	×××

11.5.3 법정적립금과 임의적립금

이익잉여금을 회사 내부에 유보시키기 위해 이익잉여금을 처분하여 법정적립금이나 임의적립금을 쌓는다. 법정적립금은 상법 등에 따라 의무적으로 적립하는 것으로 이익준비금이 그 대표적인 예이다. 이익준비금은 상법에 의거하여 자본금의 50%에 달할 때까지 매 결산기 현금배당액의 10% 이상을 적립하는 것이다. 예를 들어 주주총회에서 ₩10,000,000의 배당을 결의하였다면, 적어도 ₩1,000,000 이상의 이익준비금을 적립하여야 한다.

임의적립금은 법정적립금과는 달리 회사의 결정에 따라 임의적으로 적립한 것이다. 사업확장을 위한 사업확장적립금, 부채의 상환을 위한 감채적립금, 미래의 결손금에 대비하기 위한 결손보전적립금 등이 그 예이다. 임의적립금은 회사에서 필요한 목적을 달성하기 위하여 배당 등을 제한할 목적으로 설정하는 것이다. 과거에 설정했던 임의적립금은 주주총회의 의결을 거쳐 다시 미처분이익잉여금으로 이입하여 배당금 등으로 처분할 수 있다.

11.5.4 이익잉여금처분계산서

회사는 한 해 영업을 마치고 누적된 이익, 즉 이익잉여금에 대해서 주주에게 배당할지 아니면 사내에 유보할지를 결정해야 한다. 배당이나 사내유보 등 이익잉여금을 사내 또는 사외에 배분하는 것을 이익잉여금의 처분이라 한다.

임의적립금의 이입액과 배당금 등 당기의 이익잉여금처분액은 이익잉여금처분계산서(statement of appropriation of retained earnings)에 표시된다.

> 미처분이익잉여금 = 전기이월미처분이익잉여금 + 당기순이익
> 미처분이익잉여금 + 임의적립금 등의 이입액 − 이익잉여금 처분액(배당금 등)
> = 차기이월미처분이익잉여금

과거에는 이익잉여금처분계산서가 기본재무제표에 속하였으나, 국제회계기준에서는 자본변동표를 기본재무제표로 하는 대신 이익잉여금처분계산서를 주석으로 기재하도록 하고 있다.

만약 당기순손익의 누적액이 손실로 나타나는 경우에는 결손금처리계산서를 작성한다.

11.6 자본변동표

자본변동표(statement of changes in equity)는 한 회계기간 동안 발생한 자본의 변동내역을 보여주는 재무제표이다. 즉, 자본변동표는 자본을 구성하는 자본금, 자본잉여금, 자본조정, 기타포괄손익누계액, 이익잉여금(결손금)의 변동에 대한 포괄적인 정보를 제공한다. 자본의 변동은 특정 회계기간 동안 순자산의 증가나 감소를 반영한다.

자본변동표는 재무상태표 및 손익계산서와 밀접하게 연관된다. 아래에 예시된 자본변동표에서 기초(20×1. 1. 1)와 기말(20×1. 12. 31)의 자본 항목들은 전기와 당기의 재무상태표상 금액과 일치한다. 포괄손익계산서에는 당기순이익 ₩3,000과 기타포괄이익(금융자산평가이익) ₩600이 표시된다.

자본변동표

(주)원승　　20×1년 1월 1일부터 20×1년 12월 31일까지　　(단위: 원)

구분	자본금	자본 잉여금	자본조정	기타포괄 손익누계액	이익 잉여금	합계
20×1. 1. 1	₩10,000	₩5,000	(₩800)	₩1,800	₩20,000	₩36,000
유 상 증 자	2,000	1,000				3,000
배 당					(1,200)	(1,200)
당 기 순 이 익					3,000	3,000
자기주식 취득			(500)			(500)
금융자산평가이익				600		600
20×1. 12. 31	₩12,000	₩6,000	(₩1,300)	₩2,400	₩21,800	₩40,900

연·습·문·제

1. 자본에 관한 설명으로 타당하지 않은 것은?

① 주주의 몫이다.

② 총자산에서 부채총계를 차감한 것이다.

③ 자기자본은 이자를 지급할 필요가 없다.

④ 청산절차를 밟는 경우 주주가 채권자보다 유리하다.

2. 자본거래와 손익거래에 관한 다음 설명 중 타당하지 않은 것은?

① 증자나 감자는 자본거래이다.

② 자본거래는 손익계산서를 거치지 않고 직접 재무상태표의 자본에 반영된다.

③ 손익거래는 손익계산서에 반영되므로 재무상태표와는 무관하다.

④ 자본거래에서는 수익이나 비용이 발생되지 않는다.

3. 자본 항목에 관한 다음 설명 중 타당하지 않은 것은?

① 자본금은 발행주식의 액면금액 합계이다.

② 자본잉여금은 주주와의 자본거래에서 발생한 잉여금이다.

③ 자본조정은 자본거래 중 자본금이나 자본잉여금으로 분류할 수 없는 항목이다.

④ 배당금은 비용처리되므로 이익잉여금과 무관하다.

4. 자본 항목 중 포괄적인 의미에서 잠재적인 손익에 해당하지만 아직 당기손익으로 확정할 수 없는 항목은?

① 기타포괄손익누계액　　② 이익잉여금

③ 자본조정　　④ 자본잉여금

5. 액면금액이 ₩5,000인 보통주 100주를 1주당 ₩8,000에 발행하였다. 회계처리에 대한 설명으로 타당하지 않은 것은?

① 자본금이 ₩500,000 증가하였다.
② 주식발행초과금계정의 차변에 ₩300,000을 기록한다.
③ 현금계정의 차변에 ₩800,000을 기록한다.
④ 자산과 자본이 함께 증가하였다.

6. 주식발행초과금을 재원으로 기존의 주식 1주당 0.5주의 비율로 무상증자를 실시하여 액면금액이 ₩5,000인 보통주 200주를 발행하였다. 회계처리에 대한 설명으로 타당하지 않은 것은?

① 자본금이 ₩1,000,000 증가하였다.
② 주식발행초과금계정의 차변에 ₩1,000,000을 기록한다.
③ 자본합계는 불변이다.
④ 이익잉여금이 감소하였다.

7. 주식배당에 관한 다음 설명 중 타당하지 않은 것은?

① 주식을 발행하여 이익배당을 하는 것이다.
② 회사의 자산이 사외로 유출된다.
③ 이익잉여금이 감소한다.
④ 자본금이 증가한다.

8. (　　)(과)와 (　　)은 실질적인 순자산의 증가 없이 단지 명목상의 자본금만 늘어나는 것이기 때문에 형식적 증자로 분류된다.

① 무상증자, 주식배당　　② 무상증자, 이익배당
③ 주식분할, 주식배당　　④ 주식분할, 이익배당

9. 다음 〈보기〉 중 주주의 입장에서 보유주식의 실질적인 가치 증가로 보기 어려운 것은?

〈보기〉 (가) 무상증자 (나) 주식배당 (다) 주식분할 (라) 주식병합

① (가), (나)　　② (가), (나), (다)
③ (가), (다), (라)　　④ (가), (나), (다), (라)

10. 감자에 관한 다음 설명 중 타당하지 않은 것은?

① 감자 시 주주에게 지급하는 대가가 소각되는 주식의 액면금액보다 작으면, 그 차액을 감자차익으로 처리한다.
② 감자 시 주주에게 지급하는 대가가 소각되는 주식의 액면금액보다 더 크면, 그 차액을 감자차손으로 처리한다.
③ 형식적 감자를 실시하면 순자산의 변동 없이 명목상의 자본금만 감소한다.
④ 무상감자를 실시하면 자본합계가 감소한다.

11. 주식분할과 주식병합에 관한 다음 설명 중 타당하지 않은 것은?

① 주식분할이 이루어지면 주식 수가 증가한다.
② 주식분할이 이루어지면 자본금이 증가한다.
③ 주식병합이 이루어지면 주식 수가 감소한다.
④ 주식병합이 이루어지면 액면금액이 늘어난다.

12. 다음 중 자본조정 항목에 속하지 않는 것은?

① 주식할인발행차금　　② 감자차손
③ 자기주식　　④ 주식발행초과금

13. 자기주식에 관한 다음 설명 중 타당하지 않은 것은?

① 회사가 이미 발행한 주식 중 일부를 추후 재발행하거나 소각할 목적으로 다시 취득한 주식이다.
② 자기주식을 취득하면 유통주식 수가 감소한다.
③ 자기주식 취득은 자본거래로 분류된다.
④ 자기주식은 재무상태표에 자산으로 표시한다.

14. 기타포괄손익에 관한 다음 설명 중 타당하지 않은 것은?

① 기타포괄손익은 손익거래를 통해 자본의 변동을 가져오지만 당기순손익에는 반영시킬 수 없는 항목이다.

② 기타포괄손익의 매기 발생액(증감액)은 포괄손익계산서에 표시된다.

③ 기타포괄손익의 누적금액은 재무상태표에 기타포괄손익누계액에 포함되어 표시된다.

④ 기타포괄손익은 당기순손익과 함께 이익잉여금을 구성한다.

15. 이익잉여금에 관한 다음 설명 중 타당하지 않은 것은?

① 회사의 설립 이후 경영활동을 통해 얻은 이익 중 배당이나 납입자본으로 대체된 금액을 제외하고 기업 내부에 남아 있는 금액을 의미한다.

② 배당이 이루어지면 이익잉여금이 줄어든다.

③ 당기손익은 손익계산서에 나타나므로 이익잉여금과는 무관하다.

④ 유보이익이라고도 부른다.

16. 이익준비금에 관한 다음 설명 중 타당하지 않은 것은?

① 주주총회의 의결을 거쳐 미처분이익잉여금으로 이입하여 배당금 등으로 처분할 수 있다.

② 매 결산기 현금배당액의 10% 이상을 적립한다.

③ 자본금의 50%에 달하면 적립하지 않아도 된다.

④ 법정적립금에 속한다.

17. 이익잉여금처분계산서에 관한 다음 설명 중 타당하지 않은 것은?

① 당기순손익의 누적액이 손실로 나타나는 경우에는 결손금처리계산서를 작성한다.

② 국제회계기준에서 기본재무제표에 포함된다.

③ 전기이월미처분이익잉여금에 당기순이익을 합하면 미처분이익잉

여금이 된다.

④ 임의적립금을 이입하면 미처분이익잉여금이 증가한다.

18. (   )는 한 회계기간 동안 발생한 자본의 변동내역을 보여주는 재무제표이다.

① 재무상태표 ② 이익잉여금처분계산서
③ 자본변동표 ④ 현금흐름표

19. 회사의 재무상태가 다음과 같은 경우 순자산(자본)의 총계는 얼마인가?

현금 ₩20,000	매입채무 ₩15,000	매출채권 ₩30,000
비품 ₩50,000	차 입 금 ₩40,000	재고자산 ₩45,000

① ₩90,000 ② ₩75,000
③ ₩70,000 ④ ₩60,000

20. 다음 〈보기〉 중 자본금이 증가하는 것은?

〈보기〉 (가) 무상증자 (나) 주식배당 (다) 주식분할 (라) 주식병합

① (가), (나) ② (가), (다)
③ (나), (라) ④ (가), (나), (라)

CHAPTER 12

재무제표 읽는 법

12.1 재무제표분석

기업에 대한 가장 중요한 정보 원천은 재무제표이다. 특히 외부감사인의 감사의견이 첨부된 재무제표는 해당 기업의 종합적인 실상을 가장 잘 파악할 수 있는 정보의 보고(寶庫)라고 할 수 있다.

재무제표분석(financial statements analysis)은 정보이용자가 의사결정에 유용하게 활용할 수 있도록 재무제표에 담긴 정보를 추출하고 해석하는 과정이다. 요리에 비유하자면 재무제표는 식재료에 해당하고, 재무제표분석은 이를 사용하여 다양한 음식을 만들어 내는 요리과정이라고 볼 수 있다.

재무제표분석에 널리 사용되는 기법으로는 추세분석, 백분율재무제표분석, 상호비교분석 등을 들 수 있다.

12.2 추세분석

추세분석(trend analysis)은 과거로부터 현재까지 재무제표 수치의 변동을 살펴보는 것으로서 여러 기간의 재무제표 수치를 비교함으로써 관심 지표의 추세를 파악하는 데 유용하다.

기준연도와 비교연도의 수치 변동은 변동액 또는 변동률로 나타낼 수 있다.

구분	20×1년	20×2년	20×3년	20×4년	20×5년
매출액증가율	3%	5%	5%	6%	8%
영업이익증가율	5%	8%	7%	10%	12%
총자산증가율	4%	8%	9%	12%	15%

만약 당기의 재무제표 수치를 전기의 재무제표 수치와 비교하고 싶다

면, 비교재무제표를 통해 한눈에 파악할 수 있어 매우 편리하다. 비교재무제표(comparative financial statements)는 당해 회계연도와 직전연도의 회계자료를 비교하는 형식으로 작성한 것을 의미하며, 감사보고서에 포함된 재무제표는 모두 비교식으로 표시된 재무제표이다.

(주)원승의 20×1년도와 20×2년도 재무상태표와 손익계산서를 사용하여 변동액과 변동률로 나타낸 추세분석을 예시하면 다음과 같다.

재무상태표

	20×1년	20×2년	변동액	변동률
유동자산	₩800,000	₩860,000	₩60,000	7.5%
비유동자산	700,000	720,000	20,000	2.9%
자산총계	₩1,500,000	₩1,580,000	₩80,000	5.3%
유동부채	₩500,000	₩430,000	₩(70,000)	(14%)
비유동부채	550,000	600,000	50,000	9.1%
부채총계	1,050,000	1,030,000	(20,000)	(1.9%)
자본금	100,000	100,000	–	–
이익잉여금	350,000	450,000	100,000	28.6%
자본총계	450,000	550,000	100,000	22.2%
부채와 자본총계	₩1,500,000	₩1,580,000	₩80,000	5.3%

손익계산서

	20×1년	20×2년	변동액	변동률
매출액	₩2,000,000	₩2,200,000	₩200,000	10%
매출원가	1,500,000	1,600,000	100,000	6.7%
매출총이익	500,000	600,000	100,000	20%
판매비와 일반관리비	200,000	240,000	40,000	20%
영업이익	300,000	360,000	60,000	20%
영업외수익	40,000	30,000	(10,000)	(25%)
영업외비용	240,000	250,000	10,000	4.2%
법인세비용차감전순이익	100,000	140,000	40,000	40%
법인세비용	20,000	30,000	10,000	50%
당기순이익	₩80,000	₩110,000	₩30,000	37.5%

12.3 백분율재무제표분석

실제로 재무제표를 살펴보면, 구성요소의 수치가 매우 크기 때문에 한 눈에 그 대강의 모습을 파악하기가 쉽지 않다. 백분율재무제표분석은 재무제표의 각 항목이 전체에서 차지하는 비중이 얼마나 되는지를 쉽게 알 수 있도록 구성비로 표시하여 분석하는 것이다. 재무제표 중 재무상태표 항목들은 자산총계로 나눈 구성비로 표시하고, 손익계산서 항목들은 매출액에 대한 구성비로 표시한다.

재무제표를 백분율로 표시하면 실제 수치가 자산총계와 매출액에 대비되는 구성비율로 표시되기 때문에 기업 간 비교와 기간별 비교가 용이해진다. 백분율재무제표는 공통형재무제표(common size financial statements), 백분율재무제표분석은 구성비율분석으로 부르기도 한다.

추세분석에서 사용했던 (주)원승의 20×1년도와 20×2년도 재무상태표와 손익계산서를 백분율로 표시하면 다음과 같다.

재무상태표

	20×1년		20×2년	
	금액	구성비율	금액	구성비율
유동자산	₩800,000	53.3%	₩860,000	54.4%
비유동자산	700,000	46.7%	720,000	45.6%
자산총계	₩1,500,000	100%	₩1,580,000	100%
유동부채	₩500,000	33.3%	₩430,000	27.2%
비유동부채	550,000	36.7%	600,000	38%
부채총계	1,050,000	70%	1,030,000	65.2%
자본금	100,000	6.7%	100,000	6.3%
이익잉여금	350,000	23.3%	450,000	28.5%
자본총계	450,000	30%	550,000	34.8%
부채와 자본총계	₩1,500,000	100%	₩1,580,000	100%

손익계산서

	20×1년		20×2년	
	금액	구성비율	금액	구성비율
매 출 액	₩2,000,000	100%	₩2,200,000	100%
매 출 원 가	1,500,000	75%	1,600,000	72.7%
매출총이익	500,000	25%	600,000	27.3%
판매비와 일반관리비	200,000	10%	240,000	10.9%
영 업 이 익	300,000	15%	360,000	16.4%
영업외수익	40,000	2%	30,000	1.4%
영업외비용	240,000	12%	250,000	11.4%
법인세비용차감전순이익	100,000	5%	140,000	6.4%
법인세비용	20,000	1%	30,000	1.4%
당기순이익	₩80,000	4%	₩110,000	5%

12.4 상호비교분석

앞에서 살펴본 추세분석과 백분율재무제표분석은 분석대상기업 자체의 분석결과뿐만 아니라 경쟁기업이나 동종업계 평균과 비교할 경우 그 유용성이 높아진다. 이와 같이 분석대상기업과 경쟁기업(또는 산업 평균)을 상호비교하여 분석하는 것을 상호비교분석이라고 한다. 상호비교분석은 추세분석이나 백분율재무제표 이외에도 관심대상이 되는 모든 재무비율 수치를 산정하여 활용할 수 있다.

재무비율(financial ratio)이란 재무제표에 나타난 두 개 이상 항목 간의 상호관계를 비율로 표시한 것이다. 재무비율을 분석함으로써 특정 기업의 기간별 비교와 산업 내 기업 간의 상대적 비교가 가능하다. 재무비율을 분석하여 비교할 때 기준이 되는 표준비율(benchmark ratio)로는 이상적인 표준비율, 동종 산업평균비율, 동일 기업의 과거 평균비율 등이 사용된다. 재무비율분석을 적용하는 순서는 먼저 분석대상기업의 재무비율을 계산하고 그것을 표준비율과 비교함으로써 분석대상기업의 재무적 특성을 판단한다.

재무비율은 일반적으로 기업의 이익창출 능력을 나타내는 수익성비율, 보유자산을 얼마나 효율적으로 사용하고 있는지를 나타내는 활동성비율, 단기적인 지급능력을 나타내는 유동성비율, 장기적인 지급능력을 나타내는 안전성비율로 구분할 수 있다.

12.5 수익성비율

12.5.1 매출총이익률

매출총이익률은 매출액에서 매출원가를 뺀 매출총이익과 매출액의 비율로 측정하며, 이는 매출액 중 직접 마진(판매비와 일반관리비, 금융비용 등은 고려하지 않고 매출액에서 매출원가만을 차감한 총이익을 의미함)이 어느 정도나 되는지를 나타낸다.

매출총이익률 = 매출총이익/매출액

앞의 사례에서 (주)원승의 20×1년과 20×2년의 매출총이익률을 계산하면 각각 25%와 27.3%로 나타난다.

20×1년 매출총이익률 = ₩500,000/₩2,000,000 = 25%
20×2년 매출총이익률 = ₩600,000/₩2,200,000 = 27.3%

12.5.2 총자산이익률

총자산이익률은 총자산을 사용하여 얼마만큼의 순이익을 창출하였는지를 나타내는 지표이다. 기업의 총자산은 총자본(부채와 자본의 합계)과 같기 때문에 총자본이익률이라고도 부른다. 총자산은 기초와 기말의 평균수치를 사용하는 것이 일반적이다.

> 총자산이익률 = 당기순이익/평균총자산

앞의 사례에서 (주)원승의 20×2년 총자산이익률을 계산하면 7.1%이다.

> 20×2년 총자산이익률 = ₩110,000/₩1,540,000 = 7.1%

12.5.3 자기자본이익률

자기자본이익률은 자기자본 대비 얼마만큼의 순이익이 창출되었는지를 측정하는 지표이다. 자기자본은 주주의 몫을 나타내기 때문에 자기자본이익률은 주주의 입장에서 수익률을 평가하는 지표로 유용하다. 자기자본은 기초와 기말의 평균수치를 사용하는 것이 일반적이다.

> 자기자본이익률 = 당기순이익/평균자기자본

앞의 사례에서 (주)원승의 20×2년 자기자본이익률을 계산하면 22%이다.

> 20×2년 자기자본이익률 = ₩110,000/₩500,000 = 22%

경기가 좋아서 경영실적이 호전될수록 자기자본이익률은 총자산이익률보다 더 많이 높아지는 현상이 나타난다. 이는 부채로 인한 손익확대효과,

즉 재무레버리지효과 때문이다.

타인자본(부채)은 경영실적이 좋든 나쁘든 상관없이 약속된 이자를 지급해야 하므로 고정비적 성격을 갖는다. 경기가 좋아져서 부채에 대한 이자보다 더 많은 이익이 발생하면, 부채비율이 높은 회사일수록 자기자본이익률이 더 높아지는 재무레버리지효과가 나타난다. 물론 경기가 나빠져서 부채 이자만큼도 이익을 내기가 어려워지면, 이번에는 반대로 부채비율이 높은 회사일수록 자기자본이익률이 더 많이 떨어지게 된다.

12.5.4 주당순이익

수익성을 나타내는 지표로서 주당순이익도 널리 사용된다. 주당순이익(株當純利益, earnings per share; EPS)은 보통주 1주당 당기순이익의 크기를 나타내며, 이는 당기순이익을 보통주의 가중평균유통주식 수로 나누어 계산한다. 만약 우선주에 대한 배당금이 있다면 당기순이익에서 우선주배당금을 차감해야 한다.

주당순이익＝(당기순이익－우선주배당금)/보통주 가중평균유통주식 수

앞의 사례에서 (주)원승의 20×2년 보통주 가중평균유통주식 수가 20,000주이고 당기순이익이 ₩110,000,000이라면, (주)원승의 20×2년 주당순이익은 ₩5,500이다.

20×2년 주당순이익＝₩110,000,000/20,000주＝₩5,500

가중평균유통주식 수는 회계기간 동안 유통된 보통주식 수를 가중평균한 주식 수를 의미한다. 예를 들어 기초의 유통주식 수가 10,000주이고 7월 1일에 유상증자로 4,000주의 신주가 발행되었다면, 가중평균유통주식 수는 12,000주가 된다(10,000주×12/12＋4,000주×6/12＝12,000주).

주당순이익은 손익계산서상 당기순이익에 주기로 표시하고, 그 계산근

거를 주석으로 기재할 만큼 중요한 수익성지표이다.

주당순이익은 주가이익비율을 통해 기업의 수익성 대비 주가수준을 가늠해 보는 지표로 사용되기도 한다. 주가이익비율(price earnings ratio; PER)은 주식가격을 주당순이익으로 나눈 것으로서 이 비율이 낮을수록 주당순이익에 비해서 주가가 상대적으로 낮은 수준이란 의미를 함축하고 있다.

주가이익비율(PER) = 주가/주당순이익(EPS)

One point Plus+

주가이익비율과 주가순자산비율

회계정보는 기업의 내재가치를 산정하는 기초 자료가 되며, 이는 곧 해당 기업의 주가가 어떤 수준인지를 가늠하는 데 유용하게 활용된다. 회계정보 중 가장 많이 사용되는 두 가지 항목은 손익계산서의 당기순이익과 재무상태표의 순자산(자산에서 부채를 뺀 자본)이다.

당기순이익은 주당순이익(EPS)을 통해 주가이익비율(PER)로 바뀌어 투자정보로 활용된다. 주가이익비율에는 영구연금의 현재가치를 계산하는 논리가 들어 있다. 예를 들어 주당순이익이 ₩1,000이고 주가가 ₩10,000이라면 주가이익비율은 10으로 계산되고, 이는 이 기업의 주식 1주를 1년 동안 보유하면 주주의 몫이 ₩1,000만큼 늘어남을 의미한다. 주식을 보유함으로써 연간 10%의 수익률을 올릴 수 있는 셈이니, 만약 이자율이 10%보다 낮은 수준이라면 투자자의 입장에서 현재의 주가는 그다지 높지 않은 수준이라고 판단할 것이다. 주가이익비율이 낮을수록 주당순이익에 비해서 주가가 낮다는 것을 뜻하기 때문에 일반적으로 투자자는 주가이익비율이 낮은 주식을 선호한다. 다만 당기순이익이 지속가능한 이익이 아니라 유형자산처분이익 등 당기에만 발생하는 항목 때문에 급증한 것이라면, 주가이익비율이 낮더라도 다음 해부터는 급격히 높아질 가능성이 있으므로 주의해야 한다.

재무상태표의 순자산은 시가총액(주가에 발행주식 수를 곱한 금액)과 비교하는 형태로 많이 사용된다. 시가총액을 순자산으로 나눈 비율을 주가순자산비율(price book value ratio; PBR)이라고 부르는데, 이 비율이 낮을수록 주당순자산가치(book value per share; BPS)에 비해서 주가가 낮은 수준이라는 의미를 담고 있다.

주가이익비율이 한 회계기간의 당기순이익에 기초하여 산정되는 것임에 비해서, 주가순자산비율은 회사의 설립 이후 지금까지 누적된 모든 경영성과가 포함된 것이라는 점에서 큰 차이가 있다. 당기순이익은 순자산(자본)보다 변동성이 더 크기 때문에 주가이익비율에 지나치게 의존하기보다는 주가순자산비율도 함께 고려하는 것이 바람직하다.

모든 재화의 가격은 수요와 공급의 법칙에 따라 결정되며, 주식도 예외가 아니다. 단기적으로 주식의 가격은 그 시점의 수급상황에 따라 결정되지만, 장기적으로 주가는 해당 기업의 내재가치에 수렴하기 마련이다. 회계정보가 기업의 실상을 제대로 표현할수록 투자자의 합리적인 의사결정이 가능해지고 자원배분의 효율성도 제고되어 시장경제의 발전에 기여할 수 있다.

12.6 활동성비율

12.6.1 매출채권회전율

매출채권회전율은 매출채권이 현금화되는 속도를 나타내며, 이를 통해 매출채권이 얼마나 효율적으로 관리되는지를 파악할 수 있다. 매출채권회전율은 매출액을 평균매출채권으로 나누어 계산하며, 이는 회사가 회계기간 동안 매출채권을 몇 번이나 회수하였는지를 나타낸다. 1년을 매출채권회전율로 나누면, 매출채권이 회수되는 평균적인 기간을 계산할 수 있다. 매출채권회수기간은 매출채권회전율의 역수 개념이므로 회수기간이 짧을수록 바람직하다.

> 매출채권회전율 = 매출액/평균매출채권
> 매출채권평균회수기간 = 365일/매출채권회전율

매출채권회전율이 높다는 것은 매출채권이 빨리 회수되고 있다는 뜻이고, 매출채권회전율이 낮다는 것은 매출채권이 회수되는 속도가 느리다는 의미이다. 이는 매출채권 중 일부가 부실화되어 회수가능성이 희박함을 암시하는 것일 수도 있다. 따라서 과거의 평균비율에 비해서 매출채권회전율이 급격히 낮아졌다면 부실채권의 존재여부에 주의를 기울일 필요가 있다.

앞의 사례에서 (주)원승의 20×1년과 20×2년의 유동자산 중 매출채권이 각각 ₩300,000과 ₩360,000이라면, (주)원승의 20×2년 매출채권회전율은 6.67회이고, 매출채권평균회수기간은 약 55일이다.

> 20×2년 매출채권회전율 = ₩2,200,000/₩330,000 = 6.67회
> 20×2년 매출채권평균회수기간 = 365일/6.67회 = 약 55일

12.6.2 재고자산회전율

재고자산회전율은 매출원가를 평균재고자산으로 나눈 값이다. 재고자산에는 판매마진(매출총이익)이 포함되어 있지 않기 때문에 재고자산회전율 계산 시 매출액 대신 매출원가를 사용하는 것이 일반적이다. 재고자산회전율은 회사가 해당 회계기간 동안 재고자산을 평균 몇 번 판매하고 있는지를 나타낸다. 이 비율이 높을수록 낮은 수준의 재고자산으로 높은 영업실적을 올리고 있다는 뜻이므로 재고자산을 효율적으로 관리하고 있다고 해석할 수 있다. 1년을 재고자산회전율로 나누면, 재고자산이 판매되는 평균적인 기간을 계산할 수 있다. 재고자산평균회전기간은 재고자산회전율의 역수 개

념이므로 회전기간이 짧을수록 바람직하다.

재고자산회전율 = 매출원가/평균재고자산
재고자산평균회전기간 = 365일/재고자산회전율

재고자산회전율이 낮다는 것은 영업규모에 비해서 재고자산이 너무 많다는 것을 의미한다. 만약 과거의 평균비율에 비해서 재고자산회전율이 낮아졌다면 판매부진이나 진부화된 재고의 존재여부에 관심을 가져야 한다.

앞의 사례에서 (주)원승의 20×1년과 20×2년의 유동자산 중 재고자산이 각각 ₩320,000과 ₩280,000이라면, (주)원승의 20×2년 재고자산회전율은 5.33회이고, 재고자산평균회전기간은 약 68일이다.

20×2년 재고자산회전율 = ₩1,600,000/₩300,000 = 5.33회
20×2년 재고자산평균회전기간 = 365일/5.33회 = 약 68일

12.6.3 총자산회전율

총자산회전율은 매출액을 평균총자산으로 나누어 계산하며, 이는 회사가 수익을 창출하는 데 자산을 얼마나 효율적으로 사용하는지를 나타낸다. 총자산회전율이 높을수록 같은 자산을 가지고 보다 높은 매출을 올리고 있다는 뜻이므로 자산이 효율적으로 사용되고 있다고 해석할 수 있다.

총자산회전율 = 매출액/평균총자산

앞의 사례에서 (주)원승의 20×2년 총자산회전율을 계산하면 1.43회이다.

20×2년 총자산회전율 = ₩2,200,000/₩1,540,000 = 1.43회

12.7 유동성비율

12.7.1 유동비율

유동비율(current ratio)은 유동자산을 유동부채로 나누어 계산한다. 유동부채에 비해서 유동자산이 많을수록 단기채무를 상환할 수 있는 능력이 높다고 평가하며 유동성(liquidity)이 높다고 말하기도 한다.

유동비율 = 유동자산/유동부채

앞의 사례에서 (주)원승의 20×1년과 20×2년의 유동비율을 계산하면 각각 160%와 200%로 나타나, 단기적인 채무의 상환능력이 개선되었음을 보여준다.

20×1년 유동비율 = ₩800,000/₩500,000 = 160%
20×2년 유동비율 = ₩860,000/₩430,000 = 200%

12.7.2 당좌비율

당좌비율(quick ratio)은 당좌자산을 유동부채로 나누어 계산한다. 당좌비율은 유동비율과 함께 단기적인 채무의 상환능력을 나타내는 지표로 사용된다. 당좌자산은 유동자산에서 재고자산을 제외한 것이다. 현금이나 매출채권에 비해서 재고자산은 현금화까지 상대적으로 기간이 많이 소요되기 때문에 유동자산 중에서 재고자산을 차감하고 유동성비율을 측정해 보는 것이다. 만약 유동비율이 전년보다 향상되었다(높아졌다) 하더라도 당좌비율이 크게 낮아졌다면, 이는 재고자산 비중이 높아졌음을 의미하므로 단기적인 채무의 상환능력이 개선되었다고 평가하기는 어려울 것이다.

당좌비율 = 당좌자산/유동부채

앞의 사례에서 (주)원승의 20×1년과 20×2년의 유동자산 중 재고자산이 각각 ₩320,000과 ₩280,000이라면, 20×1년과 20×2년의 당좌자산은 각각 ₩480,000과 ₩580,000이 된다. 따라서 (주)원승의 20×1년과 20×2년의 당좌비율은 각각 96%와 135%이다. 유동비율과 함께 당좌비율도 향상되었기 때문에 (주)원승의 유동성이 좋아졌고 단기적인 채무의 상환능력이 개선되었다고 평가할 수 있다.

20×1년 당좌비율 = ₩480,000/₩500,000 = 96%
20×2년 당좌비율 = ₩580,000/₩430,000 = 135%

12.8 안전성비율

12.8.1 부채비율

부채비율(debt to equity ratio)은 총부채를 자기자본으로 나누어 계산하며, 이는 회사의 레버리지 정도를 나타낸다.

레버리지(leverage)란 회사가 타인자본(부채)을 사용하는 정도를 말한다. 주식을 발행하여 주주로부터 조달하는 자기자본은 상환의무가 없고 이자도 지급할 필요가 없다. 이익이 나면 배당을 하기도 하지만, 이자처럼 고정적으로 지급해야 하는 의무는 아니다. 이에 비해서 타인자본은 만기에 원금을 상환하고 이익의 발생여부와 무관하게 고정적으로 이자를 지급해야 하기 때문에 부채비율이 높을수록 원리금을 상환하지 못할 위험이 증가한다고 보는 것이 일반적이다.

부채비율 = 총부채/자기자본

앞의 사례에서 (주)원승의 20×1년과 20×2년의 부채비율을 계산하면 각각 233%와 187%로 나타나, 타인자본 의존도가 낮아졌음을 보여준다.

20×1년 부채비율 = ₩1,050,000/₩450,000 = 233%
20×2년 부채비율 = ₩1,030,000/₩550,000 = 187%

One point Plus+

재무레버리지효과

영업이익이 10% 증가하면 주당순이익(EPS)은 얼마나 늘까? 이는 기업의 자본구조에 따라 달라진다. 부채가 전혀 없는 회사의 주당순이익은 영업이익과 동일한 비율로 움직이지만, 부채를 사용하는 기업의 주당순이익은 영업이익의 변동률보다 더 큰 폭으로 변한다.

주식발행을 통해 주주로부터 조달하는 자기자본은 이자를 지급할 필요가 없다. 이에 비하여 회사채나 금융기관 차입으로 조달하는 타인자본에 대해서는 고정적으로 이자를 지급해야 하므로 부채를 사용하는 기업의 주당순이익은 영업이익의 변동률보다 더 큰 폭으로 움직이는데, 이와 같이 고정적인 이자비용 때문에 발생하는 주당순이익의 확대효과를 재무레버리지효과(financial leverage effect)라고 한다.

10억원의 투자비를 조달하는 두 가지 자본조달방법을 사례로 들어 비교해 보자.

1안은 타인자본 없이 20만주의 보통주를 발행하여 10억원의 투자비를 조달하는 방안이다. 이에 비해 2안은 10만주의 보통주 발행으로 5억원을 조달하고 나머지 5억원은 은행차입으로 충당하는 방안이다. 은행차입금에 대한 이자율은 10%라고 가정하고 설명의 편의상 법인세효과는 고려하지 않기로 한다. 이제 투자로부터 얻는 영업이익이 1억원인 경우의 주당순이익을 계산해 보자.

1안으로 투자재원을 조달한 경우의 주당순이익은 1억원을 20만주로 나눈 500원이다. 2안은 영업이익에서 5천만원의 이자를 지급해야 하므로 순이익은 절반으로 줄어들지만 발행주식 수가 1안의 50%에 불과하기 때문에 주당순이익은 1안과 동일한 500원이 됨을 알 수 있다.

그런데 영업이익이 1억5천만원으로 50% 높아지면 어떻게 될까? 1안의 주당순이익은 750원으로 영업이익과 같은 비율인 50%만큼 증가한다. 그러나 2안의 주당순이익은 1,000원으로 높아져 종전보다 100%나 늘어나게 된다. 한편 영업이익이 5천만원으로 50% 줄어들면, 1안의 주당순이익은 250원으로 50% 감소하지만, 2안의 주당순이익은 0으로 떨어진다.

타인자본 사용으로 인한 이와 같은 손익확대효과는 기업의 자본구조와 관련하여 중요한 사실을 시사해 준다. 즉, 부채비율이 높을수록 기업의 재무위험은 높아지지만, 주주의 입장에서 볼 때 기업의 부채비율이 낮을수록 좋다고 일률적으로 말할 수는 없다는 점이다. 위의 사례에서 투자로부터 얻는 영업이익이 1억원보다 큰 경우에는 투자재원을 100% 자기자본으로 조달하는 것보다 타인자본을 함께 사용하는 것이 더 유리함을 알 수 있다.

12.8.2 이자보상비율

이자보상비율(interest coverage ratio)은 회사가 영업이익으로 이자비용을 지급하기에 충분한지를 보여주는 지표이다. 이자보상비율은 영업이익을 이자비용으로 나누어 계산하며, 이 비율이 높을수록 이자지급능력이 양호하다고 평가한다. 만약 이자보상비율이 1보다 작다면, 이는 회사가 벌어들인 영업이익으로 이자비용을 지급하기에도 부족하다는 의미이다.

이자보상비율 = 영업이익/이자비용

앞의 사례에서 (주)원승의 20×1년과 20×2년의 영업외비용 중 이자비용이 각각 ₩100,000과 ₩95,000이 포함되어 있다면, (주)원승의 20×1년과 20×2년의 이자보상비율은 각각 3배와 3.79배이다.

20×1년 이자보상비율 = ₩300,000/₩100,000 = 3배
20×2년 이자보상비율 = ₩360,000/₩95,000 = 3.79배

이는 (주)원승의 영업이익이 이자비용을 지급하기에 충분한 수준이며 20×2년에는 이익증가와 부채감소로 인하여 이자지급능력이 더욱 향상되었음을 보여준다.

12.9 현금흐름분석

12.9.1 이익과 현금흐름

흑자도산(黑字倒産)이라는 말이 있다. 회계상 이익은 나는데 기업이 도산한다는 뜻이다. 이익이 나는데 왜 회사가 망할까? 이는 발생주의를 적용하여 1년 단위의 기간이익을 측정하는 회계의 고민거리이다.

회계상 이익은 현금의 수입과 지출에 자산과 부채의 증감을 반영하여 측정한다. 따라서 발생주의를 적용하여 측정한 회계상 이익은 현금흐름과 일치하지 않는다.

당기순이익의 크기에 비해서 매출채권이나 재고자산이 전기보다 크게 증가하였다면, 비록 회계상 순이익을 보고했더라도 현금사정은 1년 전보다 더 나빠졌을 가능성이 있다. 예를 들어 ₩10,000의 당기순이익

을 기록한 회사의 재고자산이 전기보다 ₩15,000만큼 증가했다면, 자금이 재고자산에 잠겨 있는 셈이니 회사의 현금사정은 오히려 ₩5,000만큼 악화되었다고 할 수 있는 것이다. 만약 순이익을 부풀려 표시하려는 분식회계(粉飾會計)가 있었다면, 문제는 더욱 심각해진다.

회사가 부도난다는 것은 약속한 기일에 채무를 상환하지 못한다는 뜻이다. 예를 들어 어음의 지급기일에 대금을 입금하지 못하거나 회사채의 만기일에 채무상환을 하지 못하면 부도가 발생한다. 이익이 없어서가 아니라 돈이 없으면 부도가 나는 셈이다. 따라서 이익뿐만 아니라 현금흐름의 상황이 어떤지를 잘 살펴보아야 한다.

분석기간이 장기가 될수록 회계상 순이익과 현금흐름의 상대적 차이는 줄어들고, 분석기간이 짧아질수록 양자 간의 상대적 차이는 커질 것이다. 예를 들어 10년 단위로 이익을 측정한다면, 회계상 순이익과 현금흐름의 차이는 그다지 중요하지 않을 것이다. 그러나 1년 단위로 측정하는 회계상 순이익은 비교적 단기라고 볼 수 있다. 이익의 수준이 충분히 크지 않다면, 발생주의를 적용하는 과정에서 현금흐름과 다른 결과가 얼마든지 나올 수 있는 것이다.

12.9.2 현금흐름표

기업의 현금흐름에 대한 세부적인 정보를 제공하기 위해 현금흐름표(statement of cash flows)라는 재무제표를 작성한다. 재무상태표에 계상된 현금은 특정 시점에 기업이 보유한 현금의 크기를 나타낼 뿐, 어떤 활동에서 얼마의 현금 유출입이 있었는지를 보여주지 못한다. 또한 손익계산서는 발생주의로 측정한 기간이익의 크기를 나타내기 때문에 영업활동에서 어느 정도의 현금을 창출하였는지를 쉽게 파악하기 어렵다. 현금흐름표는 기초의 현금이 어떤 과정을 거쳐 기말의 현금에 이르렀는지를 발생주의가 아닌 현금주의 사고방식으로 설명한 자료이다.

현금흐름표에서 현금이란 현금과 현금성자산을 의미한다. 현금은 통화는 물론 통화대용증권과 요구불예금을 포함한다. 현금성자산은 유동성이 매우 높은 단기 투자자산 중에서 확정된 금액의 현금으로 전환이 용이하고 가치변동의 위험이 매우 낮은 것을 의미한다.

현금흐름표에서는 기업의 현금흐름을 크게 영업활동, 투자활동, 재무활동으로 구분하여 표시한다.

영업활동으로 인한 현금흐름(cash flows from operating activities)은 기업이 영업활동을 통하여 얻은 현금흐름을 의미한다. 이는 기업의 수익창출활동(즉, 본업)으로부터 현금을 창출할 수 있는 능력을 나타내며, 매출과 매입거래, 영업과 관련된 비용의 지급, 종업원의 급여 지급 등을 포함한다.

투자활동으로 인한 현금흐름(cash flows from investing activities)은 영업활동에 필요한 유형자산 등의 취득과 처분에 관련된 현금흐름을 의미한다. 유형자산, 무형자산, 투자주식 등을 처분하면 현금이 유입되고, 이들 자산을 취득하면 현금이 유출된다. 자산의 처분으로 현금이 유입되는 경우 현금흐름표에는 처분된 자산의 장부금액이 아닌 실제의 현금유입액으로 기록한다.

재무활동으로 인한 현금흐름(cash flows from financing activities)은 기업의 자금조달과 상환에 관련된 현금흐름을 의미한다. 주식이나 사채를 발행하면 현금이 유입되고, 차입금을 상환하면 현금이 유출된다.

12.9.3 직접법과 간접법

영업활동으로 인한 현금흐름은 직접법과 간접법으로 표시할 수 있다.

직접법(direct method)은 총현금유입과 총현금유출을 주요 항목별로 구분하여 표시하는 방법이다.

영업활동 현금흐름(직접법)

= 영업활동 현금유입(매출 등) − 영업활동 현금유출(재고자산 매입, 종업원 급여 지급, 기타 영업비용 지급 등)

직접법으로 영업활동 현금흐름을 표시하면 재무상태표나 손익계산서에서 얻을 수 없는 정보를 제공할 수 있고, 발생주의의 의미를 잘 모르는 정보이용자도 비교적 쉽게 이해할 수 있는 장점이 있다. 그러나 직접법으로 영업활동 현금흐름을 표시하기 위해서는 추가적인 정보를 유지해야 하고 기업 입장에서는 추가적인 비용을 부담해야 하기 때문에 실제로 직접법을 적용한 현금흐름표는 많지 않은 실정이다.

간접법(indirect method)은 당기순손익에서부터 출발하여 현금흐름에 영향이 없는 거래와 투자활동 및 재무활동에 포함되는 거래를 제거하고 영업활동으로 인한 자산과 부채의 영향을 고려하여 영업활동으로 인한 현금흐름을 계산한다.

영업활동 현금흐름(간접법)
= 당기순이익 + (현금유출이 없는 비용 − 현금수입이 없는 수익) + (투자활동과 재무활동 현금흐름에 포함된 비용 − 투자활동과 재무활동 현금흐름에 포함된 수익) + (영업활동과 관련된 유동자산 감소액과 유동부채 증가액 − 영업활동과 관련된 유동자산 증가액과 유동부채 감소액)

현금유출이 없는 비용의 대표적인 예는 감가상각비이다. 대부분의 비용항목은 현금유출을 수반하지만, 감가상각비는 비용이지만 현금유출을 수반하지 않는다. 그런데 당기순이익을 계산하는 과정에서 감가상각비를 비용으로 차감하였으니(즉, 당기순이익이 줄어들었으니), 그만큼 당기순이익과 현금흐름 사이에 차이가 난다. 이와 같이 발생주의로 측정한 당기순이익에서 출발하여 현금흐름을 계산하기 위해서 감가상각비를 가산해 주는 것이다.

현금수입이 없는 수익을 차감하는 예로서는 당기손익으로 인식하는 금융자산평가이익을 들 수 있다. 이는 기말의 공정가치 평가로 손익계산서에 평가이익이 계상되었지만, 이는 금융자산의 가치가 증가하였을 뿐 현금이 유입된 것이 아니기 때문에 당기순이익에서 차감하는 것이다.

투자활동 현금흐름에 포함된 비용과 수익의 예로서는 유형자산처분손익을 들 수 있다. 예를 들어 장부금액 ₩10,000의 유형자산을 ₩9,000에 처분하면 ₩1,000의 처분손실이 발생한다. 그런데 현금흐름표에는 투자활동으로 인한 현금유입을 장부금액이 아닌 처분금액(₩9,000)으로 표시하므로 영업활동으로 인한 현금흐름을 계산할 때는 유형자산처분손실(₩1,000)을 당기순이익에 가산해야 한다. 만약 장부금액 ₩10,000의 유형자산을 ₩12,000에 처분하면 ₩2,000의 처분이익이 발생하지만, 투자활동으로 인한 현금유입이 처분금액인 ₩12,000으로 표시되기 때문에 영업활동으로 인한 현금흐름을 계산할 때는 유형자산처분이익(₩2,000)을 당기순이익에서 차감해야 하는 것이다.

재무활동 현금흐름에 포함된 비용과 수익의 예로서는 회사가 발행한 회사채를 만기 이전에 상환할 때 발생하는 사채상환손익을 들 수 있다. 현금흐름표에 재무활동으로 인한 현금유출을 사채의 장부금액이 아닌 상환금액으로 표시하기 때문에 이로 인한 손익을 당기순이익에서 조정하는 것이다.

영업활동과 관련된 유동자산이 감소하거나 유동부채가 증가하면 현금유입이 증가하고, 영업활동과 관련된 유동자산이 증가하거나 유동부채가 감소하면 현금유출이 증가한다. 따라서 당기순이익에서 출발하여 현금흐름을 계산하기 위해서는 이들 항목의 증감이 현금흐름에 미치는 영향을 조정해야 한다.

이론적으로 직접법은 간접법에 비해서 정보이용자가 발생주의 회계를 잘 모르더라도 현금흐름에 관한 정보를 이해하기가 쉬운 편이다. 그러나 기업이 추가적인 비용을 부담하면서 직접법을 적용하는 사례가 많지 않기 때문에 실제 정보이용자들이 접할 수 있는 현금흐름표는 대부분 간접법으로 작성한 것이다. 발생주의로 측정한 회계상 이익의 한계를 보완하고자 현금흐름표라는 재무제표를 만들었지만, 실제로는 발생주의 개념에 대한 깊은 지식 없이는 도저히 이해하기 어려운 회계자료가 되어버린 셈이다.

그래서일까? 국제회계기준과 일반기업회계기준에서는 현금흐름표를 기본재무재표의 하나로 규정하고 있지만, 중소기업회계기준은 현금흐름표를 재무제표로 요구하지 않는다.

12.10 감사보고서 활용하기

재무제표는 기업이 이해관계자에게 회사의 재무정보를 보여주기 위해서 작성하는 것이지만, 재무제표를 작성하는 과정에서 중대한 오류가 발생하거나 경영자가 자의적으로 회계 수치를 조작하는 분식회계가 이루어질 우려가 있다. 따라서 외부의 회계전문가인 공인회계사가 회사의 재무제표를 확인하는 절차가 필요하며, 이를 회계감사라고 한다. 외부감사인은 회사와 감사계약을 체결하고 회사의 재무제표가 기업회계기준에 따라 적정하게 작성되었는지 확인한 후 감사의견을 표명한다. 좁은 의미의 감사보고서는 외부감사인이 감사의견을 표명한 문서(외부감사인의 감사보고서)를 의미하지만, 일반적으로는 감사의견을 포함한 재무제표를 감사보고서라고 부른다.

금융감독원의 전자공시시스템(http://dart.fss.or.kr)을 이용하면 외부감사인의 감사의견이 포함된 재무제표를 쉽게 찾아볼 수 있다. 재무제표를 이해할 수 있는 실력을 갖춘 운전자들은 기업 정보의 보고인 고속도로를 통행료 한 푼 내지 않고 마음껏 이용할 수 있는 셈이다.

외부감사인의 감사의견은 적정의견, 한정의견, 부적정의견, 의견거절의 네 가지로 분류된다. 감사의견이 적정의견이 아닌 경우 회사는 불이익을 받는다. 상장기업이 부적정의견이나 의견거절을 받으면 상장폐지 사유가 된다. 한정의견의 경우에도 감사범위 제한으로 인한 한정의견은 관리종목으로 지정되거나 상장이 폐지되는 사유가 된다.

적정의견(unmodified opinion)은 재무제표가 기업회계기준에 따라 중요성의 관점에서 적정하게 표시되어 있다고 판단했을 때 표명하는 감사의견이다. 이는 정보이용자가 의사결정을 함에 있어 회사의 재무제표를 신뢰하고 이용해도 무방하다는 의미를 담고 있지만, 적정의견이 회사의 재무상태와 경영성과가 양호하다는 뜻이 아니라는 점에 주의해야 한다. 즉, 적자가 나는 기업도 적정의견을 받을 수 있는 반면에, 이익이 많이 나는 우량기업도 회계처리가 잘못되었다면 적정의견을 받을 수 없는 것이다.

적정의견은 감사보고서의 하단에 다음과 같은 문구로 표현된다.

> 본 감사인의 의견으로는 상기 재무제표가 ××주식회사의 20×1년 12월 31일 현재의 재무상태와 동일로 종료되는 보고기간의 재무성과 및 현금흐름을 일반기업회계기준(또는 한국채택국제회계기준)에 따라 중요성의 관점에서 공정하게 표시하고 있습니다.

한정의견(qualified opinion)은 기업회계기준의 위배나 감사범위의 제한으로 인한 영향이 중요하여 적정의견을 표명할 수는 없지만, 부적정의견이나 의견거절을 표명할 정도로는 중요하지 않고 전반적이지 않은 경우에 표명하는 감사의견이다.

부적정의견(adverse opinion)은 기업회계기준의 위배로 인한 영향이 특히 중요하고 전반적이어서 한정의견으로는 재무제표의 잘못된 내용을 적절히 나타낼 수 없다고 판단되는 경우에 표명하는 감사의견이다. 부적정의견은 회사의 재무제표가 기업회계기준을 심각하게 위배하고 있다는 뜻이므로 부적정의견을 받은 재무제표는 가급적 이용하지 말아야 한다.

의견거절(disclaimer of opinion)은 감사범위의 제한이 특히 중요하고 전반적이어서 충분하고 적합한 감사증거를 확보할 수 없는 경우에 표명한다. 의견거절은 회사의 장부기재가 부실하거나 감사인에게 자료제출을 거부하는 등의 사유로 감사인이 의견표명에 필요한 감사증거를 충분히 수집하지 못하여 재무제표의 전체를 신뢰할 수 없다는 의미를 담고 있다.

연 ▪ 습 ▪ 문 ▪ 제

1. 다음 재무비율 중 전기보다 비율이 높아졌을 때 재무상태와 경영성과가 개선되었다고 해석하기 어려운 것은?

① 총자산이익률　　② 유동비율

③ 부채비율　　④ 이자보상비율

2. 백분율재무제표에 관한 다음 설명 중 타당하지 않은 것은?

① 재무상태표 항목들은 자산총계로 나눈 구성비로 표시한다.

② 손익계산서 항목들은 매출액에 대한 구성비로 표시한다.

③ 재무제표를 백분율로 표시하면 기업 간 비교와 기간별 비교가 용이해진다.

④ 관심 항목의 변동액 추세를 파악하는 데 유용하다.

3. 재무비율에 관한 다음 설명 중 타당하지 않은 것은?

① 재무제표에 나타난 두 개 이상 항목 간의 상호관계를 비율로 표시한 것이다.

② 기간별 비교와 기업 간 비교에 유용하다.

③ 유동성비율은 장기적인 지급능력, 안전성비율은 단기적인 지급능력을 나타낸다.

④ 수익성비율은 기업의 이익창출 능력을 나타낸다.

4. 자기자본이익률에 관한 다음 설명 중 타당하지 않은 것은?

① 주주의 입장에서 수익률을 평가하는 지표로 유용하다.

② 자기자본은 기초와 기말의 평균수치를 사용하는 것이 일반적이다.

③ 호경기에는 부채비율이 낮을수록 자기자본이익률이 더 높게 나타나는 것이 일반적이다.

④ 자기자본이익률은 총자산이익률보다 더 높게 나타나는 것이 일반적이다.

5. 주당순이익(EPS)에 관한 다음 설명 중 타당하지 않은 것은?

① 주가이익비율(PER)은 주당순이익을 주가로 나눈 것이다.

② 수익성을 나타내는 지표이다.

③ 보통주 1주당 당기순이익의 크기를 나타낸다.

④ 손익계산서에 주기로 표시한다.

6. 주가이익비율(PER)에 관한 다음 설명 중 타당하지 않은 것은?

① 주가이익비율(PER)이 낮을수록 주가가 상대적으로 낮은 수준이란 의미를 담고 있다.

② 주당순이익과 관련성이 높다.

③ 손익계산서 중심의 가치평가이다.

④ 재무상태표 중심의 가치평가이다.

7. 매출채권회전율에 관한 다음 설명 중 타당하지 않은 것은?

① 활동성비율에 속한다.

② 이 비율이 높을수록 매출채권회수기간이 짧다.

③ 부실채권이 발생하면 이 비율이 높아질 것이다.

④ 이 비율을 통해 매출채권이 얼마나 효율적으로 관리되는지를 파악할 수 있다.

8. 재고자산회전율에 관한 다음 설명 중 타당하지 않은 것은?

① 매출원가를 평균재고자산으로 나누어 계산한다.

② 이 비율이 높을수록 낮은 수준의 재고자산으로 높은 영업실적을 올리고 있다는 뜻이다.

③ 진부화된 재고가 증가하면 이 비율이 떨어질 것이다.

④ 재고자산의 평균회전기간은 이 비율과 비례한다.

9. 다음 〈보기〉 중 단기적인 지급능력을 나타내는 재무비율에 해당하는 것은?

〈보기〉

(가) 부채비율	(나) 유동비율
(다) 매출채권회전율	(라) 당좌비율

① (가), (나) ② (가), (다)
③ (나), (다) ④ (나), (라)

10. 부채비율에 관한 다음 설명 중 타당하지 않은 것은?

① 이는 회사의 레버리지 정도를 나타낸다.
② 이 비율이 낮을수록 경기변동에 따른 이익의 변동폭은 커진다.
③ 이 비율이 높아질수록 회사의 안전성은 떨어진다.
④ 호경기에는 이 비율이 높은 회사의 자기자본이익률이 큰 폭으로 증가한다.

11. 다음 중 부채비율을 낮추기 위한 방안으로 보기 어려운 것은?

① 유상증자를 실시한다.
② 비업무용 부동산을 처분하여 차입금을 상환한다.
③ 수익성을 높여 이익을 증가시킨다.
④ 자기주식을 취득하여 주가를 부양한다.

12. 현금흐름표에 관한 다음 설명 중 타당하지 않은 것은?

① 기본재무제표에 속한다.
② 기업의 현금흐름을 크게 영업활동, 투자활동, 재무활동으로 구분하여 표시한다.
③ 현금흐름표에서 현금이란 현금과 현금성자산을 의미한다.
④ 실무에서 영업활동으로 인한 현금흐름은 대부분 직접법으로 표시한다.

13. 다음의 자료를 이용하여 산출한 재무비율로 옳지 않은 것은?

당 좌 자 산 ₩20,000	유동부채 ₩25,000	재고자산 ₩30,000
비유동부채 ₩35,000	유형자산 ₩40,000	자　　본 ₩30,000

① 당좌비율 80%　　② 유동비율 120%
③ 부채비율 200%　　④ 자기자본비율 33%

14. 경영분석 회의에서 이루어진 토론 내용이다. 가장 옳지 않은 의견을 제시한 사람은 누구인가?

용준: 부채비율이 전기보다 많이 높아졌군요. 재무구조개선 대책을 마련해야 합니다.
지우: 전기에 비해서 유동비율은 향상되었는데, 당좌비율은 더 떨어졌군요. 혹시 진부화된 재고자산이 늘어난 것은 아닌지요?
지훈: 재고자산회전율이 전기보다 낮아졌으니, 재고자산의 관리에는 별 문제가 없는 것 아닌가요?
태희: 매출채권회전율이 전기보다 높아졌으니, 채권회수는 잘 되고 있군요.

① 용준　　② 지우
③ 지훈　　④ 태희

15. 다음 회계처리의 오류로 인하여 회사의 20×1년 유동비율과 부채비율은 각각 어떤 영향을 받았는가?

회사는 20×1년 12월 30일에 외상으로 매입한 원재료를 20×2년 1월 5일에 매입한 것으로 회계처리하였고, 결과적으로 20×1년말 현재 유동자산과 유동부채가 원재료 매입액만큼 과소계상되었다. 20×1년말의 유동자산은 유동부채보다 크다.

① 유동비율과 부채비율이 모두 높아졌다.
② 유동비율은 낮아지고 부채비율은 높아졌다.
③ 유동비율과 부채비율이 모두 낮아졌다.
④ 유동비율은 높아지고 부채비율은 낮아졌다.

16. 20×1년 1월 1일과 20×1년 12월 31일의 매출채권 잔액은 각각 ₩10,000,000과 ₩14,000,000이고, 20×1년의 매출은 ₩60,000,000이다. 20×1년의 매출채권회수기간은 얼마인가?

① 63일 ② 73일

③ 83일 ④ 93일

17. 감사의견에 관한 다음 설명 중 타당하지 않은 것은?

① 외부감사인은 기업의 경영자가 작성한 재무제표에 감사의견을 표명함으로써 회계정보의 신뢰성을 높여준다.

② 적정의견은 회사의 재무상태와 경영성과가 양호하다는 의미이다.

③ 기업회계기준에 위배되면 한정의견이나 부적정의견이 표명될 수 있다.

④ 감사범위에 제한이 있으면 한정의견이나 의견거절이 표명될 수 있다.

18. 회사의 외부감사인은 감사보고서를 통해 재무제표에 대한 감사의견을 표명한다. 다음 감사의견의 종류는 무엇인가?

> 본 감사인의 의견으로는 상기 재무제표가 ××주식회사의 20×1년 12월 31일 현재의 재무상태와 동일로 종료되는 보고기간의 재무성과 및 현금흐름을 일반기업회계기준에 따라 중요성의 관점에서 공정하게 표시하고 있습니다.

① 적정의견 ② 한정의견

③ 부적정의견 ④ 의견거절

19. 회사의 재고자산회전율은 전기와 비슷한데, 매출채권회전율은 전기보다 크게 낮아졌다. 매출액과 당기순이익은 전기 수준과 큰 차이가 없다. 다음 중 타당하지 않은 설명은?

① 전기에 비해서 매출채권의 기말잔액이 증가하였을 것이다.

② 영업활동으로 인한 현금흐름은 전기보다 더 적어졌을 가능성이 높다.

③ 당기 중 부실채권이 발생했을 가능성이 높다.

④ 당기의 매출채권회수기간은 전기보다 더 짧아졌을 것이다.

20. 흑자도산(黑字倒産)의 의미와 가장 관련이 먼 것은?

① 발생주의를 적용하는 회계상 이익의 한계를 나타낸다.

② 당기순이익의 크기에 비해서 매출채권이나 재고자산이 전기보다 크게 증가하였다면 현금사정은 전기보다 더 나빠졌을 가능성이 높다.

③ 분식회계가 있었다면 흑자도산의 가능성은 더 높아진다.

④ 현금흐름표보다 손익계산서의 중요성이 더욱 강조된다.

연습문제 해답

[제 1 장] 회계 첫걸음

문 1. ③

문 2. ②

문 3. ①

문 4. ④ 재무회계의 주요 정보이용자는 기업 외부의 이해관계자이다.

문 5. ②

문 6. ①

문 7. ③

문 8. ④

문 9. ①

문 10. ③ 의무적용 대상이 아닌 비상장기업(중소기업 포함)도 국제회계기준을 적용할 수 있다.

문 11. ② 가계부는 단식부기다.

문 12. ②

문 13. ①

문 14. ③

문 15. ①

문 16. ④ 자산=부채+자본이므로 부채총액이 증가하면 자본총액은 감소한다.

문 17. ③ 수익보다 비용이 더 많으면 자본이 감소한다(손실).

문 18. ①

문 19. ③ 일정기간 동안의 경영성과를 보여주는 것은 손익계산서이다.

문 20. ④ 주석도 재무제표를 구성하는 한 요소이다.

[제 2 장] 회계등식과 거래의 기록

문 1. ④

문 2. ③ 회계등식은 항상 성립한다.

문 3. ② 재무상태표는 일정시점의 재무상태를 나타내므로 '20×1. 12. 31 현재'라고 표기한다.

문 4. ④ 배당금은 비용으로 처리하지 않고 자본(이익잉여금)의 감소로 처리한다.

문 5. ③ 비용이 발생하는 거래는 차변에 기록한다.

문 6. ①

문 7. ③ 거래의 이중성은 복식부기의 특징이다.

문 8. ④

문 9. ④ 다른 항목은 모두 자산이고, 매입채무는 부채이다.

문 10. ③ 수익의 증가는 대변에 기입한다.

문 11. ③ 차변에 분개된 내용은 해당 계정의 차변에 옮겨 적고, 대변에 분개된 내용은 해당 계정의 대변에 옮겨 기재한다.

문 12. ① 자산(현금, 매출채권, 재고자산, 건물)－부채(매입채무, 선수금, 차입금)＝(100＋200＋250＋500)－(150＋100＋300)＝500

문 13. ④ (1) 1,000－400－(2,000－1,800)＝400

(2) 500＋200＋(1,000－900)＝800

(3) 1,200－600－500＋600＝700

(4) 1,100－500－400＝200

(5) 600＋(1,000－800)＝800

문 14. ③ (1) (150＋200＋300)－(200＋300)＝150

(2) (200＋350＋400)－(300＋400)＝250

(3) (250＋300＋350)－(400＋300)＝200

(4) (400＋300＋300)－(200＋500)＝300

(5) (300＋200＋300)－(250＋200)＝350

문 15. ③

문 16. ③ '종업원에게 빌려준 돈'은 자산(대여금)이다.

문 17. ①

문 18. ④ 매출은 수익이므로 증가 시 대변에 기입한다.

문 19. ③

문 20. ④ 부채의 증가와 수익의 발생은 모두 대변에 기입한다.

[제 3 장] 회계순환과정 I(기중의 회계처리)

문 1. ②

문 2. ④ 회계기간은 1년을 초과할 수 없다.

문 3. ③ 기말의 회계처리는 재무제표를 작성하고 장부를 마감하는 것으로 종료된다.

문 4. ① 결산수정분개는 기말에 결산작업을 수행하는 과정에서 이루어지는 회계처리이다.

문 5. ④ 비용에는 영향이 없다.

문 6. ①

문 7. ④ 분개 단계에서 오류가 발생하면 이후의 결산과정에서 쉽게 찾아내기 어렵다.

문 8. ③ 수익을 감소시키는 거래는 차변에 기입한다.

문 9. ④ 차변에 분개된 내용은 해당 계정의 차변에 전기된다.

문 10. ③ 주식을 발행하는 것은 자본거래이므로 이익과는 무관하다.

문 11. ①

문 12. ②

문 13. ③

문 14. ① (차) 매출채권 ××× (대) 매 출 ×××

문 15. ②

문 16. ③ 자산의 감소와 수익의 발생은 모두 대변에 기입해야 하므로 거래의 요소로 결합할 수 없다.

문 17. ④ 차입금(부채)의 증가는 대변에 기록한다.

문 18. ② 미지급금(부채)의 감소는 차변에 기록한다.

문 19. ④ 자산이 증가하고 수익(매출)이 발생하였다.

문 20. ①

[제 4 장] 회계순환과정 Ⅱ(기말의 회계처리)

문 1. ④

문 2. ④ 시산표의 차변합계와 대변합계가 일치하더라도 계정기록에 오류가 없다고 확신할 수는 없다.

문 3. ③ 결산수정분개는 수익과 비용계정을 조정하는 형태로 나타나며, 이는 관련 자산과 부채계정의 조정을 수반하는 특징이 있다.

문 4. ④

문 5. ①

문 6. ①

문 7. ④ 결산수정분개도 총계정원장에 전기해야 한다.

문 8. ④ 이는 발생주의 회계처리의 전형적인 예이다.

문 9. ② 임차료를 후급하는 조건의 임대차계약에서 이러한 결산수정분개가 필요하다. 이 결산수정분개가 누락되면 당기의 이익은 과대표시되는 반면에, 차기의 이익은 과소표시되는 결과가 초래된다.

문 10. ④ 이 결산수정분개가 누락되면 당기의 이익은 과대표시되고, 차기의 이익은 과소표시된다.

문 11. ② 이 결산수정분개는 임대료를 선취하는 조건의 임대차계약에서 필요하다. 이 결산수정분개가 누락되면 당기의 이익은 과대표시되고, 차기의 이익은 과소표시된다.

문 12. ④ 이 결산수정분개가 누락되면 당기의 비용(보험료)이 과대계상되므로 회사의 당기순이익은 실제보다 더 적게 표시된다.

문 13. ① 결산수정분개는 선행분개에 따라 달라진다.

문 14. ④ 소모품 구입 시의 회계처리방법에 따라 기말의 결산수정분개가 달라진다.

문 15. ④ 재무상태표계정과 손익계산서계정은 그 성격이 상이하므로 마감절차도 다르다.

문 16. ③ 분개 없이 각 계정 내에서 이월기입하는 형태로 이루어지는 것은 재무상태표계정의 마감절차이다.

문 17. ④ 재무상태표계정은 마감분개가 필요 없다.

문 18. ③ 20×1년말 현재 3개월분의 미경과보험료를 자산(선급보험료)으로 인식하고 같은 금액을 비용(보험료)에서 차감해야 한다.

문 19. ① 손익계산서상(발생주의) 보험료＝선급보험료 기초금액＋당기지급(현금주의) 보험료－선급보험료 기말금액

문 20. ③ 손익계산서상(발생주의) 임대료＝선수임대료 기초금액＋당기수령(현금주의) 임대료－선수임대료 기말금액

[제 5 장] 재무회계 기초 이론

문 1. ④ 발생주의는 현금주의보다 기간이익을 더 정확하게 측정할 수 있지만, 경영자의 주관적 판단이 개입할 소지가 크다.

문 2. ① 외상판매분을 외상값이 입금되기 전까지 매출로 인정하지 않는 것은 현금주의적 사고이다.

문 3. ③ 계속기업의 가정 때문에 자산은 취득원가로 측정하는 것이 일반적이다.

문 4. ④

문 5. ③

문 6. ② 회계처리방법을 회사의 필요에 따라 자의적으로 바꾸면 비교가능성이 저해된다.

문 7. ①

문 8. ④

문 9. ④ 확정된 금액뿐만 아니라 합리적으로 추정된 금액을 사용할 수 있다.

문 10. ③ 회계는 현금주의가 아니라 발생주의를 적용한다.

문 11. ④

문 12. ① 자본은 자산과 부채를 어떻게 측정하느냐에 따라 그 금액이 결정된다.

문 13. ② 유상증자와 같은 자본거래는 수익에 포함되지 않는다.

문 14. ④

문 15. ① 매출액＝140개×₩80, 매출원가＝140개×₩50,
재고자산＝60개×₩50

문 16. ② 역사적원가는 공정시가에 비해서 목적적합성이 낮은 것이 단점이다.

문 17. ③ 유동성이 높은 자산일수록 현금으로 전환하기가 용이하다.

문 18. ②

문 19. ① 일정시점의 재무상태를 보여주는 것은 재무상태표이다.

문 20. ③

[제 6 장] 재고자산과 매출원가

문 1. ④ 제조기업이 공장부지로 사용하기 위해 보유하는 토지는 유형자산으로 분류된다.

문 2. ③ 매입환출은 매입가액에서 차감한다.

문 3. ④ 매입할인은 매입가액에서 차감한다.

문 4. ④ 기말재고자산의 금액이 커질수록 당기의 매출원가는 작아진다.

문 5. ①

문 6. ②

문 7. ② 매매가 빈번할 경우 계속기록법은 기중의 회계처리 부담이 큰 것이 단점이다.

문 8. ④ 실지재고조사법은 분실이나 도난으로 인한 손실을 파악하기 어렵다.

문 9. ①

문 10. ② 계속기록법을 적용하더라도 기말에 재고조사를 하는 것이 바람직하다.

문 11. ① 원가흐름의 가정이 달라지면 기간이익도 달라질 수 있다.

문 12. ② 손익계산서상 매출원가는 오래 전에 구입한 상품들의 취득원가로 산정된다.

문 13. ④ 국제회계기준은 후입선출법을 허용하지 않는다.

문 14. ③ 물가가 지속적으로 상승할 경우 가중평균법을 사용하면 선입선출법에 비해서 기간이익이 작게 나타난다.

문 15. ② 저가법은 재고자산의 취득원가와 기말시점의 순실현가능가치를 비교하여 이 중 낮은 금액으로 측정하는 방법이다.

문 16. ④ 본사에서 근무하는 임직원의 인건비는 제품원가가 아닌 기간비용(판매비와 일반관리비)으로 회계처리한다.

문 17. ④ 매입가액(₩200,000) − 매입환출(40개 × ₩400) − 매입에누리(60개 × ₩200) − 매입할인(₩3,000) = ₩169,000

문 18. ③

문 19. ① 선입선출법: 800개 × ₩120 = ₩96,000

후입선출법: 500개 × ₩100 + 300개 × ₩110 = ₩83,000

문 20. ④ 총평균법 단가 = (₩10,000 + ₩12,000 + ₩26,000 + ₩12,000)/(100개 + 100개 + 200개 + 100개) = ₩120

매출원가 = 당기판매수량 × 단가 = (150개 + 150개) × ₩120 = ₩36,000

기말재고자산 = 기말재고수량 × 단가 = (500개 − 300개) × ₩120 = ₩24,000

[제 7 장] 현금과 매출채권

문 1. ③

문 2. ④

문 3. ① 현금성자산은 유동성이 매우 높은 단기금융자산이다.

문 4. ②

문 5. ④ 매출채권이 회수되면 당좌예금의 차변에 기록한다.

문 6. ①

문 7. ④

문 8. ②

문 9. ②

문 10. ③ 재고자산 이외의 자산을 외상으로 매각하여 발생하는 채권은 미수금이다.

문 11. ④ 단기간의 상거래 채권에 대하여 발행하는 어음은 대부분 무이자부 어음이다.

문 12. ③ 교부받은 어음은 받을어음의 차변에 기록한다.

문 13. ② 상품이나 용역의 구매 등 기업의 주된 영업활동에서 발생하는 채무는 매입채무이다

문 14. ④ 거래의 결과 자산과 부채가 함께 감소하였다.

문 15. ② 매출할인은 별도의 금융비용으로 인식하지 않고 매출액에서 차감하며, 매입할인은 별도의 금융수익으로 인식하지 않고 매입액에서 차감한다.

문 16. ④ 매출채권도 금융자산에 포함되며, 매출채권의 대손상각비는 금융자산의 손상차손에 해당한다.

문 17. ③ 기말에 대손추정액이 대손충당금 잔액보다 적은 경우에 그 차액을 수익으로 인식한다.

문 18. ④ ₩2,000,000 × 2% − (₩45,000 − ₩10,000) = ₩5,000

문 19. ④ 이자비용을 인식하는 것은 매각거래가 아니라 차입거래이다.

문 20. ③ 차입거래에 해당하므로 매출채권처분손실이 아니라 이자비용으로 회계처리한다.

[제 8 장] 현재가치회계와 금융자산

문 1. ④ 회계에서 사용하는 이자율은 복리이자율이다.

문 2. ② ₩10,000,000×0.8638=₩8,638,000

문 3. ② ₩8,638,000×0.05=₩431,900

문 4. ② (₩8,638,000+₩431,900)×0.05=₩453,495

문 5. ① 현재가치: ₩8,638,000+₩431,900+₩453,495=₩9,523,395
현재가치할인차금: ₩10,000,000−₩9,523,395=₩476,605

문 6. ④ 현재가치할인차금은 자산이나 부채의 차감적 평가계정이므로 재무상태표에 직접 자산이나 부채로 표시되지 않는다.

문 7. ③ 장기성매입채무의 차감적 평가계정이므로 구매시점에 현재가치할인차금은 차변에 기록된다.

문 8. ④ 보통주와 우선주는 지분증권의 예이다.

문 9. ④

문 10. ④ 요건을 충족하면 지분증권뿐만 아니라 채무증권도 해당된다.

문 11. ② 주식은 만기가 없으므로 해당되지 않는다.

문 12. ④ 평가손익을 당기손익이 아닌 기타포괄손익으로 표시한다.

문 13. ③

문 14. ④

문 15. ②

문 16. ② 지분법에서는 배당금을 수익이 아닌 투자주식의 감소로 회계처리한다.

문 17. ④

문 18. ②

문 19. ①

문 20. ②

[제 9 장] 유형자산과 무형자산

문 1. ④ 판매를 목적으로 보유하는 자산은 재고자산이다.

문 2. ② 영업권은 무형자산이다.

문 3. ④ 재산세는 취득원가에 포함하지 않고 기간비용으로 회계처리한다.

문 4. ①

문 5. ④ 취득 후 지출을 자본적지출로 처리하면 수익적지출로 처리하는 것에 비해서 지출이 이루어진 회계기간의 다음 연도에는 감가상각비가 늘어나므로 이익은 낮게 표시된다.

문 6. ③ 잔존가치를 높게 추정할수록 연간 감가상각비는 낮아진다.

문 7. ② (₩4,000,000 − ₩400,000)/4 = ₩900,000

문 8. ② 내용연수를 너무 길게 설정하면 해당 자산의 사용기간 중에는 감가상각비가 낮게 계산되어 기간이익이 높게 나타나고, 해당 자산이 처분되는 회계기간에는 이익이 낮게 표시된다.

문 9. ③

문 10. ① ₩10,000,000 × 0.37 = ₩3,700,000

문 11. ④ 감가상각누계액은 대변계정이지만 부채가 아니며, 유형자산의 장부금액을 줄여주는 차감적 평가계정이다.

문 12. ② 정액법에 의한 연간 감가상각비: (₩40,000,000 − ₩4,000,000)/4 = ₩9,000,000

매각시점까지의 감가상각누계액: ₩9,000,000 + ₩9,000,000 × 6/12 = ₩13,500,000

처분가액(₩20,000,000) − 매각시점의 장부금액(₩40,000,000 − ₩13,500,000) = 처분손실(₩6,500,000)

문 13. ④ 전진법은 소급법에 비해서 회계처리가 간편하다.

문 14. ① 영업권은 개별적으로 식별할 수 없는 무형자산이다.

문 15. ③

문 16. ③ 무형자산은 정액법으로 상각한다.

문 17. ② 역사적원가로 자산을 평가하면 검증가능성은 높지만, 목적적합성이 낮은 것이 단점이다.

문 18. ②

문 19. ① ₩20,000,000 − (₩50,000,000 − ₩35,000,000) = ₩5,000,000

문 20. ④ 자산의 회수가능액은 순공정가치와 사용가치 중 큰 금액을 적용한다.

[제10장] 부채계정 이해하기

문 1. ② 사채는 비유동부채이다.

문 2. ④ 퇴직급여부채는 비금융부채이다.

문 3. ④ 할인발행의 경우 만기까지 회사가 부담하는 총 이자비용은 액면이자보다 많다(사채할인발행차금도 사채기간 동안 추가적으로 인식해야 할 이자비용이다).

문 4. ③ 사채의 할증발행 시 사채할증발행차금은 대변에 기록된다.

문 5. ④ ₩50,000,000 × 0.8163 + ₩50,000,000 × 0.06 × 2.6243
= ₩48,687,900

문 6. ② 사채할인발행차금: ₩50,000,000 − ₩48,687,900 = ₩1,312,100

문 7. ③ ₩48,687,900 × 0.07 = ₩3,408,153

문 8. ① ₩48,687,900 + (₩3,408,153 − ₩50,000,000 × 0.06)
= ₩49,096,053

문 9. ④ ₩50,300,000 − ₩49,096,053 = ₩1,203,947(사채상환손실)

문 10. ④ 유효이자율법을 적용할 경우 사채할증발행차금의 상각액도 매년 증가한다.

문 11. ③ 시장이자율이 사채의 액면이자율보다 높으면 사채는 할인발행된다.

문 12. ②

문 13. ④

문 14. ①

문 15. ④

문 16. ③ 퇴직급여부채는 충당부채이다.

문 17. ③ 경제적자원의 유출가능성이 높고(패소할 가능성이 높음), 지급해야 할 금액을 신뢰성 있게 측정할 수 있기 때문에 충당부채로 인식한다.

문 18. ② 회사의 내부규정이 근로자퇴직급여보장법에서 정한 금액보다 더 많은 경우에는 회사의 규정을 따라야 한다.

문 19. ① 확정기여제도는 확정급여제도에 비해서 회계처리가 간편하다.

문 20. ④ 확정급여제도에서는 여러 가지 요소를 추정에 의존해야 한다.

[제11장] 주주의 몫, 자본

문 1. ④ 청산절차를 밟는 경우 채권자가 주주보다 유리하다.

문 2. ③ 손익거래도 손익계산서를 통해서 궁극적으로는 재무상태표의 자본에 영향을 미친다.

문 3. ④ 배당금은 비용으로 회계처리하지 않고 이익잉여금에서 차감한다.

문 4. ①

문 5. ② 주식발행초과금계정의 대변에 ₩300,000을 기록한다.

문 6. ④ 주식발행초과금을 재원으로 무상증자를 실시하면 주식발행초과금(자본잉여금)이 감소한다.

문 7. ② 주식배당을 하더라도 회사의 자산이 사외로 유출되는 것은 아니다.

문 8. ①

문 9. ④

문 10. ④ 무상감자를 실시하면 자본금은 감소하지만 자본합계(순자산)는 변하지 않는다.

문 11. ② 주식분할이 이루어지더라도 주식 수가 늘어나는 만큼 1주당 액면금액이 줄어들기 때문에 자본금은 변하지 않는다.

문 12. ④ 주식발행초과금은 자본잉여금이다.

문 13. ④ 자기주식은 재무상태표에 자산이 아닌 자본의 차감 항목으로 표시한다.

문 14. ④ 기타포괄손익은 이익잉여금에 포함되지 않는다.

문 15. ③ 당기손익은 손익계산서를 통해 이익잉여금에 반영된다.

문 16. ① 이익준비금은 법정적립금이므로 임의로 이입하여 처분할 수 없다.

문 17. ② 과거에는 이익잉여금처분계산서가 기본재무제표에 속하였으나, 국제회계기준에서는 이익잉여금처분계산서를 기본재무제표에 포함시키지 않고 주석으로 기재하도록 하고 있다.

문 18. ③

문 19. ① (₩20,000 + ₩30,000 + ₩50,000 + ₩45,000) − (₩15,000 + ₩40,000)
= ₩90,000

문 20. ①

[제12장] 재무제표 읽는 법

문 1. ③

문 2. ④ 관심 항목의 변동액 또는 변동률 추세를 파악하는 데 유용한 기법은 추세분석이다.

문 3. ③ 유동성비율은 단기적인 지급능력, 안전성비율은 장기적인 지급능력을 나타낸다.

문 4. ③ 호경기에는 부채비율이 높을수록 자기자본이익률이 더 높게 나타날 수 있다.

문 5. ① 주가이익비율(PER)은 주가를 주당순이익으로 나눈 것이다.

문 6. ④ 주가이익비율(PER)은 손익계산서 중심의 가치평가이고, 주가순자산비율(PBR)은 재무상태표 중심의 가치평가이다.

문 7. ③ 부실채권이 발생하면 매출채권회전율이 떨어진다.

문 8. ④ 재고자산의 평균회전기간은 재고자산회전율에 반비례한다.

문 9. ④

문 10. ② 부채비율이 높을수록 경기변동에 따른 이익의 변동폭이 커진다(재무레버리지효과).

문 11. ④ 자기주식을 취득하면 자본총계가 감소하므로 부채비율은 높아진다.

문 12. ④ 실무에서 영업활동으로 인한 현금흐름은 대부분 간접법으로 표시한다.

문 13. ② 유동비율 = 유동자산/유동부채

= (₩20,000 + ₩30,000)/₩25,000 = 200%

문 14. ③ 재고자산회전율이 낮아졌다면 부실재고나 진부화된 재고가 늘어났을 가능성이 높다.

문 15. ④

문 16. ② 매출채권회전율 = 매출액/평균매출채권

= ₩60,000,000/₩12,000,000 = 5

매출채권회수기간 = 365일/5 = 73일

문 17. ② 적정의견이 회사의 재무상태와 경영성과가 양호하다는 뜻은 아니다.

문 18. ①

문 19. ④ 당기의 매출채권회수기간은 전기보다 더 늘어났을 것이다.

문 20. ④ 회계상 이익이 나더라도 현금이 떨어지면 부도가 난다. 발생주의로 측정한 손익계산서상 이익만으로는 현금흐름의 정보를 충분히 보여주지 못하므로 현금흐름표를 작성하는 것이다.

부 록

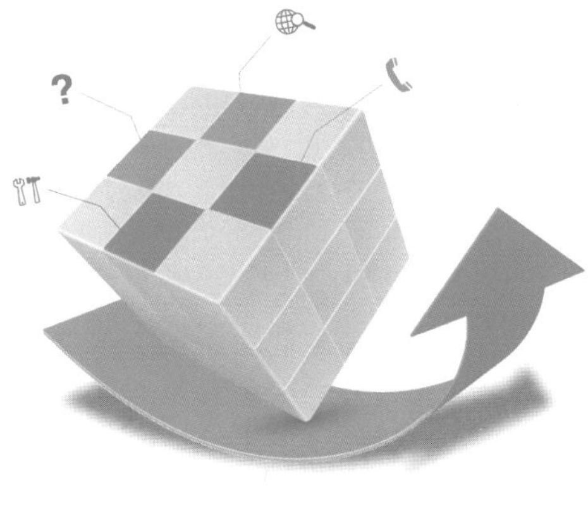

현재가치표

[표 1] 단일금액 1원의 미래가치

[표 2] 단일금액 1원의 현재가치

[표 3] 정상연금 1원의 미래가치

[표 4] 정상연금 1원의 현재가치

[표 1] 단일금액 1원의 미래가치 $FV(n, i) = (1+i)^n$ 이자율(i)

기간(n)	1%	2%	3%	4%	5%	6%	7%	8%	9%	10%
1	1.0100	1.0200	1.0300	1.0400	1.0500	1.0600	1.0700	1.0800	1.0900	1.1000
2	1.0201	1.0404	1.0609	1.0816	1.1025	1.1236	1.1449	1.1664	1.1881	1.2100
3	1.0303	1.0612	1.0927	1.1249	1.1576	1.1910	1.2250	1.2597	1.2950	1.3310
4	1.0406	1.0824	1.1255	1.1699	1.2155	1.2625	1.3108	1.3605	1.4116	1.4641
5	1.0510	1.1041	1.1593	1.2167	1.2763	1.3382	1.4026	1.4693	1.5386	1.6105
6	1.0615	1.1262	1.1941	1.2653	1.3401	1.4185	1.5007	1.5869	1.6771	1.7716
7	1.0721	1.1487	1.2299	1.3159	1.4071	1.5036	1.6058	1.7138	1.8280	1.9487
8	1.0829	1.1717	1.2668	1.3686	1.4775	1.5938	1.7182	1.8509	1.9926	2.1436
9	1.0937	1.1951	1.3048	1.4233	1.5513	1.6895	1.8385	1.9990	2.1719	2.3579
10	1.1046	1.2190	1.3439	1.4802	1.6289	1.7908	1.9672	2.1589	2.3674	2.5937
11	1.1157	1.2434	1.3842	1.5395	1.7103	1.8983	2.1049	2.3316	2.5804	2.8531
12	1.1268	1.2682	1.4258	1.6010	1.7959	2.0122	2.2522	2.5182	2.8127	3.1384
13	1.1381	1.2936	1.4685	1.6651	1.8856	2.1329	2.4098	2.7196	3.0658	3.4523
14	1.1495	1.3195	1.5126	1.7317	1.9799	2.2609	2.5785	2.9372	3.3417	3.7975
15	1.1610	1.3459	1.5580	1.8009	2.0789	2.3966	2.7590	3.1722	3.6425	4.1772
16	1.1726	1.3728	1.6047	1.8730	2.1829	2.5404	2.9522	3.4259	3.9703	4.5950
17	1.1843	1.4002	1.6528	1.9479	2.2920	2.6928	3.1588	3.7000	4.3276	5.0545
18	1.1961	1.4282	1.7024	2.0258	2.4066	2.8543	3.3799	3.9960	4.7171	5.5599
19	1.2081	1.4568	1.7535	2.1068	2.5270	3.0256	3.6165	4.3157	5.1417	6.1159
20	1.2202	1.4859	1.8061	2.1911	2.6533	3.2071	3.8697	4.6610	5.6044	6.7275
21	1.2324	1.5157	1.8603	2.2788	2.7860	3.3996	4.1406	5.0338	6.1088	7.4002
22	1.2447	1.5460	1.9161	2.3699	2.9253	3.6035	4.4304	5.4365	6.6586	8.1403
23	1.2572	1.5769	1.9736	2.4647	3.0715	3.8197	4.7405	5.8715	7.2579	8.9543
24	1.2697	1.6084	2.0328	2.5633	3.2251	4.0489	5.0724	6.3412	7.9111	9.8497
25	1.2824	1.6406	2.0938	2.6658	3.3864	4.2919	5.4274	6.8485	8.6231	10.835
26	1.2953	1.6734	2.1566	2.7725	3.5557	4.5494	5.8074	7.3964	9.3992	11.918
27	1.3082	1.7069	2.2213	2.8834	3.7335	4.8223	6.2139	7.9881	10.245	13.110
28	1.3213	1.7410	2.2879	2.9987	3.9201	5.1117	6.6488	8.6271	11.167	14.421
29	1.3345	1.7758	2.3566	3.1187	4.1161	5.4184	7.1143	9.3173	12.172	15.863
30	1.3478	1.8114	2.4273	3.2434	4.3219	5.7435	7.6123	10.063	13.268	17.449
35	1.4166	1.9999	2.8139	3.9461	5.5160	7.6861	10.676	14.785	20.414	28.102
40	1.4889	2.2080	3.2620	4.8010	7.0400	10.286	14.974	21.725	31.409	45.259
45	1.5648	2.4379	3.7816	5.8412	8.9850	13.765	21.002	31.920	48.327	72.891
50	1.6446	2.6916	4.3839	7.1067	11.467	18.420	29.457	46.902	74.358	117.39
60	1.8167	3.2810	5.8916	10.520	18.679	32.988	57.946	101.26	176.03	304.48

이자율(i)

기간(n)	11%	12%	13%	14%	15%	16%	17%	18%	19%	20%
1	1.1100	1.1200	1.1300	1.1400	1.1500	1.1600	1.1700	1.1800	1.1900	1.2000
2	1.2321	1.2544	1.2769	1.2996	1.3225	1.3456	1.3689	1.3924	1.4161	1.4400
3	1.3676	1.4094	1.4429	1.4815	1.5209	1.5609	1.6016	1.6430	1.6852	1.7280
4	1.5180	1.5735	1.6305	1.6890	1.7490	1.8106	1.8739	1.9388	2.0053	2.0736
5	1.6851	1.7623	1.8424	1.9254	2.0114	2.1003	2.1924	2.2878	2.3864	2.4883
6	1.8704	1.9738	2.0820	2.1950	2.3131	2.4364	2.5652	2.6996	2.8398	2.9860
7	2.0762	2.2107	2.3526	2.5023	2.6600	2.8262	3.0012	3.1855	3.3793	3.5832
8	2.3045	2.4760	2.6584	2.8526	3.0590	3.2784	3.5115	3.7589	4.0214	4.2998
9	2.5580	2.7731	3.0040	3.2519	3.5179	3.8030	4.1084	4.4355	4.7854	5.1598
10	2.8394	3.1058	3.3946	3.7072	4.0456	4.4114	4.8068	5.2338	5.6947	6.1917
11	3.1518	3.4785	3.8359	4.2262	4.6524	5.1173	5.6240	6.1759	6.7767	7.4301
12	3.4985	3.8960	4.3345	4.8179	5.3503	5.9360	6.5801	7.2876	8.0642	8.9161
13	3.8833	4.3635	4.8980	5.4924	6.1528	6.8858	7.6987	8.5994	9.5964	10.699
14	4.3104	4.8871	5.5348	6.2613	7.0757	7.9875	9.0075	10.147	11.420	12.839
15	4.7846	5.4736	6.2543	7.1379	8.1371	9.2655	10.539	11.974	13.589	15.407
16	5.3109	6.1304	7.0673	8.1372	9.3576	10.748	12.330	14.129	16.172	18.488
17	5.8951	6.8660	7.9861	9.2765	10.761	12.468	14.427	16.672	19.244	22.186
18	6.5436	7.6900	9.0243	10.575	12.375	14.463	16.879	19.673	22.901	22.623
19	7.2633	8.6128	10.197	12.056	14.232	16.777	19.748	23.214	27.252	31.948
20	8.0623	9.6463	11.523	13.743	16.367	19.461	23.106	27.393	32.429	38.338
21	8.9492	10.804	13.021	15.668	18.822	22.574	27.034	32.324	38.591	46.005
22	9.9336	12.100	14.714	17.861	21.645	26.186	31.629	38.142	45.923	55.206
23	11.026	13.552	16.626	20.362	24.891	30.376	37.006	45.008	54.648	66.247
24	12.239	15.179	18.788	23.212	28.625	35.236	43.297	53.109	65.032	79.497
25	13.586	17.000	21.231	26.462	32.919	40.874	50.658	62.669	77.388	95.396
26	15.080	19.040	23.991	30.167	37.857	47.414	59.270	73.949	92.092	114.48
27	16.738	21.325	27.109	34.390	34.535	55.000	69.345	87.260	109.56	137.37
28	18.580	23.884	30.634	39.204	50.066	63.800	81.134	102.97	130.41	164.84
29	20.624	26.750	34.617	44.693	57.575	74.009	94.927	121.50	155.19	197.81
30	22.892	29.960	39.116	50.950	66.212	85.850	111.06	143.37	184.67	237.38
35	38.575	52.800	72.068	98.100	133.18	180.31	243.56	327.99	440.70	590.67
40	65.001	93.051	132.78	188.88	267.86	378.72	533.86	750.38	1051.6	1469.8
45	109.53	163.99	244.64	363.68	538.77	795.44	1170.5	1716.7	2509.6	3657.3
50	184.56	289.00	450.74	700.23	1083.7	1670.7	2566.2	3927.4	5988.9	9100.4
60	524.06	897.60	1530.1	2595.9	4384.0	7370.2	12335.	20555.	34105.	56347.

[표 2] 단일금액 1원의 현재가치 $PV(n, i) = \dfrac{1}{(1+i)^n}$

이자율(i)

기간(n)	1%	2%	3%	4%	5%	6%	7%	8%	9%	10%
1	.9901	.9704	.9709	.9615	.9524	.9434	.9346	.9259	.9174	.9091
2	.9803	.9612	.9426	.9246	.9070	.8900	.8734	.8573	.8417	.8264
3	.9706	.9423	.9151	.8890	.8638	.8396	.8163	.7938	.7722	.7513
4	.9610	.9238	.8885	.8548	.8227	.7921	.7629	.7350	.7084	.6830
5	.9515	.9057	.8626	.8219	.7835	.7473	.7130	.6806	.6499	.6209
6	.9420	.8880	.8375	.7903	.7462	.7050	.6663	.6302	.5963	.5645
7	.9327	.8706	.8131	.7599	.7107	.6651	.6227	.5835	.5470	.5132
8	.9235	.8535	.7894	.7307	.6768	.6274	.5820	.5403	.5019	.4665
9	.9143	.8368	.7664	.7026	.6446	.5919	.5439	.5002	.4604	.4241
10	.9053	.8203	.7441	.6756	.6139	.5584	.5083	.4632	.4224	.3855
11	.8963	.8043	.7224	.6496	.5847	.5268	.4751	.4289	.3875	.3505
12	.8874	.7885	.7014	.6246	.5568	.4970	.4440	.3971	.3555	.3186
13	.8787	.7730	.6810	.6006	.5303	.4688	.4150	.3677	.3262	.2897
14	.8700	.7579	.6611	.5775	.5051	.4423	.3878	.3405	.2992	.2633
15	.8613	.7430	.6419	.5553	.4810	.4173	.3624	.3152	.2745	.2394
16	.8528	.7284	.6232	.5339	.4581	.3936	.3387	.2919	.2519	.2176
17	.8444	.7142	.6052	.5134	.4363	.3714	.3166	.2703	.2311	.1978
18	.8360	.7002	.5874	.4936	.4155	.3503	.2959	.2502	.2120	.1799
19	.8277	.6864	.5703	.4746	.3957	.3305	.2765	.2317	.1945	.1635
20	.8195	.6730	.5537	.4564	.3769	.3118	.2584	.2145	.1784	.1486
21	.8114	.6598	.5375	.4388	.3589	.2942	.2415	.1987	.1637	.1351
22	.8034	.6468	.5219	.4220	.3418	.2775	.2257	.1839	.1502	.1228
23	.7954	.6324	.5067	.4057	.3256	.2618	.2109	.1703	.1378	.1117
24	.7876	.6217	.4919	.3901	.3101	.2470	.1971	.1577	.1264	.1015
25	.7798	.6095	.4776	.3751	.2953	.2330	.1842	.1460	.1160	.0923
26	.7720	.5976	.4637	.3604	.2812	.2198	.1722	.1352	.1064	.0839
27	.7644	.5859	.4502	.3468	.2678	.2074	.1609	.1252	.0976	.0763
28	.7568	.5744	.4371	.3335	.2551	.1956	.1504	.1159	.0895	.0693
29	.7493	.5631	.4243	.3207	.2429	.1846	.1406	.1073	.0822	.0630
30	.7419	.5521	.4120	.3083	.2314	.1741	.1314	.0994	.0754	.0573
35	.7059	.5000	.3554	.2534	.1813	.1301	.0937	.0676	.0490	.0356
40	.6717	.4529	.3066	.2083	.1420	.0972	.0668	.0460	.0318	.0221
45	.6391	.4102	.2644	.1712	.1113	.0727	.0476	.0313	.0207	.0137
50	.6080	.3715	.2281	.1407	.0872	.0543	.0339	.0213	.0134	.0085
60	.5504	.3048	.1697	.0951	.0535	.0303	.0173	.0099	.0057	.0033

이자율(i)

기간(n)	11%	12%	13%	14%	15%	16%	17%	18%	19%	20%
1	.9009	.8929	.8850	.8772	.8696	.8621	.8547	.8475	.8403	.8333
2	.8116	.7972	.7831	.7695	.7561	.7432	.7305	.7182	.7062	.6944
3	.7312	.7118	.6931	.6750	.6575	.6407	.6244	.6086	.5934	.5787
4	.6587	.6355	.6133	.5921	.5718	.5523	.5337	.5158	.4987	.4323
5	.5935	.5674	.5428	.5194	.4972	.4761	.4561	.4371	.4190	.4019
6	.5346	.5066	.4803	.4556	.4323	.4104	.3898	.3704	.3521	.3349
7	.4817	.4523	.4251	.3996	.3759	.3538	.3332	.3139	.2959	.2791
8	.4339	.4039	.3762	.3506	.3269	.3050	.2848	.2660	.2487	.2326
9	.3909	.3606	.3329	.3075	.2843	.2630	.2434	.2255	.2090	.1938
10	.3522	.3220	.2946	.2697	.2472	.2267	.2080	.1911	.1756	.1615
11	.3173	.2875	.2607	.2366	.2149	.1954	.1773	.1619	.1476	.1346
12	.2858	.2567	.2307	.2076	.1869	.1685	.1520	.1372	.1240	.1122
13	.2575	.2292	.2042	.1821	.1625	.1452	.1299	.1163	.1042	.0935
14	.2320	.2046	.1807	.1597	.1413	.1252	.1110	.0985	.0876	.0779
15	.2090	.1827	.1599	.1401	.1229	.1079	.0949	.0835	.0736	.0649
16	.1883	.1631	.1415	.1229	.1069	.0930	.0811	.0708	.0618	.0541
17	.1696	.1456	.1252	.1073	.0929	.0802	.0693	.0600	.0520	.0451
18	.1523	.1300	.1103	.0946	.0803	.0691	.0592	.0508	.0437	.0376
19	.1377	.1161	.0981	.0829	.0703	.0596	.0506	.0431	.0367	.0313
20	.1240	.1037	.0863	.0723	.0611	.0514	.0433	.0365	.0303	.0261
21	.1117	.0926	.0768	.0633	.0531	.0443	.0370	.0309	.0259	.0217
22	.1007	.0326	.0680	.0560	.0462	.0382	.0316	.0262	.0218	.0181
23	.0907	.0738	.0601	.0491	.0402	.0329	.0270	.0222	.0183	.0151
24	.0817	.0659	.0532	.0431	.0349	.0284	.0231	.0188	.0154	.0126
25	.0736	.0588	.0471	.0378	.0304	.0245	.0197	.0160	.0129	.0105
26	.0663	.0525	.0417	.0331	.0264	.0211	.0169	.0135	.0109	.0087
27	.0597	.0469	.0369	.0291	.0230	.0182	.0144	.0115	.0091	.0073
28	.0538	.0419	.0325	.0255	.0200	.0157	.0123	.0097	.0077	.0061
29	.0485	.0374	.0289	.0224	.0174	.0135	.0105	.0082	.0064	.0051
30	.0437	.0334	.0256	.0196	.0151	.0116	.0090	.0070	.0054	.0042
35	.0259	.0189	.0139	.0102	.0075	.0055	.0041	.0030	.0023	.0017
40	.0154	.0107	.0075	.0053	.0037	.0026	.0019	.0013	.0010	.0007
45	.0091	.0061	.0041	.0027	.0019	.0013	.0009	.0006	.0004	.0003
50	.0054	.0035	.0022	.0014	.0009	.0006	.0004	.0003	.0002	.0001
60	.0019	.0011	.0007	.0004	.0002	.0001	.00008	.00005	.00003	.00002

[표 3] 정상연금 1원의 미래가치 $FVA(n, i) = \dfrac{(1+i)^n - 1}{i}$

이자율(i)

기간(n)	1%	2%	3%	4%	5%	6%	7%	8%	9%	10%
1	1.0000	1.0000	1.0000	1.0000	1.0000	1.0000	1.0000	1.0000	1.0000	1.0000
2	2.0100	2.0200	2.0300	2.0400	2.0500	2.0600	2.0700	2.0800	2.0900	2.1000
3	3.0301	3.0604	3.0909	3.1216	3.1525	3.1836	3.2149	3.2464	3.2781	3.3100
4	4.0604	4.1216	4.1836	4.2465	4.3101	4.3746	4.4399	4.5061	4.5731	4.6410
5	5.1010	5.2040	5.3091	5.4163	5.5256	5.6371	5.7507	5.8666	5.9847	6.1051
6	6.1520	6.3081	6.4684	6.6330	6.8019	6.9753	7.1533	7.3359	7.5233	7.7156
7	7.2135	7.4343	7.6625	7.8983	8.1420	8.3938	8.6540	8.9228	9.2004	9.4872
8	8.2857	8.5830	8.8923	9.2142	9.5491	9.8975	10.260	10.637	11.028	11.436
9	9.3685	9.7546	10.159	10.583	11.027	11.491	11.978	12.488	13.021	13.579
10	10.462	10.950	11.464	12.006	12.578	13.181	13.816	14.487	15.193	15.937
11	11.567	12.169	12.808	13.486	14.207	14.972	15.784	16.645	17.560	18.531
12	12.683	13.412	14.192	15.026	15.917	16.870	17.888	18.977	20.141	21.384
13	13.809	14.680	15.618	16.627	17.713	18.882	20.141	21.495	22.953	24.523
14	14.947	15.974	17.086	18.292	19.599	21.015	22.550	24.215	26.019	27.975
15	16.097	17.293	18.599	20.024	21.579	23.276	25.129	27.152	29.361	31.772
16	17.258	18.639	20.157	21.825	25.657	25.673	27.888	30.324	33.003	35.950
17	18.430	20.012	21.762	23.698	25.840	28.213	30.840	33.750	36.974	40.545
18	19.615	21.412	23.414	25.645	28.132	30.906	33.999	37.450	41.301	45.599
19	20.811	22.841	25.117	27.671	30.539	33.760	37.379	41.446	46.018	51.159
20	22.019	24.297	26.870	29.778	33.066	36.786	40.995	45.762	51.160	57.275
21	23.239	25.783	28.676	31.969	35.719	39.993	44.865	50.423	56.765	64.002
22	24.472	27.299	30.537	34.248	38.505	43.392	49.006	55.457	62.873	71.403
23	25.716	28.845	32.453	36.618	41.430	46.996	53.436	60.893	69.532	79.543
24	26.973	30.422	34.426	39.083	44.502	50.816	58.177	66.765	76.790	88.497
25	28.243	32.030	36.459	41.646	47.727	54.865	63.249	73.106	84.701	98.347
26	29.526	33.671	38.553	44.312	51.113	59.156	68.676	79.954	93.324	109.18
27	30.821	35.344	40.710	47.084	54.669	63.706	74.484	87.351	102.72	121.10
28	32.129	37.051	42.931	49.968	58.403	68.528	80.698	95.339	112.97	134.21
29	33.450	38.792	45.219	52.966	62.323	73.640	87.347	103.97	124.14	148.63
30	34.785	40.568	47.575	56.085	66.439	79.058	94.461	113.28	136.31	164.49
35	41.660	49.994	60.462	73.652	90.320	111.43	138.24	172.32	215.71	271.02
40	48.886	60.402	75.401	95.026	120.80	154.76	199.64	269.06	337.88	442.59
45	56.481	71.893	92.720	121.03	159.70	212.74	285.75	386.51	525.86	718.90
50	64.463	84.579	112.80	152.67	209.35	290.34	406.53	573.77	815.08	1163.9
60	81.671	114.05	163.05	237.99	353.58	533.13	813.52	1253.2	1944.8	3034.8

이자율(i)

기간(n)	11%	12%	13%	14%	15%	16%	17%	18%	19%	20%
1	1.0000	1.0000	1.0000	1.0000	1.0000	1.0000	1.0000	1.0000	1.0000	1.0000
2	2.1100	2.1200	2.1300	2.1400	2.1500	2.1600	2.1700	2.1800	2.1900	2.2000
3	3.3421	3.3744	3.4069	3.4396	3.4725	3.5056	3.5389	3.5724	3.6061	3.6400
4	4.7097	4.7793	4.8498	4.9211	4.9934	5.0665	5.1405	5.2154	5.2913	5.3680
5	6.2278	6.3528	6.4803	6.6101	6.7424	6.8771	7.0144	7.1542	7.2966	7.4416
6	7.9130	8.1152	8.3230	8.5355	8.7537	8.9775	9.2068	9.4420	9.6830	9.9299
7	9.7830	10.089	10.405	10.730	11.067	11.414	11.772	12.142	12.523	12.916
8	11.859	12.300	12.757	13.233	13.727	14.240	14.773	15.327	15.902	16.499
9	14.163	14.776	15.416	16.085	16.786	17.519	18.285	19.086	19.923	20.799
10	16.722	17.549	18.419	19.337	20.304	21.321	22.393	23.521	24.709	25.959
11	19.561	20.655	21.814	23.045	24.349	25.733	27.199	28.755	30.404	32.150
12	22.713	24.133	25.650	27.271	29.002	30.850	32.823	34.931	37.180	39.581
13	26.211	28.029	29.984	32.089	34.352	36.786	39.404	42.219	45.244	48.497
14	30.095	32.393	34.883	37.581	40.505	43.672	47.103	50.818	54.841	59.196
15	34.405	37.280	40.418	43.842	47.580	51.660	56.110	60.965	66.261	72.035
16	39.199	42.753	46.672	50.980	55.717	60.925	66.649	72.939	79.850	87.442
17	44.501	48.884	53.739	59.118	65.075	71.673	78.979	87.068	96.022	105.93
18	50.396	55.750	61.725	68.394	75.836	84.141	93.406	103.74	115.26	128.12
19	56.939	63.440	70.749	78.969	88.212	98.603	110.29	123.41	138.16	154.74
20	64.203	70.052	80.947	91.025	102.44	115.38	130.03	146.63	165.42	186.69
21	72.265	81.699	92.469	104.77	118.81	134.84	153.14	174.02	197.85	225.03
22	81.214	92.503	105.49	120.44	137.63	157.41	180.17	206.34	236.44	271.03
23	91.148	104.60	120.20	138.30	159.28	183.60	211.80	244.49	282.36	326.24
24	102.17	118.16	136.83	158.66	184.17	213.98	248.81	289.49	337.01	392.48
25	114.41	133.33	155.62	181.87	212.79	249.21	292.10	342.60	402.04	471.98
26	127.99	150.33	176.85	208.33	245.71	290.09	342.76	405.27	497.43	567.38
27	143.08	169.37	200.84	238.50	283.57	337.50	402.03	479.22	571.52	681.85
28	159.82	190.70	227.95	272.89	327.10	392.50	471.38	566.48	681.11	819.22
29	178.39	214.58	258.58	312.09	377.17	456.30	552.51	669.45	811.52	984.07
30	199.02	241.33	293.19	356.79	434.75	530.31	647.44	790.95	966.71	1181.9
35	341.59	431.66	546.68	693.57	881.17	1120.7	1426.4	1816.7	2314.2	2948.3
40	581.83	767.09	1013.7	1342.0	1779.1	2360.8	3134.5	4163.2	5529.8	7343.9
45	986.64	1358.3	1874.2	2590.6	3585.1	4965.3	6879.2	9531.6	13203.	18281.
50	1668.7	2400.0	3459.5	4994.5	7217.7	10436.	15089.	21813.	31515.	45497.
60	4755.1	7471.6	11762.	18535.	29220.	46057.	72555.	114189.	179494.	281737.

[표 4] 정상연금 1원의 현재가치 $PVA(n, i) = \frac{1-(1+i)^{-n}}{i}$

이자율(i)

기간(n)	1%	2%	3%	4%	5%	6%	7%	8%	9%	10%
1	0.9901	0.9804	0.9616	0.9615	0.9524	0.9434	0.9346	0.9259	0.9174	0.9091
2	1.9704	1.9416	1.9165	1.8861	1.8594	1.8334	1.8080	1.7833	1.7591	1.7355
3	2.9410	2.8839	2.8286	2.7751	2.7232	2.6730	2.6243	2.5771	2.5313	2.4868
4	3.9020	3.8077	3.7171	3.6299	3.5460	3.4651	3.3872	3.3121	3.2397	3.1699
5	4.8534	4.7135	4.5797	4.4518	4.3295	4.2124	4.1002	3.9927	3.8897	3.7908
6	5.7955	5.6014	5.4172	5.2421	5.0757	4.9173	4.7665	4.6229	4.4859	4.3553
7	6.7282	6.4720	6.2303	6.0021	5.7864	5.5824	5.3893	5.2064	5.0330	4.8684
8	7.6517	7.3255	7.0197	6.7327	6.4632	6.2098	5.9713	5.7466	5.5348	5.3349
9	8.5660	8.1622	7.7861	7.4353	7.1078	6.8017	6.5152	6.2469	5.9952	5.7590
10	9.4713	8.9826	8.5302	8.1109	7.7217	7.3601	7.0236	6.7101	6.4177	6.1446
11	10.368	9.7868	9.2526	8.7605	8.3064	7.8869	7.4987	7.1390	6.8052	6.4951
12	11.255	10.575	9.9540	9.3851	8.8633	8.3838	7.9427	7.5361	7.1607	6.8137
13	12.134	11.348	10.635	9.9856	9.3936	8.8527	8.3577	7.9038	7.4869	7.1034
14	13.004	12.106	11.296	10.563	9.8986	9.2950	8.7455	8.2442	7.7862	7.3667
15	13.865	12.849	11.938	11.118	10.380	9.7122	9.1079	8.5595	8.0607	7.6061
16	14.718	13.578	12.561	11.652	10.838	10.106	9.4466	8.8514	8.3136	7.8237
17	15.562	14.292	13.166	12.166	11.274	10.477	9.7632	9.1216	8.5436	8.0216
18	16.398	14.992	13.756	12.659	11.690	10.828	10.059	9.3719	8.7556	8.2014
19	17.226	15.679	14.324	13.134	12.085	11.158	10.336	9.6036	8.9501	8.3649
20	18.046	16.351	14.877	13.590	12.462	11.470	10.594	9.8181	9.1285	8.5136
21	18.857	17.011	15.415	14.029	12.821	11.764	10.835	10.017	9.2922	8.6487
22	19.660	17.658	15.937	14.451	13.163	12.042	11.061	10.201	9.4424	8.7715
23	20.456	18.292	16.444	14.857	13.489	12.303	11.272	10.371	9.5802	8.8832
24	21.243	18.914	16.935	15.247	13.799	12.550	11.469	10.529	9.7066	8.9847
25	22.023	19.524	17.413	15.622	14.094	12.783	11.654	10.675	9.8266	9.0770
26	22.795	21.121	17.877	15.983	14.375	13.003	11.826	10.810	9.9290	9.1609
27	23.560	20.707	18.327	16.330	14.643	13.210	11.987	10.935	10.027	9.2372
28	24.316	21.281	18.764	16.663	14.898	13.406	12.137	11.051	10.116	9.3066
29	25.066	21.844	19.188	16.984	15.141	13.591	12.278	11.158	10.198	9.3696
30	25.808	22.397	19.600	17.292	15.373	13.765	12.409	11.258	10.274	9.4269
35	29.409	24.999	21.487	18.665	16.374	14.498	12.948	11.655	10.567	9.6442
40	32.835	27.356	23.115	19.793	17.159	15.046	13.332	11.925	10.757	9.7791
45	36.095	29.490	24.519	20.720	17.774	15.456	13.605	12.108	10.881	9.8628
50	39.196	31.424	25.730	21.482	18.256	15.762	13.801	12.233	10.962	9.9148
60	44.955	34.761	27.676	22.623	18.929	16.161	14.039	12.376	11.048	9.9671

이자율(i)

기간(n)	11%	12%	13%	14%	15%	16%	17%	18%	19%	20%
1	0.9009	0.8929	0.8850	0.8772	0.8696	0.8621	0.8547	0.8475	0.8403	0.8333
2	1.7125	1.6901	1.6681	1.6467	1.6257	1.6052	1.5852	1.5656	1.5465	1.5278
3	2.4437	2.4018	2.3612	2.3216	2.2832	2.2459	2.2096	2.1743	2.1399	2.1065
4	3.1024	3.0373	2.9745	2.9137	2.8550	2.7982	2.7432	2.6901	2.6386	2.5887
5	3.6959	3.6048	3.5172	3.4331	3.3522	3.2743	3.1993	3.1272	3.0576	2.9906
6	4.2305	4.1114	3.9975	3.8887	3.7845	3.6847	3.5892	3.4976	3.4098	3.3255
7	4.7122	4.5638	4.4226	4.2883	4.1604	4.0386	3.9224	3.8115	3.7057	3.6046
8	5.1461	4.9676	4.7988	4.6389	4.4873	4.3436	4.2072	4.0776	3.9544	3.8372
9	5.5370	5.3282	5.1317	4.9464	4.7716	4.6065	4.4506	4.3030	4.1633	4.0310
10	5.8892	5.6502	5.4262	5.2161	5.0188	4.8332	4.6586	4.4941	4.3389	4.1925
11	6.2065	5.9377	5.6869	5.4527	5.2337	5.0286	4.8364	4.6560	4.4865	4.3271
12	6.4924	6.1944	5.9176	5.6603	5.4206	5.1971	4.9884	4.7932	4.6105	4.4392
13	6.7499	6.4235	6.1218	5.8424	5.5831	5.3423	5.1183	4.9095	4.7147	4.5327
14	6.9819	6.6282	6.3025	6.0021	5.7245	5.4675	5.2293	5.0081	4.8023	4.6106
15	7.1909	6.8109	6.4624	6.1422	5.8474	5.5755	5.3242	5.0916	4.8759	4.6755
16	7.3792	6.9740	6.6039	6.2651	5.9542	5.6685	5.4053	5.1624	4.9377	4.7296
17	7.5488	7.1196	6.7291	6.3729	6.0472	5.7487	5.4746	5.2223	4.9897	4.7746
18	7.7016	7.2497	6.8399	6.4674	6.1280	5.8178	5.5339	5.2732	5.0333	4.8122
19	7.8393	7.3658	6.9380	6.5504	6.1982	5.8775	5.5845	5.3162	5.0700	4.8435
20	7.9633	7.4694	7.0248	6.6231	6.2593	5.9288	5.6278	5.3527	5.1009	4.8696
21	8.0751	7.5620	7.1015	6.6870	6.3125	5.9731	5.6648	5.3837	5.1263	4.8913
22	8.1757	7.6446	7.1695	6.7429	6.3587	6.0113	5.6964	5.4099	5.1486	4.9094
23	8.2664	7.7184	7.2297	6.7921	6.3988	6.0442	5.7234	5.4321	5.1668	4.9245
24	9.3481	7.7843	7.2829	6.8351	6.4338	0.0726	6.7465	5.4509	5.1822	4.9371
25	8.4217	7.8431	7.3300	6.8729	6.4641	6.0971	5.7662	5.4669	5.1951	4.9476
26	8.4881	7.8957	7.3717	6.9061	6.4906	6.1182	5.7831	5.4804	5.2060	4.9563
27	8.5478	7.9426	7.4086	6.9352	6.5135	6.1364	5.7975	5.4919	5.2151	4.9636
28	8.6016	7.9844	7.4412	6.9607	6.5335	6.1520	5.8099	5.5016	5.2223	4.9697
29	8.6501	8.0218	7.4701	6.9830	6.5509	6.1656	5.8024	5.5093	5.2292	4.9747
30	8.6938	8.0552	7.4957	7.0027	6.5660	6.1772	5.8294	5.5168	5.2347	4.9789
35	8.8552	8.1755	7.5856	7.0700	6.6166	6.2153	5.8582	5.5386	5.2512	4.9915
40	8.9511	8.2433	7.6344	7.1050	6.6418	6.2335	5.8713	5.5482	5.2582	4.9966
45	9.0079	8.2825	7.6609	7.1232	6.6543	6.2421	5.8773	5.5523	5.2611	4.9986
50	9.0417	8.3045	7.6572	7.1327	6.6605	6.2463	5.8801	5.5541	5.2623	4.9995
60	9.0736	8.3240	7.6873	7.1401	6.6651	6.2491	5.8819	5.5553	5.2630	4.9999

[저자 약력]

성균관대학교 경영학과 졸업
서울대학교 대학원 경영학과 졸업(경영학 석사)
성균관대학교 대학원 회계학과 졸업(경영학 박사)
공인회계사
공인회계사시험 출제위원
삼일회계법인 근무(1988.8~2011.2)
일본중앙감사법인(C&L Tokyo) 교환근무(1990.12~1992.6)
(주)삼일인포마인 대표이사(2003.10~2004.9)
(주)삼일아카데미 대표이사(2006.9~2010.6)
상명대학교 경영대학 교수(2011.3~현재)
현대해상화재보험(주) 사외이사(감사위원)(2018.3~현재)

제2판
에센스 회계원리

저 자 I 유재권
발행인 I 이구만
발행처 I 유원북스 도서출판
주소 서울특별시 마포구 토정로 222, 416호 (한국출판콘텐츠센터)
대표전화 (02) 593-1800
팩스 (02) 593-1801
www.uwonbooks.com
출판등록 2011. 9. 6. 제25100-2012-3호

제2판 2쇄 I 2021. 1. 25.
제2판 발행 I 2019. 1. 20.
초 판 발행 I 2015. 7. 25.

ISBN 979-11-6288-035-7 93320
정가 I 25,000원

일러스트 I 박상철
편집 디자인 I 홍익 m&b
표지 디자인 I 이채현
인쇄 I (주)삼신문화사

이 도서의 국립중앙도서관 출판예정도서목록(CIP)은 서지정보유통지원시스템 홈페이지(http://seoji.nl.go.kr)와 국가자료공동목록시스템(http://www.nl.go.kr/kolisnet)에서 이용하실 수 있습니다. (CIP제어번호 : CIP2018041266)